A LIBRARY OF
DOCTORAL DISSERTATIONS
IN SOCIAL SCIENCES IN CHINA

中国社会科学博士论文文库

散居民族认同的艺术表述
——昆明西郊白族霸王鞭舞的个案研究

The Scattered Ethnic Minorities' Identified Artistic Expression:
A Case of the Bawang-Stick Dance of Bai in Western Suburbs of Kunming

王 俊 著
导师 杨福泉

中国社会科学出版社

图书在版编目(CIP)数据

散居民族认同的艺术表述：昆明西郊白族霸王鞭舞的个案研究 / 王俊著.
—北京：中国社会科学出版社，2021.6
（中国社会科学博士论文文库）
ISBN 978-7-5203-7926-7

Ⅰ.①散⋯ Ⅱ.①王⋯ Ⅲ.①白族—民族意识—研究—昆明 Ⅳ.①D633

中国版本图书馆 CIP 数据核字（2021）第 029430 号

出 版 人	赵剑英
责任编辑	任　明
责任校对	周　昊
责任印制	李寡寡

出　　版	中国社会科学出版社
社　　址	北京鼓楼西大街甲 158 号
邮　　编	100720
网　　址	http：//www.csspw.cn
发 行 部	010-84083685
门 市 部	010-84029450
经　　销	新华书店及其他书店
印　　刷	北京君升印刷有限公司
装　　订	廊坊市广阳区广增装订厂
版　　次	2021 年 6 月第 1 版
印　　次	2021 年 6 月第 1 次印刷
开　　本	710×1000　1/16
印　　张	17
插　　页	2
字　　数	281 千字
定　　价	98.00 元

凡购买中国社会科学出版社图书，如有质量问题请与本社营销中心联系调换
电话：010—84083683
版权所有　侵权必究

《中国社会科学博士论文文库》编辑委员会

主　　任：李铁映

副 主 任：汝　信　江蓝生　陈佳贵

委　　员：(按姓氏笔画为序)

王洛林　王家福　王缉思
冯广裕　任继愈　江蓝生
汝　信　刘庆柱　刘树成
李茂生　李铁映　杨　义
何秉孟　邹东涛　余永定
沈家煊　张树相　陈佳贵
陈祖武　武　寅　郝时远
信春鹰　黄宝生　黄浩涛

总 编 辑：赵剑英

学术秘书：冯广裕

总　序

在胡绳同志倡导和主持下，中国社会科学院组成编委会，从全国每年毕业并通过答辩的社会科学博士学位论文中遴选出优秀者纳入《中国社会科学博士论文文库》，由中国社会科学出版社正式出版，这项工作已持续了12年。这12年间所出版的论文，代表了这一时期中国社会科学各学科博士学位论文水平，较好地实现了本文库编辑出版的初衷。

编辑出版博士文库，既是培养社会科学各学科学术带头人的有效举措，又是一种重要的文化积累，很有意义。到中国社会科学院之前，我就曾饶有兴趣地看过文库中的部分论文，到社会科学院以后，也一直关注和支持文库的出版。新旧世纪之交，原编委会主任胡绳同志仙逝，社科院希望我主持文库编委会的工作，我同意了。社会科学博士都是青年社会科学研究人员，青年是国家的未来，青年社科学者是我们社会科学的未来，我们有责任支持他们更快地成长。

每一个时代总有属于它们自己的问题，"问题就是时代的声音"（马克思语）。坚持理论联系实际，注意研究带全局性的战略问题，是我们党的优良传统。我希望包括博士在内的青年社会科学工作者继承和发扬这一优良传统，密切关注、深入研究21世纪初中国面临的重大时代问题。离开了时代性，脱离了社会潮流，社会科学研究的价值就要受到影响。我是鼓励青年人成名成家的，这是党的需要，国家的需要，人民的需要。但问题在于，什么是名呢？名，就是他的价值得到了社会的承认。

如果没有得到社会、人民的承认，他的价值又表现在哪里呢？所以说，价值就在于对社会重大问题的回答和解决。一旦回答了时代性的重大问题，就必然会对社会产生巨大而深刻的影响，你也因此而实现了你的价值。在这方面年轻的博士有很大的优势：精力旺盛，思维敏捷，勤于学习，勇于创新。但青年学者要多向老一辈学者学习，博士尤其要很好地向导师学习，在导师的指导下，发挥自己的优势，研究重大问题，就有可能出好的成果，实现自己的价值。过去12年入选文库的论文，也说明了这一点。

什么是当前时代的重大问题呢？纵观当今世界，无外乎两种社会制度，一种是资本主义制度，一种是社会主义制度。所有的世界观问题、政治问题、理论问题都离不开对这两大制度的基本看法。对于社会主义，马克思主义者和资本主义世界的学者都有很多的研究和论述；对于资本主义，马克思主义者和资本主义世界的学者也有过很多研究和论述。面对这些众说纷纭的思潮和学说，我们应该如何认识？从基本倾向看，资本主义国家的学者、政治家论证的是资本主义的合理性和长期存在的"必然性"；中国的马克思主义者，中国的社会科学工作者，当然要向世界、向社会讲清楚，中国坚持走自己的路一定能实现现代化，中华民族一定能通过社会主义来实现全面的振兴。中国的问题只能由中国人用自己的理论来解决，让外国人来解决中国的问题，是行不通的。也许有的同志会说，马克思主义也是外来的。但是，要知道，马克思主义只是在中国化了以后才解决中国的问题的。如果没有马克思主义的普遍原理与中国革命和建设的实际相结合而形成的毛泽东思想、邓小平理论，马克思主义同样不能解决中国的问题。教条主义是不行的，东教条不行，西教条也不行，什么教条都不行。把学问、理论当教条，本身就是反科学的。

在21世纪，人类所面对的最重大的问题仍然是两大制度问题：这两大制度的前途、命运如何？资本主义会如何变化？社会主义怎么发展？中国特色的社会主义怎么发展？中国学者无论是研究资本主义，还是研究社会主义，最终总是要落脚到解决中国的现实与未来问题上。我看中国的未来就是如何保持长期的稳定和发展。只要能长期稳定，就能长期发展；只要能长期发展，中国的社会主义现代化就能实现。

什么是 21 世纪的重大理论问题？我看还是马克思主义的发展问题。我们的理论是为中国的发展服务的，绝不是相反。解决中国问题的关键，取决于我们能否更好地坚持和发展马克思主义，特别是发展马克思主义。不能发展马克思主义也就不能坚持马克思主义。一切不发展的、僵化的东西都是坚持不住的，也不可能坚持住。坚持马克思主义，就是要随着实践，随着社会、经济各方面的发展，不断地发展马克思主义。马克思主义没有穷尽真理，也没有包揽一切答案。它所提供给我们的，更多的是认识世界、改造世界的世界观、方法论、价值观，是立场，是方法。我们必须学会运用科学的世界观来认识社会的发展，在实践中不断地丰富和发展马克思主义，只有发展马克思主义才能真正坚持马克思主义。我们年轻的社会科学博士们要以坚持和发展马克思主义为己任，在这方面多出精品力作。我们将优先出版这种成果。

2001 年 8 月 8 日于北戴河

序　言

　　云南作为一个典型的多民族省份，民族学研究在全国具有重要的地位。但在"大杂居、小聚居"的民族地域分布格局中，基于民族区域自治的制度背景，散居民族问题的研究显得相对薄弱。我国有关散居民族的研究中，大多集中在散居民族的基本理论、政策法规、权益保障及民族乡、城市民族工作等方面，针对散居民族文化艺术的深入研究并不多见。

　　王俊博士就散居民族研究领域进行了多年坚持不懈的努力探索，在考入云南大学攻读博士学位后，曾就博士论文选题和我进行过多次讨论。基于过去对昆明周边民族乡调研的经历和观察，她提出想以昆明的白族霸王鞭舞为研究对象，进行散居民族认同与文化艺术互动的个案研究。昆明虽然是白族的重要分布地区之一，但在白族研究的视野中，鲜有对昆明白族及其文化艺术进行深入、系统的研究。通过史志资料和口述访谈相印证，昆明白族地区曾以花灯、滇戏等为主要艺术形式。随着城市化进程的推进，乡镇一级建制从乡逐步转为镇及街道办事处，村级建制逐步转为城市社区。在这一背景下，族际交往变得更为频繁，白族文化变迁更加多元，于此过程中，霸王鞭舞的表演规模、范围和影响也在逐步扩大。我认为，是什么条件和因素促成了这样的变化，以及这样的变化与昆明白族认同有什么关系值得进一步探索。

　　王俊博士所选研究点的白族，是远离白族聚居中心大理白族自治州、相对集中分布在昆明的西郊一带的散居民族，由于与其他民族交错杂居，其在文化艺术的生产和再生产过程中，表现出"你中有我、我中有你"的水乳交融状态，在传统民族艺术的保存方面带有很大的难度。根据她攻读的民族学艺术人类学专业的学科特点，需要从艺术的角度切入研究，研究选题和收集资料的难度确实较大。但我也再三思考过，觉得当下居住在远离本族群主体边缘区域的少数民族,在以往的研究中常常被忽略,他们的文化与民族聚居区域的同族人有哪些相同和不同?他们的文化习俗发生了哪些变迁?他们在远离本民族聚居中心的地方又以哪些方式保持了民族的认同和文化的传承?这都是民族学人类学应该多研究的。这个选题也与王俊博士多年来进行的城市散居民族的研究相联系,因而我支持她所做的选择,最后确定了博士论文的选题。

王俊博士的这本专著以聚居在昆明西郊团结、沙朗和太平三地散居白族的典型艺术形式——霸王鞭舞为主要研究对象,对昆明西郊白族现实生活中的民族认同与历史进程、资源博弈、文化实践、经济发展、审美变迁、时代话语的紧密联系和互动关系进行了深入研究。在扎实的田野调查基础上,通过案例、图片、图表等多样化的形式,多维呈现了这一研究所关注的几个主要问题,即:昆明西郊白族"为何认同白族""如何认同白族"及"为什么选择霸王鞭舞作为强化白族认同的艺术形式",并以此阐释民族艺术在多元发展和现代建构的过程中,如何作为民族认同的有效资源,与民族认同相互影响并进行塑造的问题。

本书研究表明,作为相对于大理白族自治州白族的"边缘"群体和散居民族,昆明西郊白族在多元文化背景下,出于对历史记忆的追溯和对现实发展的考量,在白族认同的方式上,通过不断地进行文化的自觉生产实践而达成,并以过往历史上鲜见的白族典型舞蹈艺术形式——霸王鞭舞作为凸现特征和凝聚认同的载体。这一个案的呈现,将有助于推动学界对昆明西郊白族文化艺术及霸王鞭舞更深入的研究,也可对散居民族认同与文化、艺术行为的互动提供理论意义的思考。

我觉得这本专著有如下几个显著的特点:

一是研究选题和切入角度新颖。随着社会政治、经济、文化格局的变化和人口流动的加快,民族间的互动更为频繁,民族分布散居化的趋势日渐凸显,散居民族认同研究的学界关注度与日俱增,在整个民族研究工作中也更加重要。王俊博士有扎实的理论基础,在做这个研究的过程中做了深入的田野调查,以较少为人关注的散居民族艺术和民族认同为研究内容,以个案为突破点,从理论上深入分析了昆明散居白族的艺术与其民族认同之间的关系。王俊博士因为长期做散居民族研究,在研究选题和切入角度方面都很新颖,田野调研点也选得好,视野开阔,分析细致。本书的出版,对白族研究以往在区域上和问题意识上的不足是一个有益的补充,也丰富了散居民族认同与艺术表述的互动机制、形式及变迁等理论问题的研究。

二是本体研究和意义深描结合得很好。王俊博士在调研中通过对当地相关的文化工作部门、民间团体和普通民族群众进行了深入访谈、问卷调查等多种形式,因此获得了较为丰富翔实的第一手资料,在论述中多维支撑,提供了很多数据、图片、图表等。本书不仅关注与昆明西郊白族霸王鞭舞相联系的音乐、动作、队形、服饰和道具等本体内容,分析霸王鞭舞的表演场合与主体,与大理地区霸王鞭舞有一定的对比研究,对昆明西郊白族霸王鞭舞的重要文化意义和符号功能等也进行了有深度的探讨。

三是在理论和现实的结合方面下了较大功夫。族群理论诸说纷纭,大致可分为"原生论"与"建构论"两种。从本书的研究中可以看出,昆明西郊白族认同的维持及创新,是持续与周边民族互动的结果,不仅体现出民族认同与地域认同共存,原生性、建构性、工具性和符号性多重叠合和互动可变的特点,也呈现文化上兼容并蓄、博采众长的特点,在与周边民族交流交往交融的过程中,各民族紧密团结,共生互补,"像石榴籽那样紧紧抱在一起",自觉维护着民族团结的和谐局面。昆明西郊白族认同的实践,对提升民族凝聚力和民族自信心,促进民族团结与社区和谐,实现与民族文化传承的良性互动都具有积极的现实意义。

作为散居民族认同与艺术表述互动的个案之一,王俊博士这本著作关注的研究对象是在不同的历史时期定居在昆明的世居少数民族,由此可以启发我们关注类似的典型案例,进一步思考在社会生活、时代话语变迁的背景下,散居民族认同与艺术表述互动的理论问题。随着城市化进程和人口流动的加快,到昆明学习、工作的少数民族还在不断增多,有的属于流动少数民族,他们的民族认同又呈现出怎样新的形式?艺术与民族认同的关系会发生怎样的变化?比如,在不同时期来到昆明工作和生活的纳西族有1万多人,其大多是通过每年的民族节日"三多节"的歌舞娱乐节目表演,以及有较长历史的"丽江旅昆乡友合唱团"(也称为昆明纳西人合唱团)表现民族认同感,体现民族凝聚力。这几年,每到周末,我常常看到有身着漂亮彝族服装的群众携带着月琴等彝族乐器,从四面八方来到昆明的翠湖公园歌舞弹唱,尽兴而欢。我问过他们,都是从楚雄彝族自治州到昆明来打工的彝族同胞,很多相互都不认识。他们这种周末的歌舞娱乐，也是通过民间艺术表现民族认同感和民族凝聚力的方式。王俊博士的研究视角，我觉得给学者们一种启示，对各个城市散居民族的文化艺术与民族认同的关系，都可以细致入微地来做研究，结果一定会是丰富多彩和富于启迪的。因而，这一典型样本的研究，能提供多维观察和阐释案例的空间，具有重要的学术价值和理论意义。

经过在读期间严格的理论学习和深入的田野实践，在完成答辩、获得学位之后，王俊博士对论文又进行了多次修改，现在即将在中国社会科学出版社以专著的形式出版。书稿提交出版社后，参加了2020年《中国社会科学博士论文文库》评选，最终在众多参选博士论文中脱颖而出得以入选。《中国社会科学博士论文文库》设立于1988年，是在全国政协原副主席、中国社会科学院原院长、著名历史学家胡绳的倡导和主持下，由中国社会科学院组成编委会，从全国每年毕业并通过答辩的社会科学博士论文中遴选优秀者收入，并由中国社会科学出版社按照统一标识正式出版发行，目前已经出版入库论文近300种。收入《中国社会科学博士论文文库》的著作，代表了中国社会科学各学科博士学位论文水平，是中国社会科学青年学者代表性研究成果的展示和体现。作为导师，我甚感欣慰！同时，我也勉励王俊博士，在云南民族学研究领域，在长期耕耘的散居民族研究方向，继续深入田野调查，以优良的学术作风，严谨的治学态度，不断推出好的研究成果，为云南的民族学、人类学研究添砖加瓦。

杨福泉

2020年8月5日于丽江

摘　　要

　　散居民族类型差异大，经济发展不平衡，民族文化多样性突出，难以进行准确归纳，在民族研究、少数民族艺术研究领域都较少受到关注。因此，昆明虽然是散居白族的重要分布地区之一，但至今还没有针对昆明白族的系统研究，有关昆明白族艺术方面的研究亦是鲜见。另外，霸王鞭舞虽然是白族最典型、最具有群众基础的舞蹈艺术，但尚无运用艺术人类学方法对霸王鞭舞以及将这一舞蹈作为"标识符号"用于表述民族认同的研究。

　　本书以聚居在昆明西郊团结、沙朗和太平三地散居白族的典型艺术形式——霸王鞭舞为主要研究对象，以民族认同为研究主线，探讨近30年来昆明西郊白族现实生活中的民族认同与历史进程、资源博弈、文化实践、经济发展、审美变迁、时代话语的紧密联系和互动关系。文章在扎实的田野调查基础上，通过案例、图片、图表等形式，多维呈现这一研究所关注的几个主要问题，即：昆明西郊白族"为何认同白族""如何认同白族"及"为什么选择霸王鞭舞作为表述白族认同的艺术形式"，并以此阐释民族艺术在多元发展和现代建构的过程中，如何作为民族认同的有效资源，与民族认同相互影响并进行塑造的问题。本书对这一问题的研究主要着重于五个方面。

　　一是通过史料、口述、语言方面的调查，梳理昆明白族的祖源记忆与民族认同的关系，同时，考察基层政府、民族精英和普通白族群众在国家民族识别及其随后建立的民族优惠政策中如何进行民族认同，探讨昆明西郊白族的民族认同如何在祖源记忆和现实利益中交织、叠合。

　　二是分析昆明西郊白族的文化变迁，与大理白族文化既有千丝万缕的联系，又有明显的区别。由于基层政府发展旅游的需要，在精英阶层的推动下，昆明西郊白族在与大理"老家"的互动中，通过保持、引进、创新白族文化，不断表述民族认同。昆明西郊白族依靠文化上的策略来维持民族认同，在文化变迁和文化建构的过程中，自觉进行民族认同路径的选择。

三是分析霸王鞭舞作为白族舞蹈艺术的典型在西郊白族社区兴起，既借力经济和旅游发展的客观需要，也得益于现代传媒技术的普及；同时，是在基层政府文化部门、民间精英的共推和白族群众的参与下实现，并在审美文化变迁的过程中，伴随着白族群众寻求精神纽带的主观选择完成。这种兴起，体现出霸王鞭舞在昆明西郊白族地区日渐凸显的艺术地位和作为白族认同符号的重要文化意义。

四是分析霸王鞭舞在发展中对音乐、舞蹈动作、服饰和道具的运用，既有对大理霸王鞭舞符号元素的保留，又有为了适应性所做的简化。文化部门、中小学、老年大学、老体协、企业、村社组织、村民等不同身份、不同角色的主体在不同地域借用霸王鞭舞这一舞蹈艺术形态，服务于各自不同的目的。霸王鞭舞及演练场合的符号体系和表述机制，把政治话语、经济发展、艺术审美等多种要素融为一体，而其本身也被塑造成为白族认同的艺术表述形式。

五是昆明西郊白族的霸王鞭舞具有文化传承、健身娱乐、人际沟通等多种功能，符合政府、社会、白族群众的需要，有继续发展和传承的可能，与民族认同的强弱形成正向的互动。但是，作为小规模、低层级"非遗"参与市场，霸王鞭舞在传承中面临着年青一代的参与意愿较低，文化资源难以转化为经济资本等种种困难，在继续推广和传承方面还存在较多限制，其表述民族认同作用也会因此受到影响。

本书研究表明，作为散居民族认同的艺术表述个案，昆明西郊白族霸王鞭舞的研究具有重要的文化意义。霸王鞭舞是昆明西郊白族在与大理白族同胞交往中构建的艺术形式，其兴起、发展是客观条件和主观选择互动的结果，在表述方式、表述场合及表述符号的运用上，与大理地区白族霸王鞭舞既有联系，又有差别。传统、现代、民族、时尚元素的混搭和拼贴，实现了霸王鞭舞的"改造"或"重写"。在反复呈现和多元文化的互动中，霸王鞭舞演变为表述民族认同的艺术符号，其演练的具体实践也丰富了各民族交流交往交融的形式。在"五个认同"的引领下，散居民族认同的建构在特定文化基础上和时空场景中发挥作用，叠合了多重利益博弈和话语，并在通过艺术载体进行表述的过程中，呈现出"原生性""场景性""工具性"等特点。

关键词：散居民族；民族认同；霸王鞭舞；艺术表述；昆明西郊白族

Abstract

Because the scattered ethnic minorities are quite different and varied in type, economic development and national culture, it is very hard to make an accurate induction on them. Naturally, the scattered ethnic minorities are paid less attention both in ethnic study and minority art study. There is little systemic or artistic research on Bai nationality in Kunming which is one of the main distribution areas of scattered Bai nationality. Bawang-stick dance is Bai's most typical and popular dance, however research on the relation between ethnic identity representation and Bawang-stick dance is out of sight.

Taking Bawang-stick dance in the Western Suburb of Kunming as the main research object and ethnic identity as the principal clew, the doctoral dissertation mainly discusses the interactive relation between ethnic identity and historical process, resources gaming, cultural practice, economic development, aesthetic changes and discourse system. Based on conscientious field work, by using cases, photos, diagrams the dissertation focuses on three issues, which include "why and how Bai in the Western Suburb of Kunming has identity of Bai? Why they choose the Bawang-stick dance as the artistic form to strengthen the ethnic identity?" The dissertation has a mind to explain that art can be one of important resources to interact and reshape ethnic identity in the course of artistic multi-development and modern construction. The following five aspects revolve round the core issue.

Firstly, the dissertation explores the relationship between the ethnic identity and historical memory of Bai in Kunming by historical data, interview and language and observes how basic level government, ethnic elite and ordinary Bai people mould their ethnic identity in the process of national recognition and governmental preferential policies, and how the historical memory and realistic benefits are interwoven and overlapped.

Secondly, it analyses the cultural changes of Bai in Kunming, which possess similarities and differences contrasted to the culture of Bai in Dali. Due to tourist request and promotion by ethnic elite, Bai strengthen their ethnic identity by maintaining, introducing and creating culture in the course of interaction with thecompatriots in Dali. The communities of scattered Bai nationality in the western suburb of Kunming generally maintain independence by cultural strategy, and mend a road of identity in the productive practice of cultural awareness.

Thirdly, there are changes contribute Bawang-stick dance'srise to the western suburb of Kunming. Objectively, economic and tourist development as well as popularity of internet provide the material and technological possibility. Subjectively, new demand of Bai's changes of aesthetic culture and thirst for mental bound promote the rise. Throughout the process, Bawang-stick dance has always been showing its increasing artistic status in the western suburb of Kunming and important cultural significance as Bai symbol of identity.

Fourthly, Bawang-stick dance continues to have the traditional elements and simplifies some details for the adaptability in the process of applying music, stage property, dress and personal adornment. All kinds of people different in identity, role, status and region reach their goals through Bawang-stick dance. The performances of Bawang-stick dance for different occasions show numerous cultural elements and forms. For now, Bawang-stick dance and its performance have gradually become a stage to focus on cultural symbols of Bai in the western suburb of Kunming and have turned into a kind of artistic expression's form to intensify Bai's identity.

Fifthly, Bawang-stick dance of Bai in the western suburb of Kunming offers multiple functions, such as cultural heritage, interpersonal communication, fitness and amusement, which meet the demand of government, society and ordinary Bai people commendably. However, as a kind of lower-level intangible cultural heritage, Bawang-stick dance still faces some problems. The youth is less willing to take part in movements concerned. It is hard to transform cultural resources into economic capital. Some limitations exist in popularizing the dance among the broad masses. These problems have a negative effect on inheriting Bawang-stick dance and intensifying its function of ethnic identity.

This dissertation shows that Bawang-stick dance of Bai in the western suburb of Kunming is rather different from that in Dali. Bawang-stick dance of Bai in the western suburb of Kunming has been reformed or rewritten by traditional, modern, ethnic and fashionable elements' collage, and has become a kind of artistic form to intensify Bai's identity in the process of multicultural interaction. Under the globalization background, the scattered ethnic minorities' identity should be constructed on the basis of particular culture, plays a role on specific scenes of time and space, and shows the multi features which influenced by native and implemental purpose as well as different scenes.

Key words: Scattered ethnic minorities; Ethnic identity; Bawang-stick dance; Artistic expression; Bai in the western suburb of Kunming

目　录

导　论 ……………………………………………………………（1）
　一　选题意义和田野点 ………………………………………（1）
　二　相关理论研究和文献综述 ………………………………（12）
　三　核心概念使用的界定 ……………………………………（28）
　四　主要研究方法 ……………………………………………（29）

**第一章　历史记忆与现实利益：昆明西郊白族认同缘起的
　　　　　双重叠合** ………………………………………………（32）
　第一节　昆明西郊白族的历史记忆 …………………………（32）
　　一　白族的形成和分布 ……………………………………（32）
　　二　昆明西郊白族来源说 …………………………………（36）
　第二节　昆明西郊白族的现实利益 …………………………（42）
　　一　基层政府 ………………………………………………（43）
　　二　精英阶层 ………………………………………………（49）
　　三　白族群众 ………………………………………………（52）
　本章小结 ………………………………………………………（54）
　　一　历史记忆与民族认同 …………………………………（54）
　　二　现实利益与民族认同 …………………………………（56）

**第二章　文化变迁与文化建构：昆明西郊白族认同路径的
　　　　　自觉选择** ………………………………………………（58）
　第一节　昆明西郊白族的文化变迁 …………………………（58）
　　一　语言使用 ………………………………………………（59）
　　二　宗教信仰 ………………………………………………（63）

  三　习俗文化 …………………………………………………（65）
  四　艺术活动 …………………………………………………（78）
 第二节　昆明西郊白族的文化建构 ……………………………（87）
  一　文化寻根 …………………………………………………（87）
  二　文化研究 …………………………………………………（88）
  三　文化恢复 …………………………………………………（92）
 本章小结 …………………………………………………………（97）
  一　文化变迁与民族认同 ……………………………………（97）
  二　文化建构与民族认同 ……………………………………（101）

第三章　霸王鞭舞的兴起：昆明西郊白族认同表述的现实需要 ……（103）
 第一节　大理白族霸王鞭舞起源、流传和文化内涵 …………（103）
  一　霸王鞭舞的起源说 ………………………………………（104）
  二　主要流行地区和表演场合 ………………………………（105）
  三　文化内涵 …………………………………………………（106）
 第二节　昆明西郊白族对霸王鞭舞的模糊记忆 ………………（108）
 第三节　表述的客观条件和主观选择 …………………………（113）
  一　审美因素 …………………………………………………（113）
  二　经济因素 …………………………………………………（117）
  三　技术因素 …………………………………………………（121）
  四　心理因素 …………………………………………………（123）
 本章小结 …………………………………………………………（125）

第四章　霸王鞭舞的发展：昆明西郊白族认同表述的符号、场合与主体 …………………………………………………（127）
 第一节　表述符号：音乐、动作、服饰和道具 ………………（127）
  一　音乐 ………………………………………………………（127）
  二　舞蹈动作和队形 …………………………………………（137）
  三　服饰和道具 ………………………………………………（154）
 第二节　表述场合与主体 ………………………………………（158）
  一　表述场合 …………………………………………………（160）
  二　表述主体 …………………………………………………（186）

本章小结 ……………………………………………………… (189)

第五章　霸王鞭舞的传承：昆明西郊白族认同表述的前景与困境 ……………………………………………………… (193)
　第一节　表述前景：霸王鞭舞传承的可能 ………………… (193)
　　一　文化传承 ………………………………………………… (194)
　　二　健身娱乐 ………………………………………………… (196)
　　三　人际沟通 ………………………………………………… (198)
　第二节　表述困境：霸王鞭舞传承面临的问题 …………… (201)
　　一　基层公共文化部门推广的困难 ………………………… (201)
　　二　教育系统传承中的障碍 ………………………………… (204)
　　三　民间文艺团体发展的局限 ……………………………… (205)
　　四　向经济资本转化的困境 ………………………………… (208)
　　五　年青一代参与度和参与意愿较低 ……………………… (211)
　　本章小结 ……………………………………………………… (212)

结　语 ……………………………………………………………… (217)

参考文献 ………………………………………………………… (223)

攻读博士学位期间完成的科研成果 ………………………… (238)

索　引 ……………………………………………………………… (240)

后　记 ……………………………………………………………… (242)

Contents

Introduction ··· (1)
   1. Significance of the Research and the Field Spots ················ (1)
   2. Relevant Theoretical Studies and Literature Review ············· (12)
   3. Definition and Application of the Core Concepts ················ (28)
   4. Main Research Methods ·· (29)

Chapter 1　Historical Memory and Practical Interests: Overlapping Origination of the Bai's Identification in Western Suburbs of Kunming ··· (32)
  Section 1　Historical memory of the Bai in Western Suburbs of Kunming ··· (32)
    1. Formation and distribution of the Bai people ···················· (32)
    2. Theories of the origins of the Bai in Western Suburbs of Kunming ··· (36)
  Section 2　Practical interests of the Bai in Western Suburbs of Kunming ··· (42)
    1. Basic government ··· (43)
    2. Elite class ·· (49)
    3. The Bai people ·· (52)
  Summary ·· (54)
    1. Historical memory and national identification ·················· (54)
    2. Practical benefit and national identification ······················ (56)

Chapter 2　Cultural Changes and Construction: the Bai's Conscious Options of Identification in Western Suburbs of Kunming ……………………………………………………… (58)

　Section 1　Culture changes of the Bai in Western Suburbs of Kunming …………………………………………………… (58)
　　1. Language use ……………………………………………… (59)
　　2. Religious belief …………………………………………… (63)
　　3. Customs and culture ……………………………………… (65)
　　4. Art activities ……………………………………………… (78)
　Section 2　Cultural construction of the Bai in Western Suburbs of Kunming …………………………………………………… (87)
　　1. Cultural-root exploration ………………………………… (87)
　　2. Cultural study …………………………………………… (88)
　　3. Cultural restoration ……………………………………… (92)
　Summary ……………………………………………………………… (97)
　　1. Cultural changes and national identification …………… (97)
　　2. Cultural construction and national identification ……… (101)

Chapter 3　Rise of the Bawang-Stick Dance: Identified Expression based on Practical Needs of the Bai in Western Suburbs of Kunming ……………………………………………… (103)

　Section 1　Origins, circulation and cultural connotation of the Bawang-Stick Dance of the Bais in Dali …………… (103)
　　1. Origin of the Bawang-Stick Dance ……………………… (104)
　　2. Major popular areas and performance occasions ……… (105)
　　3. Cultural connotation …………………………………… (106)
　Section 2　Faint memory about the Bawang-Stick Dance of the Bais in Western Suburbs of Kunming ……………… (108)
　Section 3　Objective conditions and subjective selection of the expression …………………………………………… (113)
　　1. Aesthetic factors ………………………………………… (113)
　　2. Economic factors ………………………………………… (117)

3. Technical factors ·· (121)

4. Psychological factors ···································· (123)

Summary ·· (125)

Chapter 4 Development of the Bawang-Stick Dance: Symbols, Occasions and Subjects of the Bai's Identified Expression in Western Suburbs of Kunming ············ (127)

Section 1 Expression symbols: music, moves, costumes, and stage property ·· (127)

1. Music ··· (127)

2. Dance movements and formation ······················ (137)

3. Dress andstage property ································ (154)

Section 2 Expression occasions and subjects ···················· (158)

1. Expression occasions ···································· (160)

2. Expression subjects ······································ (186)

Summary ·· (189)

Chapter 5 Inheriting the Bawang-Stick Dance: Prospects and Dilemmas of the Bai's Expression of Identification in Western Suburbs of Kunming ·························· (193)

Section 1 Expression Prospects: Possibility of Inheritance ········ (193)

1. Cultural inheritance ······································ (194)

2. Fitness and entertainment ······························ (196)

3. Interpersonal communication ··························· (198)

Section 2 Expression Dilemmas: Problems in the inheritance of the Bawang-Stick Dance ····································· (201)

1. Difficulties in popularizing the traditional culture conducted by basic public departments ······························ (201)

2. Barriers to the inheritance in the education system ·············· (204)

3. Limitations to the development of folk art groups ············ (205)

4. Dilemmas of the transformation into economic capital ············ (208)

5. The younger generations' low willingness in participation ······ (211)

Summary ………………………………………………… (212)

Conclusion ………………………………………………… (217)

References ………………………………………………… (223)

Academic Achievements during the Doctoral Study ……………… (238)

Index ………………………………………………… (240)

Postscript ………………………………………………… (242)

导　　论[①]

一　选题意义和田野点

（一）选题意义

白族是中国南方历史悠久、文化灿烂的民族。云南的白族自称"白子""白尼"。居住在大理、昆明等地及湖南桑植一带的白族，汉语称为"民家"；居住在维西、兰坪一带的白族，纳西语称为"那马"；居住于碧江、泸水一带的，傈僳语称为"勒墨"；在贵州威宁一带的白族，因有七姓，被称为"七姓民"。1956年，根据白族广大群众的意愿，将"白族"确定为统一族称。[②] 全国白族人口目前已达200余万人，云南大理白族自治州是白族的主要聚居地，全国约有80%的白族聚居于此。

白族亲仁善邻，在长期的发展过程中，通过学习和吸取其他民族的文化因素，不断丰富和发展本民族特点的文化，创造了光辉灿烂的历史

[①] 1991年，敖俊德在《民族研究》第6期《关于散居少数民族的概念》一文中，提出散居少数民族包括两部分人群，一是居住在民族自治地方以外的少数民族；二是居住在民族自治地方以内，但不是实行区域自治的少数民族。所称散居少数民族包括建立民族乡的少数民族。本文中的散居民族和散居少数民族为同一指代，关于两个概念的使用将在"概念使用界定"中进行解析。由于散居民族是一个特定概念，而本文研究的主要内容是民族认同问题，为避免重复，将主标题定为"散居民族认同的艺术表述"，是将两个特定词语连接起来使用，特此说明。

由于昆明白族相对集中分布在原来的四个白族乡，即团结彝族白族乡、谷律彝族白族乡、沙朗白族乡和太平白族乡，这四个民族乡原先分属于西山区和安宁市，地处昆明的西郊一带，地域连片，为简洁行文，本文将上述分布区域的白族统称为西郊白族。昆明西郊白族原属于民族乡内的散居白族，后在城市化进程中，由于民族乡撤乡建镇（并镇）、改办，本文研究涉及的三个主要调查点的白族已经变更为城市社区中的散居白族。

[②] 当代云南白族简史编辑委员会编、李缵绪主编：《当代云南白族简史》，云南人民出版社2014年版，第1页；《白族简史》编写组、修订本编写组：《白族简史》（国家民委《民族问题五种丛书》之二《中国少数民族简史丛书》修订本），民族出版社2008年版，第2页。

文化，形成了自己独特的艺术形式，在建筑、医学、史学、文学、音乐、舞蹈、戏曲、绘画、雕刻等方面都颇有造诣。民族文学方面有著名的《望夫云》《美人石》《蛇骨塔》等。建筑以"三坊一照壁""四合五天井"而闻名遐迩。另外，白族也是一个能歌善舞的民族，音乐舞蹈以"大本曲""白族调""霸王鞭"为代表。尤其是霸王鞭舞，作为白族最大的民间舞种，主要流行于大理、洱源、石龙、宾川、剑川等地，活跃于白族"绕三灵""田家乐"和"闹春王正月"等民俗活动中及建房娶嫁和喜庆佳节中。

昆明是白族的分布区域之一，① 昆明白族相对集中分布在原来的四个白族乡，即团结彝族白族乡、谷律彝族白族乡、沙朗白族乡和太平白族乡。这四个民族乡原先分属于西山区和安宁市，后经过区划和建制调整，变更为团结街道办事处、沙朗街道办事处和太平新城街道办事处，现分属于西山区、五华区和安宁市。从昆明市四个主体少数民族（白族、彝族、回族和苗族）的分布情况看，白族相对集中分布在昆明的西郊一带，地域连片，距离主城区近，近年来随着城市化的推进，已经从农村建制改为城市建制，有较多的同一性，但又存在各自发展的差异性。

关于昆明西郊白族祖源及迁徙的情况，除了一些史料记载之外，还有一些口碑资料，但大都语焉不详，有些说法也并不十分可信。综合来看，有以下一些不同的说法：认为白族乃庄蹻之后，从秦汉时期起就一直分布在滇池一带；或说从中原迁入；或是明代随沐英迁入；或认为元代从大理分批迁来，此种说法在白族群众中较为普遍。综合以上的书面文献和口碑资料，学界较为支持最后一种说法，即西郊白族是元代以来分期分批从大理地区迁入昆明的，到明代已定居于今沙朗等地。②

昆明西郊白族从大理迁入昆明后，逐渐形成了与汉族和彝族、苗族等其他少数民族杂居的分布格局。近30年来，在与其他民族互动交往的过程中，昆明西郊白族不断追溯祖源和迁徙历史，同时出于对利益、资

---

① 昆明市白族人口2000年统计为68561人，参见云南省编辑组《中国少数民族社会历史调查资料丛书》修订编辑委员会《昆明民族民俗和宗教调查》，民族出版社2009年版，第80页。2010年的统计人口约为83000人，参见戴波《转型与嬗变中的都市少数民族人口——以昆明为例》，民族出版社2012年版，第101页。

② 王锋：《昆明西山白族的历史与现状》，《大理文化》2001年第2期。

源等现实利益的考量,为争取更好的生存条件和政策照顾,通过一系列的文化要素表现出对白族的认同。

在白族语言、宗教信仰、习俗文化和艺术活动中,昆明西郊白族吸收借鉴了其他民族的艺术因素,白族艺术变迁过程中体现出地方特色和多民族文化艺术的交融特征。然而,空间的距离和时间的流逝,都无法阻隔昆明西郊白族对大理白族文化的向心力,文化变迁中的白族艺术仍顽强地保存、传承了大理白族艺术的部分内涵,并在地方政府和民间精英的推动下,积极进行白族文化寻根、文化研究和文化恢复,在不同的历史与社会现实情景中,在文化生产的自觉实践中,不断表述与民族认同共生共存的关系。

尤其值得关注的是,近十年来,随着昆明白族地区经济社会发展和城市化进程的推进,昆明西郊白族与大理白族的交往日益增多,加之现代传媒的日益普及,发生了以霸王鞭舞"兴起"和"发展"为主要特征的艺术建构。在团结、沙朗和太平三地政府、民间精英的推动及民众的参与下,在文献中鲜有记载和在群体记忆中早已模糊的霸王鞭舞,作为白族艺术的一种典型代表"符号",在审美文化变迁的过程中通过不断表述,成为区别于其他民族的文化标志和重要符号,成为昆明西郊白族民族认同的重要途径和形式。

作为散居民族认同的艺术表述形式之一,昆明西郊白族霸王鞭舞在客观条件和主观选择的互动中形成,在表述方式、表述场合及表述符号的运用上,与大理地区白族霸王鞭舞既有联系,又有差别,其建构方式、运用场合、艺术特征在整个霸王鞭舞的发展历史中只能算作一例,但是,昆明西郊白族霸王鞭舞的"兴起"和"发展"却具有重要的文化意义,它是昆明西郊白族在与大理白族同胞交往中构建和发展的艺术形式,并通过重复呈现,在多元文化的互动中,演变为表述民族认同的艺术符号。在与其他民族共生互补又多元互动的格局中,昆明西郊白族的民族认同因历史记忆的追溯和现实利益的诉求而产生,在文化变迁和文化建构的自觉实践中巩固,并通过建构白族艺术活动"霸王鞭舞"得以加强。

在少数民族艺术研究领域,往往存在误解,认为散居地区的民族艺术没有民族特点,因而忽视了对其的研究,更多学者会将视角聚焦于聚居区民族艺术的研究。毋庸置疑,散居民族在传统民族艺术的保存方面有很大的难度,为适应当地多民族共居的现实,在保存、传承本民族艺术的部分内涵的同时，散居民族也会吸收和借用其他民族的艺术形式，将其他民族或地域性文化因素吸纳到自己的文化之中，甚至还吸收现代艺术和流行艺术的元素，生动体现了艺术的重塑过程和"你中有我、我中有你"的水乳交融状态，仿佛凤凰涅槃获得了新生，形成别具一格的散居民族艺术。文化变迁过程中，在语言使用、宗教信仰、习俗文化及民族艺术等方面对其他民族或地方艺术吸收，以及对本民族艺术特征的保持，甚至民族艺术中以典型艺术符号的"兴起"和"发展"为特征进行文化建构，都推动了文化自觉和文化认同为主的民族认同强化。

现实生活中的民族认同与历史进程、地域特征、文化实践和时代话语紧密联系。以霸王鞭舞为主要研究对象，以民族认同为研究主线，本书探讨了近 30 年来昆明西郊白族"为何认同白族""如何认同白族"及"为什么选择霸王鞭舞作为表述白族认同的艺术形式"等几个主要问题。本书提供的研究个案表明，一个民族总是处于不断的发展变化之中，可以通过共同追溯本民族悠久的历史文化，构建历史记忆以强化民族认同，加之基于对现实利益博弈的考虑，有意识地凸显民族文化特征。文化特征是重要的族群边界，也是维持族群边界的重要因素。尽管在多民族的互动中，这些文化特征会变化，甚至会是新出现的。[1] 在全球化背景下，散居民族认同的建构，在特定文化基础上建构，在特定时空场景中发挥作用，叠合了多重利益博弈和话语，呈现出"原生性""场景性""工具性"等多重特点，既可以用来构建社会意义，也可用来达成政治目的。[2] 探讨在什么样的政治和社会环境下建构了表述民族认同的艺术行为，艺术行为的表述主体、表述场合、表述符号等如何表现民族认同，才能更好地运用艺术人类学"从族群看艺术，再从艺术看族群"的研究方法，在现代性不断渗透，社会多样化不断加强的背景下，阐释在艺术多元化发展和现代建构中，艺术如何作为散居民族认同的有效资源并对散居民族认同进行塑造的问题。

---

[1] 明跃玲：《神话传说与族群认同——以五溪地区苗族盘瓠信仰为例》，《广西民族学院学报》（哲学社会科学版）2005 年第 3 期。周莹：《僳家服饰蜡染艺术的族群认同研究——贵州黄平重兴乡望坝村的研究案例》，《原生态民族文化学刊》2011 年第 2 期。

[2] 左宏愿：《原生论与建构论：当代西方的两种族群认同理论》，《国外社会科学》2012 年第 3 期。

经过检索发现，过往有关中国白族的研究基本上集中在白族聚居分布的大理白族自治州，少数文献涉及丽江、怒江及湖南桑植等地的白族。在白族研究的视野中，昆明的白族研究几乎是一个盲点，除了两三份有关昆明白族语言研究的单篇论文之外，再难找到相对完整、系统的研究成果，针对文化艺术的专项研究更是屈指可数。在散居民族研究中也较少有文献涉及文化和艺术领域，深入研究的舞蹈个案研究分析民族认同的文献更是寥寥无几。

巴斯的族群边界论认为造成族群认同的是族群文化的边界，并非客观的差异。[①] 王明珂也提出"边缘研究"理论，认为将研究转移至民族的边缘有重要的意义，因为多重、易变的族群边缘是观察、理解族群现象的最佳位置。[②] 以《散居民族认同的艺术表述——昆明西郊白族霸王鞭舞的个案研究》为题，通过在昆明西郊白族相对集中的连片区域做整体性研究，在重视同一性，也考察差异性，注重历时性，也兼顾共时性的前提下，围绕散居民族艺术和民族认同的关系，重点对昆明西郊白族艺术"符号"霸王鞭舞与民族认同及建构发展的关系展开论述，探索远离主体民族聚居区的昆明西郊白族，在全球化、城市化进程的背景下，如何在文化实践与艺术生产过程中，将不断被重复、表述和建构的艺术形式"霸王鞭舞"作为散居民族认同的重要形式，什么样的条件、语境和机制促成了这一认同过程的形成，艺术和审美活动如何参与散居民族认同的建构，是不是创造了新的表现形式，等等。对这些问题的思考，将有助于丰富学界对昆明西郊白族文化艺术及霸王鞭舞的研究，对散居民族认同与文化、艺术行为的互动提供理论意义上的反思。

本书聚焦昆明西郊白族的霸王鞭舞的兴起、发展和传承与民族认同的互动关系，以此进行散居民族认同的艺术表述研究，是在多次田野调查后与导师反复讨论确定的选题，旨在通过个案研究探索散居民族认同如何通过艺术的形式进行表述。虽然这只是散居民族认同与艺术表述互

[①] 弗里德里克·巴斯：《族群与边界（序言）》，商崇译，周大鸣校，《广西民族学院学报》（哲学社会科学版）1999年第1期。

[②] 王明珂：《华夏边缘：历史记忆与族群认同》，社会科学文献出版社2006年版，第34—44页。同时可参见熊迅《作为展演的认同——边缘场域与族群表征》，《人类学高级论坛族群迁徙与文化认同》2011卷。

动的个案之一，也只是表述形式之一，但毕竟从一个深入的研究样本开始，积累了和丰富了有关这一选题的经验和模式。随着城市化进程和人口流动的加快，民族散居化的趋势还将继续，在将来的研究中，以这两者的互证互构关系为方向，还可继续深入关注更多个案。少数民族艺术和散居民族认同之间有着密切的关系，而且还随着社会生活、时代话语的变迁而在发生变化，类似个案研究的不断积累，可进一步深入探讨散居民族认同与艺术表述互动机制、形式及变迁等理论问题。这一选题具有延伸性和扩展性，还可在更加深入、完善的调研基础上，以更多元的案例呈现更多维的观察和阐释。

（二）田野点基本情况

白族在昆明市的分布虽是散居但也相对集中，[①] 本书选择的田野点为团结办事处龙潭社区、西翥办事处东村社区和太平办事处桥头社区，这三个社区白族人口比例都较高，分别为75.18%、64.14%和61%，位于昆明白族较为集中居住的团结、沙朗和太平三个办事处所在地。为迎接1999年昆明世博会，昆明的城镇化建设提速，成立于1988年的安宁市太平白族乡于2001年改为太平镇，2011年改为太平新城街道办事处；为调整现代新昆明的发展空间，规划建设"一城四区、一湖四片、一主四辅"的现代新昆明，分别成立于1988年和1987年的西山区团结彝族白族乡与谷律彝族白族乡于2005年合并为团结镇，2009年改为团结街道办事处；成立于1988年的五华区沙朗白族乡于2009年改为沙朗街道办事处，2011年与厂口街道办事处合并成立西翥生态旅游实验区管委会，加挂西翥街道办事处的牌子。[②] 这三个田野点位于昆明白族集中连片分布的区域，均

[①] 彝族、回族、白族、苗族分别是昆明市少数民族人口最多的四个民族。彝族主要分布在石林县、晋宁县、寻甸县、宜良县；回族主要分布在嵩明县、呈贡县、寻甸县、盘龙区、西山区；苗族主要分布在五华区、盘龙区、官渡区、西山区、东川区、晋宁县、富民县、宜良县、嵩明县、禄劝县、寻甸县、安宁市。彝族、回族和苗族这三个民族在昆明的分布既涉及民族自治地方，又涉及散居民族地区，既有农村地区，也有城市中心区，且在地域上相对分散并不连片。

[②] 王俊：《民族乡撤乡建镇、改办的思考——基于昆明市6个民族乡的案例研究》，《云南民族大学学报》（哲学社会科学版）2015年第4期。另外两个撤乡建镇、改办的民族乡：为发挥经济开发区在经济建设中的作用，市政府在经开区实行实体化改革，成立于1987年的官渡区阿拉彝族乡于2008年从官渡区划归经开区，2010年又改为阿拉街道办事处；2012年富民县罗免彝族苗族乡改为罗免镇。

处于城市化背景下，既有同一性，又有差异性，可以代表昆明西郊白族的整体情况。

1. 西山区团结街道办事处龙潭社区

昆明市西山区是一个多民族聚居区，居住着汉、彝、白、回、苗等26个民族，世居民族为汉、彝、白、回、苗5个民族。全区户籍人口521405人，其中少数民族人口80548人，少数民族人口占全区户籍人口的15.45%。西山区下辖10个街道办事处、103个社区居委会（每个社区均有不同数量的少数民族），少数民族社区居委会共16个（均属于农村社区），分别分布于碧鸡、海口、团结三个街道办事处（其中团结13个、海口2个、碧鸡1个），有196个民族杂居村，是昆明市少数民族较多的县区之一。全区除有人口较多的彝、白、回、苗世居少数民族外，还有傣、纳西、壮、哈尼、傈僳、满、蒙古、景颇、藏、佤、布依、拉祜等民族。各民族在长期的历史发展和经济交往中相互依存、共同发展。白族是西山区的世居民族，元明时期从大理洱海一带迁来，主要分布在团结街道办事处及碧鸡街道办事处的观音山、富善、长坡一带。

"团结街道办事处"一名是由"团结人民公社"演变而来。1958年10月成立团结人民公社，寓意区域内彝、白、汉、苗等世居民族团结互助，共建美好家园。1988年2月演变成团结彝族白族乡，2006年3月，团结彝族白族乡和谷律彝族白族乡撤并后成立团结镇，又于2009年7月撤销团结镇设立团结街道办事处。办事处位于昆明主城区西部，驻地龙潭大河村，距昆明市中心距离25千米，东与五华区接壤；南靠安宁太平镇、连然镇、西山区碧鸡街道办事处；西与禄丰县接壤；北接富民县大营镇、五华区风翥街道办事处。办事处所在地距昆明市区17千米，辖区总面积424.66平方千米，占西山区总面积的53.8%，其中93%属于山区。全处共辖16个社区居委会，119个居民小组，主要居住着彝、白、苗、汉等4个民族，辖区内总人数31737人，其中彝族14486人，汉族10621人，白族5436人，苗族998人，其他民族196人，少数民族人口占72%以上。团结街道办事处白族分布在龙潭居民委员会的小村、大河村、郎家村、羊山箐；和平居民委员会的多依村；花红园居民委员会的三家村；律则居民委员会上律则村、宜耕苴村；妥排居民委员会的各乐多村、二佰则村、羊西领格村、羊子埂村、白格村、老漫田村；谷律居民委员会的刘家山村、白泥沙村、小谷律村、大谷律。大河村、小村、多依村白族的经济、文化都比较发达，生活富裕。①

团结办事处龙潭社区居委会，白族人口3973人。在长期的历史发展中，龙潭白族在与周边汉族、彝族、苗族艺术互动的过程中，吸收借鉴了他民族的艺术形式，又保留了部分白族的艺术特征。当地白族之间在日常生活中使用白族语言进行交流，刺绣、调子、花灯、滇戏等是当地白族喜闻乐见的艺术形式。近年来，办事处几次组织文化工作者编纂地方志，与大理一些乡镇缔结友好乡镇，走访大理进行寻根，还定期与大理白族学会《白族》杂志通稿刊发有关当地白族文化方面的文章，年长的文化人积极撰写当地白族文化的书稿，追寻祖源并记录当地的白族文化。

乡政府退休的副乡长LYZ②自幼喜爱文艺，在职期间分管文化和老龄工作，为服务当地农家乐的发展，她退休后积极运作，调动自己的社会资源，在该社区LZM、LCC等人的带动下，成立了一个以白族为主要民族构成的"龙潭民族艺术团"。艺术团为民间团体，团员300多人，在昆明也算是首屈一指。龙潭民族艺术团带着自编自演的霸王鞭舞等以白族艺术为主的节目到各地参演参赛，屡获殊荣，小有名气。近年来除完成政府的接待任务，还活跃在村社之间，给村社群众的婚庆喜宴带去了欢乐，成为家庭、社区团结和谐发展的黏合剂，也多次受邀到韩国等国家演出并获奖。除了艺术团外，社区还成立了16支文艺队，霸王鞭舞在当地白族社区中已经成为排练、演出、参赛、学习和推广最多的舞蹈艺术形式。

2. 五华区西翥街道办事处东村社区

五华区是昆明市主城区之一，常住人口为855521人，辖10个街道办事处，有88个社区，其中12个少数民族聚居社区和35个少数民族村民小组，居住有白族、彝族、回族、苗族等26个少数民族，常住少数民族人口为85439人，占全区总人口的9.98%。其中包括：白族27744人、彝族20218人、回族17779人、苗族3564人、壮族3497人、纳西族3374

---

① 西山区团结街道办事处：《西山区团结街道办事处民族工作情况汇报》，2014年11月18日。

② 行文中隐去了访谈对象的真实姓名，改用字母代替，下同。

人、傣族 2842 人、哈尼族 2729 人、满族 1951 人。①

沙朗白族乡是五华区白族的主要分布区域，明代至清代属沙浪里；清末为沙浪堡、桃园堡、头村堡；1930—1949 年属北新乡；1950 年为昆明县第五区的一部分；1953 年为昆明县第八区；1956 年属西山区；1958 年为上游人民公社沙朗、桃园、龙庆管理区；1962 年成立沙朗人民公社；1984 年改为西山区沙朗办事处；1988 年建立沙朗白旅乡；2000 年村级体制改革后设大村、东村、桃园、三多、龙庆、陡坡 6 个村民委员会，62 个村民小组；2004 年 9 月 1 日全乡整体划归五华区；2009 年 8 月 3 日撤乡改为沙朗街道办事处；2011 年 5 月 28 日，经昆明市委、市政府研究决定，沙朗和厂口两个街道办事处撤并成立昆明五华西翥生态旅游实验区管理委员会（五华区西翥街道办事处）。②"西翥"命名源于大观楼长联中"东骧神骏，西翥灵仪"的文化传承和"云南王"龙云官塘温泉"西翥田庄"的称谓。昆明五华西翥生态旅游实验区管理委员会（五华区西翥街道办事处）位于昆明市西北部，距离昆明主城区 16 千米，辖区总面积 270.79 平方千米，东与嵩明、盘龙区相接，南接普吉街道办事处，西北与富民县交接，地形地貌复杂多样，地势东高西低。

从昆明主城区到西翥仅 20 分钟，西翥辖区人文资源丰富，多数认为沙朗片区的白族自元朝开始，就是白族聚集地。数百年来，白族人民在这里躬耕垦殖，繁衍生息。走进西翥，白族民居、彩绘、服饰、白族刺绣以及淳朴的白族同胞映入眼帘，让游人有了"体验白族风情，何须远去大理"的感受。电力科技园就是典型的白族民居特色，其中有大理石壁画、风花雪月照壁，处处是浓郁的白族风情，仿造的三塔、蝴蝶泉等景观，让人有种置身于大理的感觉。

办事处下辖东村、大村、龙庆、陡坡、桃园、三多、厂口、新民、陡普鲁、瓦恭、迤六 11 个社区居民委员会，117 个居民小组（其中白族居民小组 26 个，苗族小组 8 个，彝族小组 2 个），其中迤六、瓦恭两个社区居委会位于富民县境内，俗称"飞地"。辖区总人口 36228 人，民族以

---

① 五华区民族宗教局：《五华区少数民族和民族地区经济社会发展调研报告》，2014 年 11 月 19 日。

② 李艳华：《城市化转型中的昆明沙朗白族社区老年文化福利发展研究》，博士学位论文，云南大学，2016 年。

白族、汉族为主，另有苗、彝等少数民族。其中白族8225人，占总人口的22.7%，主要集中在大村、东村、陡坡、龙庆；苗族1577人；彝族534人。① 西翥是昆明最佳短线乡村旅游胜地，沙朗古镇是昆明市乡村旅游示范点、云南省旅游特色村。沙朗白族坝子气候温和，自然风光旖旎，白族风情多姿多彩，被誉为昆明城边上的"金花之乡""小大理"，昆明市和五华区的"后花园"。

东村社区是西翥街道办事处驻地，乡村生态旅游资源丰富，文化底蕴深厚，"三坊一照壁，四合五天井"的传统建筑风貌得到部分恢复，白族语言仍是成年人族内交流的主要语言方式，白族的肝生、血灌肠、凉白肉等饮食风俗保留较多。根据五华区规划，当地党委、政府在调研和充分听取多方意见的基础上提出了把沙朗坝子建设成为特色民族旅游小镇的思路。近年来，东村以白族农家乐为主的乡村旅游业发展较快，已经被云南省人民政府命名为乡村旅游特色村"。历史上，东村的花灯与大村的滇戏是沙朗白族群众最喜爱的文艺形式。

在街道办和社区的支持下，以东村为主要力量先后成立白族研究会、西翥文联等民间组织，从民委系统争取了部分资金支持，出版了一些介绍沙朗白族风情的通俗读物。在街道办的支持下，东村还成立了多支以白族文艺骨干为主组建"白族艺术团"，根据参演的需要和组织者的不同，艺术团又称为"西翥民族民间文艺队"或者"东村白族艺术团"等。文艺队在文艺活动积极分子的带动下，自发组织排练与演出，平均每周坚持排练2—3场，除了本身具有优势的民族舞霸王鞭和小曲小调外，他们还聘请了专业老师，把民族文艺与现代歌舞、乐器等结合起来，形成了自己既具有浓郁民族民间特点又富有现代都市气息的表演特色。西翥民族民间文艺队在当地及附近已小有名气，一些机关、企业、部队等纷纷前来邀请他们参加演出和文化交流。

艺术团的骨干ZLX等人还与沙朗民族实验学校合作，将霸王鞭舞作为学校的大课间活动进行推广十余年。经过十多年的努力，霸王鞭舞已经成为西翥办事处东村社区人民十分喜爱的艺术形式和有利于身心健康的群众性活动，当地的霸王鞭舞还入选昆明市非物质文化遗产保护名录。

---

① 五华区西翥街道办事处东村社区：《东村社区白族经济社会文化发展基本情况汇报》，2014年11月20日。

民族节日期间，几乎在各个村子都能看到男女老少在尽情地跳霸王鞭舞。

3. 安宁市太平新城街道办事处桥头社区

安宁市属少数民族散居地区，全市少数民族人口38065人，占总人口的14.2%。世居少数民族为彝族、白族、苗族、回族四种，其中彝族14079人，白族11340人，苗族3967人，回族3173人。元末明初时，安宁白族共有27个自然村（浸长、官庄、大桃花、小桃花、阿思邑、江头坪、极乐、江浸厂、黑土厂、和平村、武家庄、松林、上凤凰、下凤凰、读书铺、高枧槽、哨上、桥头村、太平村、安灯、始甸、新邑村、马村、妥乐、光崀、妥睦、糍粑铺等村），分别分布在安宁城东交通要道两旁（原来是马路、现在是滇缅公路）。全市现有10个少数民族村（居）民委员会，63个少数民族村（居）民小组，其中彝族村（居）民小组32个，白族村（居）民小组19个，苗族村（居）民小组12个。

安宁太平白族乡于1988年2月成立，2001年改为太平镇，2011年改为太平新城街道办事处。办事处下辖3个村民委员会，3个社区居民委员会，20个村民小组，16个居民小组。2013年年末户籍总人口为16913人，其中少数民族人口4803人，其中白族4264人，为安宁市白族最多的地区，主要分布在桥头社区的桥头村（411人）、太平老村（270人）、高枧槽（215人）、哨上（126人）、糍粑铺（55人），始甸社区的始甸村（641人）、妥乐村（450人）、马村（370人）、新邑村（456人）、安灯村（420人），册峨村委会的光崀大村（147人），妥睦村委会的老峨山村（20人）、妥睦村（447人）。①

桥头社区隶属安宁市太平新城，位于石安公路产业物流带发展的中心区域，地理位置优越，交通便利。辖区面积约9.01平方千米，距昆明主城区22千米，距安宁市区13千米，距太平街道办事处1千米，东邻始甸社区居委会，南邻西山区长坡镇，西邻读书铺村委会，北邻西山区。2006年9月桥头社区全面实行村改居，实现了村委会向城市社区的过渡。桥头社区桥头居民小组白族人口522人，占居民小组总人口75%。按照"十县百乡千村万户示范创建工程"建设规划，结合桥头居民小组实际情况，通过建设民族文化健身广场、打造白族文化陈列室及传统手工艺和

---

① 安宁市太平新城街道办事处：《太平新城街道办事民族宗教事务工作情况汇报》，2014年11月19日。

发展陶瓷特色产业等团结进步示范社区创建活动，成为城市化进程中由农村村委会转变成城市居委会的翻牌型民族团结示范窗口。桥头社区的白族群众文化自觉意识比较强，在建盖公房的时候就主动要求建成白族传统建筑形式。太平新城街道办在桥头社区独创市民文化学校。市民文化学校先后在6个村（社区）组建了市民文化学校教学点，并把桥钢厂、宁化工厂、昆华苑小区、万辉新城小区人员也纳入市民文化学校服务范畴。市民文化学校尤其注重发扬传承白族文化，共计开设40个教学班，每个教学班都要学习霸王鞭舞，1600多名成员中均能熟悉掌握。同时，霸王鞭舞已经作为太平新城九年一贯制学校大课间活动进行普及教育，在社区广场舞的推广中效果也较好。

上述三个田野选点在白族霸王鞭舞的建构发展中，既有共同点，又有不同点，有的凸显政府主导力量，有的依靠民族精英推动，且在不同人群中（阶层、性别、年龄等）艺术对民族认同的影响也不尽相同。将散居民族认同与艺术表述问题放置在多民族共居和现代化的背景下，放置在国家体系和宏观社会经济背景中，通过"小社区"，思考"大社会"，有利于研究者将理论观点和现实中的具体现象进行结合，从多角度、较为细致地观察特定场景中的民族认同问题，考察多民族和多元文化语境中，不断发展变化的民族认同因素。同时，这三个田野点也可以作为昆明白族相对集中居住的三个地区的典型代表，因而也是本书选择三个社区作为该研究的田野调查点的理由。

二 相关理论研究和文献综述

（一）霸王鞭舞的研究

近年来，有关白族文化艺术的研究成果颇丰，研究涉及面广，如大本曲、扎染、民间舞蹈、木雕、银铜器等，多数研究区域主要集中在大理州，从历史学、艺术学、工艺学和设计学的角度进行的。霸王鞭舞是白族重要的艺术形式，研究成果也十分丰富，主要集中在以下几个方面：

1. 艺术本体研究

《白族民间舞蹈》主要介绍了白族代表性民俗歌舞活动，包括绕三灵、田家乐、闹春王正月、拜二月、三月会；介绍大理、洱源、剑川、云龙和宾川等五个不同地方的霸王鞭舞，用图文方式介绍各地霸王鞭舞的音乐、服饰、道具、常用队形等。① 石裕祖介绍了霸王鞭舞的三种起源说法②，分析了霸王鞭舞的主要道具、动作特征及与白族自然环境、社会历史等的关系。③ 杨晓勤通过对其起源传说、特定表演空间和表演特征的分析，推断该舞最初是一种抵御盗匪、守寨护院的棍术，后随社会秩序渐趋安定以及外界影响，才逐渐转变为舞蹈形式，具体阐述了石龙霸王鞭舞的表演形式与特征。④ 张文推断诸葛亮的"退兵计"可能是霸王鞭舞的来历。⑤ 张明曾提出霸王鞭舞产生于氏族村社祭祀活动。⑥ 孙淼分析了"霸王鞭舞"在白族地区的分布、起源的传说、传承空间、表现形式、形态特征和在"绕三灵"中的功能，并对不同区域的表演形态进行了比较。⑦ 张文介绍了霸王鞭的舞蹈动作、流行地区、表演场合、唱词、表演人（男性）及道具情况。⑧ 罗正友指出霸王鞭舞是一种不受时间、地点限制，可以单独、双人或集体起舞的歌舞运动，一般女的打霸王鞭，男的舞"金钱鼓"或"双飞燕"，队形多样。⑨ 杨瑞燕重点考察"霸王鞭舞"的产生背景，挖掘制约"霸王鞭舞"发展的主要因素，在对其形式、内容、审美等特征进行分析的基础上，对"霸王鞭舞"的独特特点、基本艺术形态、娱乐与学习、享受的功能、延续与变迁等问题进行研究、分析与解释。⑩ 晁玥概述陕北地区及榆林市的靖边县和定边县的相关文化背景与该地区霸王鞭舞播布，通过对两地的田野调查实例，分别对两县霸王鞭舞的现状及表演形态的考察进行论述，阐明陕北霸王鞭舞的表演机

---

① 大理州文化局、《中国民族民间舞蹈集成》云南卷编辑部编辑：《白族民间舞蹈》，云南民族出版社1994年版，第21—118页。
② 三种起源说：南诏兵器、警军器说；南诏国杵丧棒、祭盘、棺钉说；部落战争说。
③ 石裕祖：《简论白族霸王鞭舞》，《民族艺术研究》1989年第6期。
④ 杨晓勤：《石龙霸王鞭舞探源》，《民族艺术研究》2013年第5期。
⑤ 张文：《诸葛亮与霸王鞭》，《山茶》1989年第3期。
⑥ 张明曾：《霸王鞭舞是白族最大的民间舞种》，《大理文化》2005年第6期。
⑦ 孙淼：《白族"霸王鞭舞"调查与研究》，硕士学位论文，中国艺术研究院，2008年。
⑧ 张文：《白族曲艺霸王鞭曲》，《民族艺术研究》1993年第5期。
⑨ 罗正友：《金钱鼓子霸王鞭舞》，《今日民族》2004年第2期。
⑩ 杨瑞燕：《榆社霸王鞭舞的表现与传承》，《山西财经大学学报》第36卷第S1期，2014年4月；《榆社"霸王鞭舞"调查与研究》，硕士学位论文，山西大学，2014年。

制、典型性舞姿等。①

2. 文化内涵研究

霸王鞭舞体现了白族的历史变迁、宗教活动、民族习俗和审美思想。孙淼指出霸王鞭舞体现了稻作文化与渔猎文化，是一种表征民族性的符号，体现原生的、象征的情感，展现出民间保护和专业教学双轨并行传承的特点。② 山雨彤指出霸王鞭舞沉淀着民族历史的、社会的、习俗的、宗教的诸多文化意蕴，体现了纯朴的文化情趣、审美习惯、审美追求。③ 罗越先指出霸王鞭舞体现出白族在生产实践中产生和发展的美学理想。④

3. 转型、保护与应用研究

杨绍勇、孙健根据霸王鞭舞分布区域的广泛性、群众性和竞技性特点，对霸王鞭舞的特点及其走向竞技体育的可能性进行初步探析，提出霸王鞭舞走向竞技体育的对策。⑤ 王丽娜、李佳对民俗体育活动霸王鞭体育特征的流变进行分析和梳理，提出霸王鞭活动的开展应进入学校，才能获得更好的继承和发展。⑥ 胡文秀提出少数民族传统体育项目霸王鞭具有集娱乐性、健身性为一体的功能，而且简捷易学，将其引入大理中小学体育课应遵循因地制宜、寓教于乐、循序渐进和安全性、创新性等原则。⑦ 李云清、赵湘、寸若标分析白族传统体育霸王鞭训练对大学生身体机能影响的研究，探讨霸王鞭运动的健身价值，为其进入高校体育课程体系及大众健身领域提供科学依据。⑧ 张磊通过分析大理白族特色少数民族传统体育霸王鞭在新课改教学理念下的教学，研究霸王鞭教学在个体学习、社会性学习和情景学习教育理论模式中的开发和设计，认为开展校本课程白族霸王鞭教学能

---

① 晁玥：《陕北霸王鞭舞研究——以靖边、定边两地为例》，硕士学位论文，西北师范大学，2014年。

② 孙淼：《白族"霸王鞭舞"调查与研究》，硕士学位论文，中国艺术研究院，2008年。

③ 山雨彤：《论"霸王鞭舞"的文化内涵》，《曲靖师范学院学报》2008年第5期。

④ 罗越先：《略谈白族舞蹈的审美特征》，《大理师专学报》（社会科学版）1986年第6期。

⑤ 杨绍勇、孙健：《霸王鞭走向竞技项目的初探》，《中华武术研究》2015年第4期。

⑥ 王丽娜、李佳：《刍论民俗体育——霸王鞭的流变与发展趋势》，《体育世界》（学术版）2008年第10期。

⑦ 胡文秀：《大理中小学体育课程引入霸王鞭项目初探》，《新西部》（理论版）2011年第3期。

⑧ 李云清、赵湘、寸若标：《高校开展白族传统体育"霸王鞭"的实验研究》，《大理学院学报》2011年第10期。

更好达到和实现目标的要求。① 尹富兵以大众健身操创编的原则和方法为载体,对霸王鞭的动作、服饰、音乐、器械、表情融入大众健身操的创编形成大众健身操进行了探索,为大众健身操的编排和民族传统文化的传承保护与发展提供一个新的思路。② 杨雪认为大理地区白族霸王鞭,当前仍主要是节假日农村民族民间传统表演和自娱节目,为弘扬这一优秀白族民族文化遗产,编排和推广霸王鞭广场舞,面对现实和进行创新,接受新时期群众文化活动的需求,才能使其具有新的生命活力。③ 潘晓敏、山雨彤通过大理市、洱源县、剑川县和云龙县白族霸王鞭舞的自然、人文环境及其表演形态的地域性特征、传承现状的调查,提出保护民间艺人、保护好民间最原生态的舞蹈形象等是发展霸王鞭舞本体的基本措施。④ 向玉圭指出随着社会文化生活水平的逐步提高,霸王鞭舞呈现向规范有序的艺术性方向发展,在功能转型中走向娱乐健身、礼仪服务和体育竞技。⑤

(二) 艺术人类学和舞蹈人类学研究

艺术人类学是运用人类学理论和方法,对人类社会的艺术现象、学术活动、艺术作品进行分析解释的学科。⑥ 在今天追求全球多元文化和谐

---

① 张磊:《开展校本课程白族霸王鞭的开发和设计——以大理卫生学校为例》,《湖北体育科技》2013年第10期。

② 尹富兵:《霸王鞭舞元素融入大众健身操创编的研究》,硕士学位论文,吉首大学,2014年。

③ 杨雪:《浅谈大理白族霸王鞭的特色和传承保护》,《民族音乐》2013年第1期。

④ 潘晓敏、山雨彤:《云南白族"霸王鞭舞"传承现状调查及保护建议》,《曲靖师范学院学报》2008年第2期。

⑤ 向玉圭:《论湘西霸王鞭的艺术特色》,《怀化学院学报》2011年第1期;《湘西霸王鞭的社会功能探究》,《音乐创作》2010年第6期;《湘西霸王鞭的发展走向》,《艺海》2011年第7期;《怀化霸王鞭研究》,硕士学位论文,湖南师范大学,2005年。

⑥ 王建民主编,[英] 罗伯特·莱顿:《艺术人类学》,李东晔、王红译,广西师范大学出版社2009年版,第1页。其他学者对艺术人类学的界定,如方李莉:具有一门跨学科的学术研究视野,一种认识人类文化和人类艺术的方法论,是从人类学的角度来研究艺术,也可以是借用人类学的方法和理论来研究艺术。参见《何为艺术人类学》,载《中华艺术论丛》2008年;何明:艺术人类学是一个新的学科生长点,尤其它涉及文化功能的解释,或者叫文化深层解释。艺术人类学学科建构的可能性和必要性、艺术人类学学科建构的现实基础和理论基础、艺术人类学的学科定位和艺术民族志、艺术人类学视野下的艺术分类,这四个问题涉及艺术人类学的学科建构及其理论方法问题。参见何明《艺术人类学的视野》,《广西民族大学学报》(哲学社会科学版)2009年第1期。

共存，发扬民族民间艺术的时代，艺术人类学不仅为艺术传承与保护提供了理论与方法，在艺术与族群关系的研究方面也得到关注与发展。同时，舞蹈人类学作为艺术人类学的分支，在舞蹈和族群的研究方面也取得了一些重要成果。

1. 艺术与族群关系研究

艺术从欣赏、审美价值的角度看，无国界和族界，但从创作者角度看，艺术家都有国籍、族群身份，因而艺术本身的族群身份、文化认同可以通过艺术实践得以彰显。[①] 艺术人类学视野下的艺术与族群关系研究有：

李蕾认为要关注艺术与族群的关系，艺术的族群性特征十分明显，其内涵具有动态性和多层次性。[②] 迟燕琼认为，"记忆复原、仪式操演、符号区隔和对话互动作为族群认同的建构路径，在多元文化背景下，随着艺术传承的实践中不断被强化"[③]。杨杰宏认为，"族群艺术的身份建构与表述，其背后是国家、文化精英、族群民众、西方等不同社会力量的权力实践的结果"[④]。田欢认为，"视觉艺术的族群性，其实质就是使之呈现出与他族群艺术的差异性"[⑤]。赵卫东认为，服饰是维系族群"认同"和"认异"的有效手段和方式。[⑥] 申莉、邱舒以鄂西南地区土家族艺术为例，探讨民族艺术与民族认同之间的相互作用，并试图将这一相关性应用于增进社会和谐、促进民族团结。[⑦]

2. 舞蹈人类学的研究

英国著名音乐人类学家约翰·布莱金认为音乐人类学和舞蹈人类学

[①] 杨杰宏：《艺术人类学视野下的中国族群艺术研究述评》，《民族艺术》2010年第3期。

[②] 李蕾：《论艺术的族群性》，《艺术百家》2013年第2期。

[③] 迟燕琼：《艺术传承：族群认同的建构路径——基于云南石屏县慕善村花腰彝艺术传承实践的反思》，《思想战线》2012年第5期。

[④] 杨杰宏：《族群艺术的身份建构与表述——以丽江洞经音乐为例》，《思想战线》2010年6期。

[⑤] 田欢：《维吾尔族视觉艺术的族群性研究》，博士学位论文，复旦大学，2007年。

[⑥] 赵卫东：《族群服饰与族群认同——对"白回"族群的人类学分析》，《民族艺术研究》2004年第5期。

[⑦] 申莉、邱舒：《民族艺术与民族认同的相关性研究——以鄂西南地区土家族艺术为例》，《湖北民族学院学报》（哲学社会科学版）2016年第1期。

都是社会人类学的分支,提出"民族感应"的观点,即舞蹈的创作所具有的非语言的、象征性的、符号性的特征。① 《田野中的舞蹈:舞蹈民族志的理论与问题》(Dance in the Field: Theory, Methods and Issues in Dance Ethnography)一书聚焦于舞蹈和身体运动,关注与社会、文化和与政治密切关联的性别、身体、族群、文化和国家认同,以及传统在当代社会的延续和变化。② 通过梳理西方人类学研究舞蹈的三种视角和方法,车延芬指出:舞谱的书写是以舞蹈的符号来传达书写者的思想、观念和对舞蹈感觉的综合体;通过对舞蹈中结构和能动性的分析,可以看到舞者是如何通过发挥主观能动性来认识客观世界,并从中洞察出社会结构和个人之间关系的;通过反思舞蹈的多重维度而非局限于舞蹈本体,把舞蹈看作时代文化特征的外在表征。③ 张曦通过对国外舞蹈人类学的研究,指出:舞蹈应该在舞蹈者自身的社会和文化行为中才具备意义,重新审视舞蹈人类学文化概念的深层意义。④ 李永祥在《西方舞蹈人类学的理论和方法》一文中系统介绍了舞蹈人类学的发展历程、主要流派,田野调查与"撰写"舞蹈文化。舞蹈可以帮助我们理解一个社会的结构和文化,舞蹈者可以通过舞蹈和相关的活动来表达一个民族的思想、政治愿望和群体认同。⑤

除梳理、阐述国外舞蹈人类学的研究观点外,王建民对关于"舞蹈的人类学""舞蹈民族学""民族舞蹈学""舞蹈民族志"等概念的内涵与使用、所涉及的相关范畴及舞蹈人类学的研究途径、舞蹈人类学的学术定位进行了追溯和讨论。⑥ 许雪莲运用人类学方法分析民间舞蹈的要素,旨在建立民间舞蹈的标准研究体系,促进舞蹈学方法论建设,提出用三个层面、六个动作要素、五个活动要素、八个环境要素分析舞蹈,

---

① 刘咏莲:《音乐人类学研究中的舞蹈人类学视角——约翰·布莱金对舞蹈人类学的研究与贡献》,《中国音乐》(季刊) 2012 年第 2 期。

② Theresa J. Buckland, *Dance in the Field: Theory, Methods and Issues in Dance Ethnography*, New York: Macmillan Press LTD., 1999.

③ 车延芬:《书写、结构与仪式——舞蹈的人类学解读》,《解放军艺术学院学报》(季刊) 2012 年第 4 期。

④ 张曦:《文化概念与舞蹈人类学》,《民族艺术研究》2015 年第 4 期。

⑤ 李永祥:《西方舞蹈人类学的理论和方法》,《国外社会科学》2009 年第 5 期。

⑥ 王建民:《舞蹈人类学的概念辨析与讨论》,《民族艺术研究》2015 年第 5 期。

实现了艺术研究与人类学研究相结合的重要探索。① 李永祥通过对滇南彝族烟盒舞的人类学考察，认为：烟盒舞作为一种文化现象，与社会组织、人际关系和政府权力紧密联系，表达了地方政府那种希望从权力中心那里得到资源分配的心情和愿望，已经超出了舞蹈本身的含义。② 车延芬通过对山东曲阜祭孔大典以"歌、舞、乐"配合于"礼"的艺术形式的考察和分析，阐述复排过程背后所体现的传统文化的复兴、延续和发明。③ 巫达以四川尔苏人为例，阐述舞蹈作为一个文化象征符号，可以被用来表述族群身份的差异性。④ 曹端波的研究表明苗族舞蹈的展演与苗族家族组织、族群认同、婚姻集团、亲属制度、灵魂观等具有密切关系。⑤

（三）民族认同和族群认同理论研究

1."民族"与"族群"

20世纪70年代末80年代初期，ethnic group一词传入中国，当时翻译为"民族群体""民族集团"等，后来统一为"族群"。目前，学术界公认最早界定"族群"内涵的是马克斯·韦伯（Max Weber），⑥ 安东尼·史密斯也提出了自己的看法。⑦ 其后，便有了对族群的详细探讨，定义繁多，不一而足。

---

① 许雪莲：《人类学视野中的民间舞蹈要素研究》，《民族艺术研究》2012年第2期。三个层面：动作、活动、环境；六个动作要素：身体、方位、姿势、力量、节奏、情绪；五个活动要素：时间、空间、节目、艺人、班社；八个环境要素：自然、历史、经济、社会、民族、语言、宗教、民俗。

② 李永祥：《舞蹈人类学与彝族民间烟盒舞》，《民族艺术研究》2012年第1期。

③ 车延芬：《从舞谱到舞蹈——文化复兴中的文本、表演与身体记忆》，博士学位论文，中央民族大学，2010年。

④ 巫达：《舞蹈、象征与族群身份表述——以四川尔苏人为例》，《民族艺术研究》2015年第5期。

⑤ 曹端波、王唯惟：《为何而舞：中国苗族舞蹈艺术的展演与族群认同》，《贵州大学学报》（艺术版）2015年第3期。

⑥ 陈茂荣：《"民族"与"民族认同"问题研究述评》，《黑龙江民族丛刊》2011年第4期。马克斯·韦伯（Max Weber）认为"族群"是"体型或习俗或两者兼备的类似特征，或者由于对殖民或移民的记忆而在渊源上享有共同的主观信念的人类群体，这种信念对群体的形成至关重要，而不一定关涉客观的血缘关系是否存在。

⑦ 其定义为："与领土有关，拥有名称的人类共同体，拥有共同的神话和祖先，共享记忆并有某种或更多的共享文化，且至少在精英中有某种程度的团结。"

我国学者也曾积极探讨两者的联系与区别，比如纳日碧力戈、马戎、张海洋、孙九霞等。徐杰舜教授认为："从性质上看，族群强调的是文化性，而民族强调的是政治性。"分析其原因后，指出："一个族群可能是一个民族，也可能不是一个民族；而民族不仅可以称为族群，还可以包含若干不同的族群。"王东明总结道："总体上看，这两个概念具有较强的相关性，都是指一种稳定的人们共同体，断然割裂两者的联系是不妥的；然而，两者在内涵上还是差别大，'民族'往往强调的是政治性，'族群'侧重的是文化性。"①

随着族群概念的引入，是否用"族群"替代"民族"问题，也在我国学术界产生了持久的争论。陈茂荣在《"民族"与"民族认同"问题研究述评》一文中梳理了几种有代表性的观点：认为把中国少数民族由"民族"改称"族群"，不单是术语转换的问题，更重要的是立场和理论取向的问题（朱伦）；二是指出"族群"不适合在我国使用（阮西湖）；三是为淡化民族的政治色彩、避免民族问题的政治化，坚持要求用"族群"概念替代"民族"概念（马戎）。学界在理解这一术语的含义和应用这一术语的实践中，存在对"族群"概念理解片面和应用泛化的现象。②潘蛟、蒋立松、乔玉光、乌小花、徐杰舜、李详福、雷海、兰林友、范可等认为，"辨识'ethnic group'翻译为中文'族群'的准确性，对其应用和替代中文话语的'民族'等问题进行分析和质疑，可以为全面理解和准确应用这一源自西方发达国家以'认同'为核心的术语（ethnic group）提供新的研究思路。"纳日碧力戈也指出，"'族群话语'由于在使用学术概念时不注意词义、词源和词用，以及在不同文化和国度的变异，且较少联系中国历史，缺少辩证和历时观点，不能认识'民族'和'族群'的翻译话语，本质上是政治权力史，处在一个前后不同的、开放的变化过程。"③

2. 民族认同、族群认同理论研究

纳日碧力戈在《现代背景下的族群建构》一书中详细介绍了族群原

---

① 陈茂荣：《"民族"与"民族认同"问题研究述评》，《黑龙江民族丛刊》2011年第4期。
② 陈茂荣：《"民族"与"民族认同"问题研究述评》，《黑龙江民族丛刊》2011年第4期。
③ 纳日碧力戈：《问难"族群"》，《广西民族学院学报》（哲学社会科学版）2003年第1期。

生论、族群现代想象论、族群神话符号论、族群边界论和马克思主义的族群论。族群理论众说纷纭，都难逃"原生"或者"现代"的分野。一方面是不同的场景制造了不同的族群话语，另一方面是不同的族群话语造成了对于同一个族群现象的不同视角。① 西方学者对"族群"并未达成共识，但在近些年来形成三个有代表性的观点：原生说（primordialism）、现代说（modernism）、神话—符号丛说（myth-symbol complex）；原生说的主要代表是希尔斯（Edward Shils）和菲什曼（Joshua Fishman）；现代说的突出代表是安德森（Benedict Anderson）和盖尔纳（Ernest Gellner）。当然，安德森的观点也可以称为构建论（constructionism），因为它强调民族如何被想象和制造出来。族群神话—符号丛说的主要代表是西顿—沃森（Hugh Seton-Watson）和史密斯。此外，马克思主义的民族观和苏联一些学者的族群论对世界产生了重要影响，而中国的族群理论也可谓独具特色。②

---

① 纳日碧力戈：《剑桥手记》，《民族艺术》1999年第6期。
② 纳日碧力戈：《现代背景下的族群建构》，云南教育出版社2000年版，第44—86页。
  纳日碧力戈在《现代背景下的族群建构》一书中介绍了以下几种主要流派：
  族群原生论（primordialism）的主要代表是希尔斯（Edward Shils）、范·登·伯格（Van den Berghe）和菲什曼（Joshua Fishman）。他们认为，族群是人类的自然单位，具有和人类一样的悠久历史。语言、宗教、种族、土地等"原生纽带"（primordial ties）使这些自然单位获得内聚外斥的力量和根据。
  民族现代——想象论的突出代表是安德森（Benedict Anderson）和盖尔纳（Ernest Gellner）。安氏认为，民族的产生首先与不断克服死亡这一宗教主题有关。同时，民族的产生也与由于文字出版而新开辟的通信方式有关。印刷文字为"想象社团"的建立提供了想象空间，而宗教的衰落又使其产生成为必需；这样一个社团使人们互相认同，获得不死的感觉，使他们通过印刷文字集合在同一个想象空间和时间内。这种"想象社团"就是"民族"（nation）。
  神话—符号丛论的主要代表是西顿—沃森（Hugh Seton Wason）和史密斯。史密斯认为，族群的核心是神话、记忆、价值和符号。他特别提出"神话—符号丛"和"要素神话"（Mythmoteur）这两个关键概念，它们体现了民族深层信仰和感情。族群的生命力和特性，不在于生态环境，不在于阶级格局，不在于军事、政治关系，而在于其神话和符号的性质。因此，民族既不是"原生说"所称的"与社会共存亡"群体，也不是"现代说"所称的"创造物"和"想象物"，而是两者的混合，不断受到时间和空间的重新定义。族群的核心是神话、记忆、价值和象征符号。时代可以变化，条件可以不同，一个族群的神话、记忆、价值和象征符号，即象征—符号丛，却可以保持稳定，可以附着、渗透在不同的原有或者外来的文化特征上。

我国学者关于民族认同观点如下：就"民族认同"的组成部分或成分而言，王希恩认为，"民族认同是民族意识的基本构成，指的是社会成员对自己民族归属的认知和感情依附"①，它属于族性认同范畴，"民族认同也是我们所讲的族性认同的第一内容"，乃"族性本身，即原生要素的认同"，②族群是在民族因流动和移居被打破之后，在新的社会环境中形成的族性再生体。它承载着某一或某些原生要素，因认同而形成和存在，是现代社会存在最为广泛的一种族体。③兔平清认为，"民族认同是社会成员对其所属民族或民族国家成员身份的认知以及由此引起的归属感、忠诚和奉献精神。民族认同与民族意识、民族主义联系密切"④。

民族认同与族群认同有何关联性呢？陈茂荣的文章中指出："目前，学术界的普遍共识是：族群是一个文化概念，而民族乃一个政治概念。由此，族群认同与民族认同的区别也主要体现在前者强调文化性，后者更关注政治性。自从族群概念产生并引入我国后，由于缺乏学术语言的规范性，很多学者在使用'族群认同'和'民族认同'时，并不十分清

（接上页）族群边界论：1969年，F.巴斯（Fredrick Barth）主编出版了《族群和边界》一书，成为边界论的代表作。他主要从现象学角度，从族群结构差异以及由此产生的族群边界（boundaries）来解释族群现象，而不是用历史主义或者还原论的观点来解释它。在边界论的框架中，我们找不到对于族群源头的追溯，找不到把民族看成是"想象的社群"和"现代工业化产物"之类的论述。1996年汉斯·韦尔默朗（Hans Vermeulen）和科拉·戈韦尔（Cora Govers）主编出版了《族群人类学》一书，重新审视巴斯的边界理论，认为他在1969年那篇序言《族群和边界》中提出的主要观点仍然成立，即：族群是一种社会组织形式；族群研究主要关注族群的边界，而不是它们的文化特征；族群的本质在于自识和他识。当然，也有学者提出：边界固然可以产生认同，但不一定产生族群认同，所以，族群认同的产生既需要有互动造成的边界也需要有亲属制的隐喻。

马克思列宁主义的族群理论：民族作为特定历史阶段上人类政治、经济、文化等方面的共同体，其政治和文化边界的相对稳定并不能代替其心理和认知边界的稳定。按照马克思主义的民族观，既然民族是一种社会历史现象，并非从来就有、一成不变，既然民族问题是整个社会问题的一部分，在资本主义上升时期甚至是资产阶级革命的一部分，那么，民族的边界就不可避免地与历史上的政治边界、文化边界甚至心理边界紧密相关。

① 王希恩：《民族认同发生论》，《内蒙古社会科学》1995年第5期。
② 王希恩：《全球化与族性认同》，《西北师大学报》2002年第5期。
③ 王希恩：《全球化与族性认同》，《西北师大学报》2002年第6期。
④ 兔平清：《全球化背景下的当代中国民族认同》，《北京工业大学报》2010年第1期。

晰，很多语境中的意义是模糊的、含混的，也是相通的和可互换的。"①

归纳起来，关于族群认同的理论大致可分为"原生论"与"建构论"两种，原生论认为"族群认同的存在是与生俱来的，正如你可能生于贫困，也可能终于富足，然而你的族群身份是确定无疑的"正如这句话所表达的那样，原生论强调从族群的客观属性，如肤色、血缘、语言、宗教、民俗及历史与起源等出发来定义族群，一旦形成便不易变更，理论逻辑是"族群认同被天生赋予且稳固不变"，强调族群认同的稳固和持续。②

建构论的渊源最早可追溯到马克斯·韦伯③，认为族群认同是建构的、流动的，并随着特定的政治、经济和社会过程而改变。著名人类学家弗里德里克·巴斯提出的"边界理论"在1969年其主编出版的《族群与边界》一书中得到了阐述。他认为，族群认同是在互动的过程中产生、强化的，强调群体边界的生产和再生产的问题。④

后来持工具主义论的很多学者从理性选择的角度更是强调了族群及族群认同的社会建构性，即强调族群认同是为了特定的政治和经济目的改变、建构甚至是操纵而形成的。⑤ 近年来，加州大学洛杉矶分校的社会

---

① 陈茂荣：《"民族"与"民族认同"问题研究述评》，《黑龙江民族丛刊》2011年第4期。

② 左宏愿：《原生论与建构论：当地西方的两种族群认同理论》，《国外社会科学》2012年第3期。

③ 韦伯认为，一种文化身份只能促进族群的形成，但并不能形成族群。而且在很多时候，族群的形成往往是政治性集体行动的结果，而不是相反。

④ 左宏愿：《原生论与建构论：当地西方的两种族群认同理论》，《国外社会科学》2012年第3期。

⑤ 左宏愿：《原生论与建构论：当地西方的两种族群认同理论》，《国外社会科学》2012年第3期。

比如保罗·布拉斯（Brass）借鉴精英论的观点，从纯粹的工具主义和精英动员的角度强调族群认同的精英建构性。他认为，族群认同不是天生的或者既定的，其本身不具有自主性，而是社会和政治建构的产物，甚至是"精英创作、有时编造他们想代表的群体的文化材料，以保障他们的福祉或存在，或获得本群体以及主要是精英自己的政治和经济优势"。参见 P. Elite Brass, Competition and the Origins of Ethnic Nationalism, in J. G. Beramendi, R. Maizand X. Nunez (eds.), Nationalism in Europe: Past and Present, Santiago de Compostela: University of Santiago de Compostela, 1993, p. 111.

学教授布鲁贝克（Rogers Brubaker）通过观察群体形成的过程及其社会政治背景，探讨族群是在怎样的主客观条件下形成的。① 纽约大学的比较政治学者钱德拉（Chandra）等人属于近期建构理论的重要倡导者。②

综合来看，原生论和建构论尽管都有道理，但都存在以偏概全之嫌。没有共享的文化特征，难以完成族群的建构；只有原生性的文化特征而没有建构活动，也难以形成族群。③

20世纪70年代以来，建构论逐渐成为主流，后又派生出边界论、情景论、资源竞争理论、工具论等有影响的次级流派。建构论认为，族群认同作为一种"社会建构物"的主观特质，无法单独经由族群文化特征导出，它一定是社会互动的产物，它的边界不与地理文化边界必然重叠，而常与社会政治的利益形态相结合。建构论将"族群认同服从于变动不拘的社会交往需求"视为自身的逻辑起点。④

原生论和建构论从不同角度回答了族群认同的根源及属性，为理解族群现象提供了不同路径，但它们在理论上的局限性也造成当下族群认同研究中的思维固化。"按照原生论的假设，一个族群必有一些显著的文化特征清晰地区别于其他族群，故而该理论难以解释族群分类的社会边

---

① Rogers Brubaker, Ethnicity without Groups, Cambridge: Harvard University Press, 2004, pp. 7-27.

② 左宏愿：《原生论与建构论：当地西方的两种族群认同理论》，《国外社会科学》2012年第3期。
主要观点认为：一是族群是现代社会形成的，尤其是工业化和城市化等社会经济变迁导致了社会成员对共同文化的感知以及族群认同的形成。二是族群成员族群认同的形成与国家的制度和族群政策的建构密不可分，现代国家的政策是族群认同形成的主要推动力。三是族群认同的形成与现代生活激烈的经济竞争具有很大的关联，族群意识和族群认同在激烈的市场经济中方能形成。四是族群精英对族群认同的建构和重构，即族群精英常利用族群认同来制造社会运动，以达到自己的目的。

③ 何明、许沃伦：《白族支系那马人族群认同情境探析》，《广西民族大学学报》（哲学社会科学版）2015年第3期。

④ 参见［德］马克斯·韦伯《经济、诸社会领域及权力》，李强译，生活·读书·新知三联书店1998年版；［美］本尼迪克特·安德森《想象的共同体：民族主义的起源与散布》，吴叡人译，上海人民出版社2001年版；［挪］弗里德里克·巴斯《族群与边界》，高崇译，《广西民族大学学报》1999年第11期；［英］厄内斯特·盖尔纳《民族与民族主义》，韩红译，中央编译出版社2002年版。

界,特别是对那些文化边界并不清晰的族群来说;建构论难以回答的则是:如果没有'先天的'因素,一个族群的个体成员最初是如何形成对群体归属的自我认知的。"① 由于将"族群认同"简单理解为单向度的概念工具而非立体综合的认知体系,原生论和建构论很容易将研究引向对"族群认同'本身'缘何发生及是否演变"的哲学论争中,从而遗忘科学实践应当认知世界、解决问题的现实取向,以及重新构建更具解释力的理论体系的冲动。②

3. 族群认同与族群文化研究

族群成员通过一系列的文化特征,区分"我群"与"他群",达到族群认同的目的,因此,对族群认同确认有着不可忽视的意义和影响。中国学者有关文化特征与族群认同关系的研究成果丰硕,有代表性的主要包括以下:

李技文以原生论和族群——象征主义论等相关族群认同理论为依据,尝试运用社会记忆阐述对其族群认同产生的影响。③ 雷波将传说作为撒拉族的共同历史记忆,在不同的现实环境下因场景的需求而不断变化,反映了其以现实利益为导向的"工具性"。④ 此外,于鹏杰、鄂崇荣、洛桑东知、罗彩娟等运用族群认同相关理论,以共同历史记忆、传说为视角,分析了历史记忆、神话传说对族群认同产生的影响。⑤ 刘春艳的研究运用文化论、原生论、场景论、边界论等多种族群认同理论,指出回族在语

---

① 关凯:《社会竞争与族群建构:反思西方资源竞争理论》,《民族研究》2012年第5期。

② 李志农、廖惟春:《"连续统":云南维西玛丽玛萨人的族群认同》,《民族研究》2013年第3期。

③ 李技文:《僙家人的社会记忆与族群认同》,《湖北民族学院学报》2010年第5期。(僙,音 gě。)

④ 雷波:《骆驼泉传说:撒拉族的历史记忆与族群认同》,《山西大同大学学报》(社会科学版)2008年第4期。

⑤ 于鹏杰:《地方精英与族群认同:一个村庄族群记忆的研究》,《青海民族研究》2008年第1期;鄂崇荣:《多元历史记忆与族群认同变迁——从土族神话传说看民和土族认同的历史变迁》,《青海民族学院学报》2008年第2期;洛桑东知:《集体记忆与族群认同——一个边缘化藏族社区的山神体系对族群认同的功能》,《四川民族学院学报》2012年第3期;罗彩娟:《空间记忆与族群认同——云南省马关县壮族的"侬智高"纪念实践》,《中南民族大学学报》2012年第2期。

言文字等方面表现出共同历史记忆和强烈的族群认同意识。① 语言是文化重要的外在表现形式之一，也是识别不同族群的首要标识之一。徐杰舜、徐桂兰、韦树关依据田野调查资料对贺州各族群语言进行了研究，得出了贺州各族群语言的自我认同度及相对认同度相对较高的结论。② 海路运用族群认同理论的原生论和工具论，分析侗族中以民委部门、文化部门干部、侗族地区精英分子为代表的人士与普通家长之间在对待侗文教育上的不同态度。③

（四）散居白族历史、文化、艺术与民族认同研究

近年来，学术界对湖南桑植、贵州毕节、云南怒江等地的白族，从身份认同、民族认同方面做了一些研究。如：张丽剑基于民族散杂居背景下的族群认同和聚居背景下的族群认同有明显区别的假设，着重探讨了二者的区别与联系，分析散杂居背景下族群认同的层次、结构、范围，力图以此理论指导散杂居民族关系的发展。④ 刘晓艳以桑植白族为研究对象，从其族源、历史记忆入手，探讨历史记忆和族群认同之间的关联，解释宗族活动所包含的历史记忆以及对大理白族这一主体民族的深刻认同感。⑤

黎涓铭研究毕节白族"南龙人"的历史身份并探讨散杂居白族的身份建构。⑥ 赵玉娇从民族学、心理学的层面，对认同过程中以及认同后的贵州白族身份的建构进行探索性的剖析和研究。⑦ 岳蓉的研究聚焦于毕节

---

① 刘春艳：《"穆斯林的葬礼"中回族族群认同的高扬——兼论回族的发展与文化自觉》，《江西教育学院学报》2006年第6期。

② 徐杰舜、徐桂兰、韦树关：《贺州族群语言认同述论》，《广西右江民族师专学报》2002年第4期。

③ 海路：《族群认同视野下的侗文教育》，《湖南师范大学教育科学学报》2009年第2期。

④ 张丽剑：《民家情：散杂居背景下的族群认同——湖南桑植白族研究》，民族出版社2009年版。

⑤ 刘晓艳：《宗族文化中的历史记忆和族群认同——以桑植县白族为例》，《咸宁学院学报》2012年第4期。

⑥ 黎涓铭：《散居白族的身份建构——以贵州省毕节地区"南龙人"为例》，硕士学位论文，中南民族大学，2012年。

⑦ 赵玉娇：《身份的建构——对贵州白族身份认同的研究》，《贵州大学学报》（社会科学版）2013年第4期。

市梨树镇上小河村，民族风景充当了当代白族身份认同的新载体。它具有强烈的本土意识，通过文化价值、文化延续，乃至文化身份，形成一种民族共享的建构模式，并借此增强民族的认同感和归属感。[①] 闫玉、周真刚的研究表明，贵州白族团圆节有着深厚的历史基础，大多源于对祖先的崇拜，毕节地区大方县的白族团圆节最具代表性，具有增强民族认同、促进民族感情、调节社会生活和与周边其他少数民族的关系的功能。[②] 赵玉娇的研究指出，贵州白族在身份感上和云南白族有明显的差异，民族身份建构过程更为曲折和复杂，属于后天性的建构，表现为片段式记忆。[③]

王文光、张曙晖在白族的民族认同的研究中指出：滇西北的"勒墨"支系部分群众表现出"我非白族"的认同观，而大理的部分白族则表现出了"汉族祖源"的认同观。两地白族的认同观虽然有异，但主要都是为了积极争取进入国家主流政治体制，或者是能够获得国家权利的关照，从而争取政治生存空间，或者争取应有的政治权利。从民族认同的普遍意义来看，两地白族的认同前提、认同构建方式、场景性等是一致的。[④] 张曙晖在《滇西北怒江流域巴尼人的民族认同与文化变迁》中指出，巴尼人与滇西北澜沧江流域的白族支系那马人有着密切的渊源关系，是白族的一部分，但其不认可他们是白族的重要原因，主要是想证明自己是一个单独的落后民族，以此来争取国家政策对他们的扶持。[⑤]

（五）现有研究成果的评价及本研究的创新性和可能性

本书研究的核心问题是昆明西郊白族的霸王鞭舞与民族认同问题，因此与之密切相关的研究主要集中在霸王鞭舞的研究、艺术人类学和舞蹈人类学研究以及民族认同、族群认同三个方面。由于后两者是本书研究

---

① 岳蓉：《贵州世居白族的人文风景与民族认同——以毕节市梨树镇上小河村为例》，《贵州师范大学学报》2013年第3期。

② 闫玉、周真刚：《文化人类学视域下的贵州大方白族团圆节》，《中央民族大学学报》（哲学社会科学版）2013年第5期。

③ 赵玉娇：《身份的建构——对贵州白族身份认同的研究》，《贵州大学学报》（哲学社会科学版）2013年第4期。

④ 王文光、张曙晖：《利益、权利与民族认同——对白族民族认同问题的民族学考察》，《思想战线》2009年第5期。

⑤ 张曙晖：《滇西北怒江流域巴尼人的民族认同与文化变迁》，人民出版社2013年版。

的主要方法和理论支撑，综述则兼有文献梳理和理论观点分析。以上研究成果为本书的研究提供了重要的参考价值和理论思考点，但也可以看出：

有关散居民族的研究成果主要集中在概念分析、权益保障、散居民族工作、民族乡的概念、法制建设、经济发展、与区域自治的关系、城市民族工作、城市民族关系、城市民族流动人口、城市民族对现代化的适应的问题等方面。①

在散居白族的研究中，有少量文献针对湖南桑植、贵州毕节、云南兰坪的身份认同、民族认同问题做了探索。昆明散居白族及其文化艺术的研究成果较少，仅有少量文献介绍当地风俗习惯和历史，学术关注比较薄弱。

霸王鞭舞是白族最典型、最具有群众基础的舞蹈艺术，学者的研究主要集中在霸王鞭舞的艺术本体、文化内涵和转型、应用三个方面，除了白族主要聚居的大理地区之外，湘西、山西和陕北地区的霸王鞭舞也有涉及。学者们对霸王鞭舞的研究主要运用历史学、艺术学、舞蹈学方法对舞蹈起源传说、舞蹈创作、表演形式、表演场合、动作节律等进行的研究，尚无用艺术人类学方法对霸王鞭舞与社会变迁、政府力量、民族精英、大众审美、学校教育之间的互动关系，以及将这一"标识符号"用于表述民族认同的功能、意义的研究。

何明等学者也指出，目前来说国内族群理论的研究者们主要关注了民族聚居区域不同民族之间的认同问题，而对于同一民族内部各支系对所属民族的认同问题则缺少应有的关注。② 在现有艺术人类学和民族认同研究中，尚未有结合史料、个案调查和口述历史，以艺术人类学的方法和民族认同理论为指导，关注昆明地区白族霸王鞭舞与民族认同问题的研究成果。

作为相对于大理白族自治州的白族"边缘"群体和散居民族，昆明西郊白族在多元文化背景下，出于对历史记忆的追溯和对现实利益的考量，在白族认同的方式上，通过不断进行文化的自觉生产实践达成，并以过往历史上鲜见的典型舞蹈艺术形式——霸王鞭舞作为表述认同意识，

---

① 王俊：《近20年来我国散居民族研究综述》，《学术探索》2011年第5期。

② 何明、许沃伦：《白族支系那马人族群认同情境探析》，《广西民族大学学报》（哲学社会科学版）2015年第3期。

达到凸显特征和凝聚认同的载体。分析这个生动的个案，可以阐述现实生活中的民族认同与历史进程、文化实践、地域特征和时代话语的紧密联系，有重要的学术研究价值和现实意义。

笔者在前期的调研中，已经和当地相关的文化工作部门、民间团体、各民族群众建立了良好的关系，有继续深入开展调研的条件。由于田野点的地理位置距离城市中心区相对较近，研究者可以多次反复进行田野跟踪调查。在参与观察的基础上，笔者通过深入访谈、调查问卷等多种形式获得较为丰富、真实的第一手资料，为研究质量的提升和理论观照、反思提供资料保证。

三 核心概念使用的界定

（一）散居民族与散居少数民族

"散居民族"是相对于"聚居民族"而言的。敖俊德提出散居少数民族包括：一是居住在民族自治地方以外的少数民族；二是居住在民族自治地方以内，但不是实行区域自治的少数民族。所称散居民族包括建立民族乡的少数民族。① 以上就是散居少数民族这个概念的内涵和外延。在我国，散居民族是从地理区域和居住形式上来界定的。以此为标准，我国包括汉族在内的56个民族，在不同的区域，既可以称为聚居民族，也可以称为散居民族。如在北京的汉族属于聚居民族，而在西藏的汉族则是散居民族。如果这样区分，提出散居少数民族概念的意义就不大，因此，有必要结合少数民族分布情况去分析散居民族的含义。因此，目前我国各少数民族基本都是一身二任，既是聚居民族，又是散居民族。而在各少数民族都是散居民族时，散居民族与散居少数民族就没有实质的区别了。② 本书提及的散居民族和散居少数民族是同一概念。为尊重引用的原文，原作者使用了"散居少数民族"的说法，行文中不进行修改，但意义与"散居民族"为同一指代。

（二）族群认同与民族认同

我们常见到的族群认同的话题，其实质就是民族认同的问题；反之

---

① 敖俊德：《关于散居少数民族的概念》，《民族研究》1991年第6期。
② 陆平辉：《散居少数民族概念解析》，《西北民族大学学报》（哲学社会科学版）2011年第5期；《散居少数民族权益保障研究》，中央民族大学出版社2008年版，第6页。

亦然。这样，如何区别族群认同与民族认同的内涵和外延，实属非常困难。① 本书综述中引用的文章中，既有族群认同的，也有民族认同的。由于本书研究的对象是散居民族，散居民族是一个特定的概念用法，而研究的内容是族群认同或民族认同问题，为避免重复，将主题定位为"散居民族认同的艺术表述"，是将两个特定词语连接起来使用，在引文中，为尊重原作者，使用"族群认同"的概念时，仍保留。行文中"族群认同"与"民族认同"不作特别区别。

四 主要研究方法

(一) 多点民族志研究

20世纪90年代中期，马库斯提出了多点民族志 (Marcus, 1995)。早期对多点民族志的理解只是认为它与民族志调查点的移动 (movement) 和流动性 (mo-bility) 有关——强调对全球化变化所引起的新关系和程序变更的经验研究。② 在多点研究中，将借助前一个调查点中出现的问题把研究者带向其他的调查点。民族志研究要求集中研究文化构成和过程的部分内容，这些部分本身就是多点的，并且在其对相关实践领域的倾向中表现出反思性。郝瑞在《田野关系》《西南的族群之路》中提到的田野背景，其实多次提到在中国做田野有其特殊的一面，同时也是世界人类学现在的一种提法，就是"多点民族志"(multi-sited ethnography)的研究方式。③ "多点民族志"字面上理解是在不止一个地点进行田野调查，田野的场景在多点研究中不是所有的点都进行相同强度地统一研究，而是基于不同强度和质量的知识。这个过程中多个地点的连接、对比和印证反而可以增强民族志表达和建构的能力。④

本书属于一个区域性的问题，需要做比较和综合研究。人类学的研

---

① 陈茂荣:《"民族"与"民族认同"问题研究述评》，《黑龙江民族丛刊》2011年第4期。

② 乔治·马库斯、满珂：《十五年后的多点民族志研究》，《西北民族研究》2011年第4期。

③ 彭文斌、斯蒂文·郝瑞：《田野、同行与中国人类学西南研究——访美国著名人类学家斯蒂文·郝瑞教授》，《西南民族大学学报》(人文社科版) 2007年第5期。

④ 涂炯：《多点民族志：全球化时代的人类学研究方法》，《中国社会科学报》2015年12月2日第6版。

究中特别强调"部分"和"整体"的关系,可以用类型比较的方法通过一个一个社区的调查来逐步接近认识社会的全貌。本书所选择的三个田野点,既有共同性,也有差异性,因此较为适合采用多点性的调查,进行多点民族志研究,在进行深入民族志工作的基础上进行比较研究和综合归纳。这一比较研究不仅体现出聚居区白族与散居区白族的比较,也含有相同区域内不同社区白族的比较研究。

(二) 人类学田野调查

1. 参与观察法和深度访谈

本研究主要采用人类学田野调查研究,特别重视参与观察法(Participant Observation)和深度访谈(Deep Interview)方法的运用,在与昆明西郊白族的"三同"生活中,在反复多次的田野调查中,从了解昆明西郊白族的历史文化入手,重点跟踪记录霸王鞭舞艺术表演的多个样本,努力获得反映该群体多元艺术互动和民族认同建构的第一手材料,并通过深度访谈、参与观察、整理文献资料等方式来完成。

调研过程中,主要使用结构、半结构访谈,通过对不同目标人群[①]按照一个粗线条式的访谈提纲进行访谈。在驻点时间较长的选点,时间充裕的情况下,对于关键人物还要进行深度访谈,[②] 以获得丰富生动的研究资料。由于每位受访者均为一个独特的个案,有各自不同的处境与经验,因此,本研究针对各自不同的生活,对每一个案例进行丰富的描述,以取代一般的粗浅描述,进而从整体上予以把握。[③]

2. 历时研究与共时研究

一般说来在特定地区内从事社会文化现象的调查研究,通常进行历时态的、同时态的研究。历时态的研究(Diachronic Method, The Temporal Scope of Study Diachronic Approach)又叫纵剖面的分析研究。同时态的研究

---

① 主要分为:政府官员;文化站工作人员;艺术团组织者和骨干成员、一般成员;公办学校在校学生和老师;市民学校老师和学员;参加广场舞健身的社区群众;参与村社活动的群众等。访谈将特别注意纳入不同性别、年龄、收入、身份人群的视角。

② 所谓深度访谈,学界所指的主要就是无结构式的访谈或自由访谈,它与结构式访谈相反,并不依据事先设计的问卷和固定的程序,而是只有一个访谈的主题或范围,由访谈员与被访者围绕这个主题或范围进行比较自由的交谈。

③ 麻国庆、张亮:《都市里的神圣空间——呼和浩特市多元宗教文化的生产与共存》,《青海民族研究》2012 年第 2 期。

(Synchronic Method，The Spatial Scope of Study，Synchronic Approach) 又叫横切面的分析研究，即在某一时限内所看到的文化和社会"横切面"的分析。本书拟将昆明散居白族历史、当地发展及艺术活动发展情况作为纵向研究线索，将昆明西郊白族与其他民族的艺术互动、与大理白族文化及霸王鞭舞的对比研究作为横向线索，兼顾历时性与共时性的研究。

(三) 口述材料的运用

本书是第一次对昆明散居白族进行较为系统的研究，由于基层政府疏于保留文化活动的相关材料，史志记载也仅寥寥数语，致使研究中的文字文本非常少，因此，运用口述资料是研究的必要手段。笔者在田野工作中，根据研究需要，对访谈获取的口述资料进行整理、分析，力求让被访人多元化，并使之成为艺术活动的书写者，而不再是被动处于被书写者的地位，也可以呈现各种边缘的、被忽略的细节，在与历史文献的结合和印证中显示出独特的研究价值。深入分析这些叙事并将之"情境化"，可以接触多元的边缘历史记忆。但在研究中，笔者也将通过较为广泛的调研分析对口述资料进行甄别和判断。但为了尊重研究对象，在行文中，笔者将被访研究对象或涉及个人信息部分的真实人姓名隐去，以大写首字母的方式指代。

第一章

历史记忆与现实利益：
昆明西郊白族认同缘起的双重叠合

作为长期与汉族、彝族交错杂居的昆明西郊白族，在长期的历史发展中，还保留着从大理洱海地区迁入的祖源记忆，虽然在具体迁入的年代上说法尚不统一，但结合史料、碑刻、语言方面的考证，从元代起白族分期分批从大理迁来，到明代已定居于今沙朗等地的说法，在当今昆明西郊白族中是一种较为主流的认识。同时，在国家民族识别及其随后建立的民族优惠政策中，民族乡一级基层政府、民族精英和普通白族群众都可能在不同程度上通过"白族"因素和身份，获得个人职业、家庭经济、地区发展上的现实利益。因此，昆明白族认同在历史记忆和现实利益中交织、叠合，并在"五个认同"的引领下，通过保持、引进、创新白族文化，依靠文化策略来维持民族认同。

第一节 昆明西郊白族的历史记忆

一 白族的形成和分布

白族是历史悠久的云南世居民族，对其起源和形成探讨，从19世纪末到现在，其间经历了三次大的争论，以"洱滨人"为主体的异源同流说，符合白族的历史发展，是对一百多年来白族起源研究的最新概括。①

---

① 第一次是从1885年开始，西方的牧师、外交官、学者认为白族是泰（傣）语的一支，进而推断南诏、大理国是泰族建立的国家。20世纪初，我国几位学者起而反驳，争论长达一个多世纪。第二次是1956年在"百花齐放、百家争鸣"方针的影响下，在大理白族自治州建立前后，《云南日报》开展了白族族源和形成的争论。在这次讨论中，学术界进一步否定了泰族说和

关于白族的形成,有的说形成于南诏国时代,有的说形成于大理国时代,有的认为开始于南诏国时代,完成于大理国时代,至今仍无定论。① 较为一致的意见是,白族是氐羌古族群的一支与洱海地区的土著民族融合而成,此后又融入部分汉族人口。因此,白族的族源是多源的,作为一个民族共同体,白族在南诏时期已经基本形成了。

从20世纪30年代至今70余年的考古发现和古籍文献的记载看,白族有5000多年的历史,经历了原始氏族制、奴隶制、封建制、半殖民地半封建社会几大历史阶段,从1949年起与各民族一道进入了社会主义社会。

白族是我国18个百万以上人口的少数民族之一,全国白族人口已达200余万人,其中云南省约有159万人,贵州省有22万人,湖南省有15.1万人,四川省有1万人,湖北省有0.8万人。云南省大理州是白族的主要聚居地,全国约有80%的白族聚居于此。据统计,2017年年末,大理州的白族人口为120.78万人,占大理州总人口的33.80%,其中大理市有43.02万人,漾濞彝族自治县有1.20万人,祥云县有4.79万人,宾川县有5.16万人,弥渡县有0.26万人,南涧彝族自治县有0.28万人,巍山彝族回族自治县有0.75万人,永平县有0.72万人,云龙县有15.13万人,洱源县有18.84万人,剑川县有16.49万人,鹤庆县有16.61万人。②

除了云南大理白族自治州之外,白族在昆明、丽江、怒江、迪庆、

(接上页) 阿育王之后说,争论主要围绕土著说、氐羌之后说、汉族之后说、多种整合说4种观点展开。1978年中国共产党十一届三中全会以后,随着思想的解放和民族政策的落实,探索白族起源和形成的文章、论著又不断刊行。氐羌之后说和汉族之后说不能自圆其说,没有人再坚持。主张土著说和多种融合说的文章,则依然时有发表。著名民族学家马曜教授原主张土著说,但经过40余年的观察与思考,吸收了诸多看法的合理的成分,参考了众多考古的新资料,对他原来的土著说进行了重要的修改和补充,提出了"异源同流"的白族起源新观点。马曜教授以"洱滨人"为主体的异源同流说,符合白族的历史发展,是对一百多年来白族起源研究的最新概括。

① 当代云南白族简史编辑委员会编、李缵绪主编:《当代云南白族简史》,云南人民出版社2014年版,第1—4页。

② 大理白族自治州地方志编撰委员会:《大理州年鉴2018》,云南民族出版社2018年版,第388—475页。其中,南涧县和巍山县白族人口未单独分列,数据是2013年大理州年鉴的统计数据。

保山、玉溪、楚雄、文山、临沧等州、市及贵州毕节、六盘水、湖南张家界、湖北恩施等省、市、州也都有分布。其中，云南省怒江州兰坪白族普米族自治县有白族人口约9.6万人，占全县总人口46.92%；湖南省张家界市桑植县有白族人口10万余人，约占该县总人口的23.2%。兰坪县和桑植县是大理州之外，白族人口规模最大的两个地区。除大理白族自治州和兰坪白族普米族自治县外，各地设置的白族乡或与其他民族联合的民族乡均属于散居民族地区。具体见表1-1。

表1-1　　　　　　　　我国白族乡分布简表

省份	州、市	县（区、市）及民族乡全称	
云南	昆明市	五华区沙朗白族乡（现已改为街道办事处）	
		西山区谷律彝族白族乡	合并为团结镇后再改为街道办事处
		西山区团结彝族白族乡	
		安宁市太平白族乡（现已改为街道办事处）	
	丽江市	玉龙纳西族自治县九河白族乡	
		玉龙纳西族自治县石头白族乡	
		古城区金山白族乡	
		古城区金江白族乡	
	红河州	蒙自县期路白族苗族乡	
	保山市	隆阳区杨柳白族彝族乡	
		隆阳区瓦马彝族白族乡	
		隆阳区瓦窑彝族白族乡	
	临沧市	凤庆县郭大寨彝族白族乡	
	楚雄州	南华县雨露白族乡	
	怒江州	泸水县老窝白族乡	
		泸水县洛本卓白族乡	
	昭通市	镇雄县坡头彝族苗族白族乡	
贵州	六盘水市	水城县龙场苗族白族彝族乡	
		盘县特区旧营白族彝族苗族乡	
		盘县特区羊场布依族白族苗族乡	
		水城县营盘苗族彝族白族乡	

续表

省份	州、市	县（区、市）及民族乡全称
贵州	毕节市	毕节市千溪彝族苗族白族乡
		毕节市阴底彝族苗族白族乡
		黔西县绿化白族彝族乡
		大方县响水白族彝族仡佬族乡
		大方县三元彝族苗族白族乡
		大方县普底彝族苗族白族乡
		大方县核桃彝族白族乡
		织金县三甲白族苗族乡
		纳雍县库东关彝族苗族白族乡
		纳雍县昆寨苗族彝族白族乡
		赫章县松林坡白族彝族苗族乡
湖南	张家界市	桑植县刘家坪白族乡
		桑植县马合口白族乡
		桑植县走马坪白族乡
		桑植县淋溪河白族乡
		桑植县芙蓉桥白族乡
		桑植县麦地坪白族乡
		桑植县洪家关白族乡
湖北	恩施州	鹤峰县铁炉白族乡

资料来源：张丽剑《白族散杂居区历史与现状研究》，民族出版社2014年版。

需要说明的是，白族的形成和发展是一个渐进的历史过程。在这个过程之中，"僰""爨"、氐羌、南诏大理国时的"乌蛮""白蛮"以及历代汉族、藏族、蒙古族及周边各少数民族，历经两千多年的融合演进，最终形成当代白族。大理白族自治州以外的白族，就是白族历代发展迁徙所形成的。例如，贵州的白族就是早期的"僰人"融合南诏大理国时期迁徙而来的白族以及元代"寸白军"形成的。湖南、湖北的白族则是元代"寸白军"的后裔。

白族现有民家、勒墨、那马三大支系，聚居于洱海区域、贵州、湖南等地的为民家人，受汉文化影响较深。勒墨、那马则散居于怒江流域兰坪、维西、福贡等县，经济文化水平与邻近的怒族、傈僳族相近。白族各支系之间在语言上有较大差异，风俗习惯也稍有不同。由于地域分布上的差别，白族各支系分别与周围的民族相互融合、互相往来，也就形成了各支系之间的差别。

二 昆明西郊白族来源说

今天昆明西郊地区的白族，究竟是南诏大理国时期就已定居在昆明，还是元明以后从大理迁来，需要综合多方面的材料加以辨析。关于昆明西郊白族来源及迁徙的情况，除了一些史料记载之外，还有一些口碑资料，但大都语焉不详，有些说法也并不十分可信。综合来看，主要有以下几种不同的说法：南京来源说、滇池土著说、洱海迁入说。①

（一）南京来源说

南京来源说是对昆明西郊白族来源的一种认识。关于沙朗的白族是从南京迁来的说法，东村人张志发曾说："有家住南京柳树湾的父子二人被充军到了沙朗，父子二人为了策反，创立了白子话，让别人听不懂。"沙朗东村人张国昌于1924年撰写的本家族族谱中，对于他的家族以及东村的由来，有更为具体的记载：余祖籍江南应天府柳树湾高石坎人氏。至明初，随从傅公友德，沐公英，蓝钟礼、蓝钟秀等诸公，率雄兵平南……我祖不知何时何人，落籍于昆明县外北乡沙朗堡西村……自清初雍正年间，而我祖由沙朗西村，迭分三支出境。一支迁于迤东巧家所属三江口方静地方。一支迁于嵩属邵里散旦德侉沙营廖营等村，到今各处均有名人出专。一支迁于本境东隅。有吾祖张连举，辟草莱，拓土地，始成东村。②

关于来自南京柳树湾，其实这也是云南不少汉族在讲到自己的祖源时经常提到的。如果是这样，那么这些随沐英南征而来的南京人，在进入云南之后有的还保留了自己的汉族身份，有的则被当地居住的白族所同化。某些现在身份是白族的东村人，可能他们的父母辈均是汉族，但是到他们这代，在民族身份上，都成为"白族"了。这些人在和当地人

---

① 王锋：《昆明西山白族的历史与现状》，《大理文化》2001年第2期。
② 张国昌：《清河世代族谱》，转引自张国启、雷虹《沙朗白族风情录》（上册），云南民族出版社2008年版，第110页。

的日常交流中也使用白语。①

(二) 滇池土著说

滇池土著说是对昆明西郊白族来源的另一种认识。这种说法认为白族乃庄蹻之后，从秦汉时期起就一直分布在滇池一带。如明景泰《云南图经志书·云南府》称："僰人有姓氏，云南各处有之，初从庄蹻至滇，遂留其地。后与夷人联姻，子姓蕃息，至汉武时已'侏僞温呷'，尽化为夷矣。"据《西山区民族志》载："白族是滇池地区的土著民族。"② 据东村居委会副主任ZGQ的说法："沙朗白族应是土生土长的民族。后来历朝历代的各民族（主要是白族）不断地迁入，连续不断地进行着民族间同化融合，经过长期的发展变化，逐渐形成了现在的沙朗白族。"③

关于这方面问题，从事民族史研究的专家已经进行过很多考证，并且这里还涉及一个白族和彝族之间或许也有某些共同来源方面的问题，不再赘述。目前从昆明主城区周边的分布情况来看，白族主要集中在沙朗、团结、安宁的太平等地，人口数量较少，语言等文化传统的保持并不完全相同。④

(三) 洱海迁入说

在实地走访调研中，大部分昆明西郊白族群众认为祖先来自大理洱海地区，主流的观点认为是从元明时期分批迁入定居的。

1. 元代迁入说

团结乡《龙潭志初稿》载："元代大理总管段功，曾对昆明几次用兵。在几次战争过程中，从洱海地区迁来白族在昆明西岸大小鼓浪居住，后子孙繁衍，部分白族迁往龙潭，多为李姓。"⑤《龙潭志初稿》载："龙潭白族代代相传说，他们原是大理白族的一部分，远祖是从洱海边搬迁来的。龙潭白族与大理白族同出一宗是无可置疑的。"⑥ 龙潭白族群众世

---

① 郭建斌、冯济海：《沙朗东村》，光明日报出版社2012年版，第26—31页；张国启、雷虹：《沙朗白族风情录》，云南民族出版社2008年版，第110页。
② 《西山区民族志》编写组：《西山区民族志》，云南人民出版社1990年版，第77页。
③ 张国启、雷虹：《沙朗白族风情录》（下册），云南民族出版社2008年版，第73页。
④ 郭建斌、冯济海：《沙朗东村》，光明日报出版社2012年版，第26—31页；张国启、雷虹：《沙朗白族风情录》，云南民族出版社2008年版，第27页。
⑤ 《西山区民族志》编写组：《西山区民族志》，云南人民出版社1990年版，第80页。
⑥ 《龙潭志初稿》编辑室：《龙潭志初稿》，内部资料，1986年印，第14—15页。

世代代自称是大理白族的一支,始祖系从洱海边搬来。

龙庆头、二村白族老人张正华、张忠说:"元朝忽必烈登基后,遣兵攻下大理,招募大理族兵,进攻昆明,路经迤逻站(即今龙庆),军中有张、杨、李、赵等姓白族兵,厌战离队,看到龙庆依山傍水,有芦柴滩,便于垦殖,安度终生,便在龙庆定居。二村的张官坟叫张侯,是较早的开山老祖。"①

大桃花村老人李益三(83岁)、张福(80岁),小桃花村杨子辉(73岁)讲:他们的始祖是元朝忽必烈带兵征伐云南时,由丽江、大理来打云南城(昆明),随忽必烈的兵到昆明附近落户谋生,当时住在塘房马路两旁,由于兵荒马乱,匪患严重,又搬到现在住的地方,村名为逃荒村,到民国初期认为这个村名不好听,改为现在的大、小桃花村。马村老人张新(91岁)、新邑村老人李学(75岁)说:"元朝忽必烈登基,元兵攻下大理后,招收大理白族军人,并派白族军官带兵进攻昆明,随军来的有张、杨、李、赵白族兵,路经长坡站,他们看到这个地方有山有水,便于开发种植、安度终生,就自动离队安居的。"

也有认为是从元代起分批从大理迁来。沙朗大村段姓、李姓说:"段姓是元代从大理迁到沙朗的,住高坡,开山地,种梯田。后有张姓白族迁来,疏河道,开芦坝,造良田。李姓白族是明初随沐国公到昆明修城,城修好后被安排到沙朗定居。东村张姓白族是雍正年间由西村迁住的。"

2. 明代迁入说

据观音山杨林港、富善的白族老人董绍周、董湘、张正林说:"观音山原名凤阳村,后改叫阳临(林)谷,建观音寺,后叫观音山。小鼓(古)浪,就是现在的富善。"先祖姓张,第十三世祖还姓董,立过董氏宗祠,董氏手抄《家谱》中记有:"阳谷董氏,安徽凤阳之世族也。明洪武间,先祖赐以医学,随黔宁王沐英到滇。"当今的"绍"字辈已是第十五代人。原来的小观音山及现在的杨林港,都是观音山(阳林谷)迁出的村子。

民国《昆明县乡土教材》记载:"民家族,据称其始祖系随明将沐英平滇由大理、鹤(庆)丽(江)诸县迁至今所——滇池西岸大小鼓浪、

---

① 西山区民族志编写组:《西山区民族志》,云南人民出版社1990年版,第80页;张国启、雷虹:《沙朗白族风情录》,云南民族出版社2008年版,第70页。

阴临谷等处。"

　　沐英家族镇守云南二百余年，战事连连，也是从沐英开始，开启了中央王朝对云南的"屯垦"制度。关于白族称为"民家"，据说也和那种半军事化的"军屯"有直接的关系。据《西山区民族志》载：民家这一族称，源于明初，但是白族地区广泛实行"军屯"，汉军屯户和白族人民杂居，联系密切，相互融合，白族称汉军为"军家"，汉军屯户称白民户"民家"。①

　　安宁浸长办事处浸长村袁泰（85岁）、张闰（87岁）说："袁姓是明初随沐国公到昆明修城，修好后，就落居安宁。张姓始祖是随明将沐英平滇由大理、鹤庆、丽江迁来的。"妥乐、始甸、安灯的白族老人李加才（65岁）、姜纯（60岁）、王绍周（64岁）说："他们代代相传是明代随沐国公南征来的。"根据浸长村袁姓开山老祖墓碑载：该祖明故，到"加"字辈已是17代，"加"字辈下还有3代，就是20代。新邑村开山老祖的墓碑刻有先祖是明故字样。安灯村徐姓开山老祖墓碑：明故十三世祖考徐公讳之鹤之墓，十三世孙下还有六代。②

　　大谷律77岁的白族老人毕辉德说："大谷律白族是明代随沐国公南征而来，曾供奉过沐公铜像，称之为'披发祖师'，始祖至今才九代。小谷律、白泥山、谷律菁的白族都同出一宗，是从大谷律迁出。"

　　还有一些被访人虽然没有说明昆明西郊白族是明代随沐英迁入的，但还是认为昆明西郊白族确实是在明代从大理洱海地区迁入的。

　　陡坡杨国才、邱云忠介绍："陡坡白族有杨、李二姓，杨姓始祖叫杨占魁，是明末清初由大理迁来的，到陡坡住下十多年后，曾去大理老家将先祖的骨灰罐迁来陡坡庙山安葬，至今只七代人。庙山杨、李两姓的墓龙碑及墓碑，最早立于清道光同治年间。"③

　　下律则段姓白族墓碑记载，段姓已定居十五代，上律则杨姓白族相

---

　　① 《西山区民族志》编写组：《西山区民族志》，云南人民出版社1990年版，第79页。可参见杨勇《明代白族分布及历史源流探析》，硕士学位论文，云南师范大学，2013年。

　　② 安宁县民族宗教事务委员会、安宁县宗教局编：《安宁县民族宗教志》，云南民族出版社1995年版，第102页。

　　③ 西山区民族志编写组：《西山区民族志》，云南人民出版社1990年版；张国启、雷虹：《沙朗白族风情录》，云南民族出版社2008年版，第70页。

传,始祖先从大理迁清水关,再迁妥排,最后定居上律则,至今已十二代。妥排苏姓白族也是明代从昆明迁至妥排,清代后又迁各村。

3. 唐代迁入说

除了以上几种关于祖源的说法,还有学者提出西郊白族是唐代从洱海迁入的。2017年5月,廖德广刊于《白族学研究》第三辑的署名文章《沙朗白族及地名由来考》一文,从[唐]樊绰《蛮书·名类第四》的记载入手,对《新唐书·南诏》中关于"诏"的解释加以考释,在实地考察的基础上提出:沙朗白族的祖先,"本西洱河人"即洱海之滨人,被称为"河蛮"。沙朗地名,因贞元十年(公元794年)沙朗白族祖先"河蛮"从"三浪诏"迁来而得名。作者认为沙朗是"三浪"的汉字记音。①

王锋在综合以上的书面文献和口碑资料后,认为昆明西郊白族是从元代起分期分批从大理迁来是较为可信的,到明代已定居于今沙朗等地。依据如下:

一是至迟在明代,现昆明白族聚居区都已有行政设置,并已有人定居,其居民无疑都为白族。以沙朗为例,明代在沙朗已设有沙浪里,属昆明县管辖②,另还设有军哨,屯有驻兵,例如云南右卫中就有沙浪哨③。明代这些地区还培养了一些知识分子。景泰《云南图经志书》卷一《云南府志》载:"张景云,字天祥,昆明县沙朗里人,有文学,由教官仕至孟爱路经历,授登仕郎。"清《滇云历年传》卷六载:"洪诚,昆明沙朗里人,世业农,至诚,始慕读书。少治诗,……戊戌第进士,归里,犹身事锄犁若农夫然,黔国公贤而重之,授孝感县知县,调遂宁,有为有守,德政名一时。"④明徐霞客游云南,曾到沙朗游览水帘洞等景点,其游记中记有:"余令肩夫守行李于岗山,与顾仆入洞,……竟昏黑不可辨,但闻水声潺潺,又五六丈,复四遇水,其水渐深,既上不可见,下

---

① 廖德广:《沙朗白族及地名由来考》,《白族学研究》(第三辑),云南民族出版社2017年版,第267—270页。
② 陈荣昌:《昆明县志》清光绪二十七年(1901年)刊本,卷1第9页。
③ 李元阳:《云南通志·兵食志》,明万历元年(1573年)云南按察司大理府刊本,卷1第9页。
④ (清)倪蜕著、李埏校点:《滇云历年传》,云南大学出版社1992年6月第1版。

不可测，乃出，复四渡水而上岗，闻岗上有人声，则沙朗之耕陇者，见余入洞，与负行李人耦语待之。为余言之：西出即陡坡北峡。"① 文中所提"沙朗之耕陇者"，即已定居在沙朗一带的白族。此外，文中所提及的地名、村名皆与今沙朗无异，足见沙朗白族早在明代就已定居于此。

二是从迄今所见的各种金石材料看，未发现元代及元代以前之物，较早的金石材料属于明代，而以清代最多。著名的有：明天启六年（1626 年）立于沙朗龙庆的《建延寿庵常住碑记》；清康熙六年（1667 年）所立《兴隆庵碑记》；清乾隆十三年（1748 年）立于沙朗大村的《新建沙朗大村义学碑》等。另，长坡白族李家坟堂有《明故先宗鼻祖李公墓》墓碑，系清咸丰六年（1856 年）李氏合族儿孙重立。这些金石材料也证明，西郊白族在明代已定居于今西郊各地，但时间不早于元代。即使元代已有白族定居，但尚未形成一定的规模。

三是从以上的传说及史料看，西郊白族从大理迁入并非一时一地之事，而是在不同的历史时期从大理各地陆续迁入的。西郊白族的语言特点，也可印证这一认识。总的来说，西郊白族的语言和大理白族中部和南部语言相近，并有较为严整的对应规律，从中可知西郊白族确实是从大理迁出的，而且迁出的时间也不会太过于久远。根据其所做的语言研究，认为和文山、怒江的白族相比，沙朗的白语更加接近剑川的发音，文山、怒江的白语发音更多保留了古音和语法，但是文山和怒江的白族据考证推测他们和洱海地区的白族分开不过五六百年的时间，所以沙朗的白族与洱海地区的分开的时间要晚于文山和怒江的，因此不应早于南诏时期。这样看来，沙朗的白族不应该是滇池流域当地的土著，而是从大理过来的。②

而另外，西郊各地白语相互之间又有明显区别，以人口分布最为集中、语言保持较好的沙朗乡为例，沙朗是一个四面环山的小坝子，耕地面积仅 5000 余亩，坝子里共分布有大村、西村、东村、北村四个自然村，各个村相距近者仅数十米，最远者也不过 1 千米，但各村白语的很多词汇在发音上却有极为明显的不同。在没有山川阻隔、交流如此密切

---

① 《徐霞客游记·滇游日记四》，1985 年校注本。
② 2017 年 2 月 11 日笔者对中国社会科学院民族学与人类学所王锋研究员的访谈。

的情况下，为什么各村的语言会有如此显著的差异呢？唯一的解释就是，各村的先民来自大理的不同地区，迁入的时间也各有不同，在语言上还没有完全统一。这是我们讨论白族迁徙问题的一个很有力的证据。①

沙朗白族 ZLX 介绍当地白语使用的情况："我们认为自己是大理迁徙过来的白族，是骄傲、自豪的。只是大部分人对于我们是从什么时候来到沙朗的，对于自己的迁徙历史这些还是很不清楚。我们和大理白族语言有一部分讲不通。不用说大理了，就是我们东村和大村的，就隔着一条河，一些基本词汇也不同，不知道为什么，老人就是这种讲、这种教，差不多有10%的语言不同。龙庆和陡坡也有一些不同。可能来迁徙过来的时候早晚不同，所以语言就有点不同。"

虽然在昆明白族的来源问题上尚存在着南京来源说、滇池土著说、洱海迁入说等多种不同的说法，且没有达成完全统一的共识。但是通过史料梳理、语言运用分析，从元代起白族分期分批从大理迁来，到明代已定居于今沙朗等地的说法，在实际的田野调查中得到更多当地白族的支持。

第二节　昆明西郊白族的现实利益

现实利益的考量在民族认同中是一个不可忽视的重要因素。一些学者的研究关注到在现代背景下，民族认同、民族身份与民族政策、现实利益的相互关系。民族认同与民族识别工作以及随之而来的民族优惠政策密不可分，可能由原有的文化表征发展为具有功利性的可以获得实际利益的象征物，②从某种意义上可以说，民族身份与利益相关，并在整个社会中不断强调，使得民族优惠政策"强化"或"固化"了民族认同。③精英阶层在民族认同中，是较为敏感的群体，也是最容易获得现实利益的群体，往往影响地方历史记忆与民族认同，会选择性强化某些地方认

---

① 王锋：《昆明西山白族的历史与现状》，《大理文化》2001 年第 2 期。
② 李良品：《近六十年我国民族识别研究述评》，《云南民族大学学报》（哲学社会科学版）2011 年第 5 期。
③ 明跃玲：《民族识别与族群认同》，《云南社会科学》2008 年第 2 期。

同的符号,从而主观建构起一套与现实认同相符合的"历史",达到现行条件下最合适的资源整合①。认同白族,对于昆明西郊白族而言,可能获得更多资金与政策的倾斜,以及为生计发展提供便利,这无疑有助于强化白族认同,实现从部分精英到普通民众的一致认同,②并在与历史性因素的合流中得到巩固。

一 基层政府

(一) 民族乡的建立与优惠政策

作为解决国内民族问题的基本政策,民族区域自治是在国家的统一领导下,各少数民族聚居的地方实行区域自治,设立自治机关,行使自治权。民族区域自治制度的实行,有利于维护国家统一和安全,有利于保障少数民族人民当家作主的权利得以实现,有利于发展平等团结互助和谐的社会主义民族关系,有利于促进民族自治地方经济社会全面发展。由于历史原因,中国各民族基本是"大杂居,小聚居"分布,以自治区、自治州、自治县三级行政区域建立的自治地方,仍然不可能完全保障部分散居少数民族的合法权益,因此在少数民族聚居的乡镇一级行政区域又设立了民族乡,作为民族区域自治制度的补充。③

我国根据《中华人民共和国宪法》和《中华人民共和国民族区域自治法》在相当于乡一级的少数民族聚居地区建立的基层乡镇区域,20世纪50年代初,根据《中国人民政治协商会议共同纲领》和《中华人民共和国民族区域自治实施纲要》,曾经建立一批区、乡级民族乡。1955年,根据第一部《宪法》的有关规定,这批区、乡级民族乡全部改为乡级民族乡。后来随着人民公社化的推行,民族乡被取消。④ 1978年年底,党的十一届三中全会召开,民族工作重新步入正轨,1982年新宪法恢复了关于民族乡的规定,重新确立民族乡为一级基层行政建制,民族乡的法律

---

① 于鹏杰:《地方精英与族群认同》,《青海民族研究》2008年第1期。
② 周大鸣:《从"客家"到"畲族"——以赣南畲族为例看畲客关系》,《西南边疆民族研究》2009年5月。
③ 杨剑波:《当代中国民族区域自治制度的确立及其与民族乡的关系》,《今日民族》2006年第1期。
④ 曹新富:《民族乡在民族区域自治中的地位》,《今日民族》2005年第1期。

地位得以重新确立。①

按照1982年宪法的规定，国务院于1983年12月发出《关于建立民族乡问题的通知》，就建立民族乡的有关问题做出规定。1987年12月9日，中共云南省委、省人民政府发出《关于改革区乡体制的通知》。《通知》指出：我省对农村政社合一体制进行改革，把政社分开，但县政府派出机关区公所以下的乡人民代表大会和乡政府却因辖区太小、人口过少、机构不全，很难行使宪法和法律所赋予的职权。决定把现在的区改为乡或镇，建立基层政权组织；在原来小乡的基础上设立村公所或办事处，作为新设立的乡或镇人民政府的派出机关。并指出：凡是相当于乡的少数民族聚居的地方，应当建立民族乡。

1993年8月29日，经国务院批准，国家民委发布《民族乡行政工作条例》。云南各地经过认真筹备，通过召开人民代表大会，于1988年完成了区改乡（镇）的工作（个别乡镇的建立是在1989年完成的），其中建立的民族乡共197个，民族乡数量在全国位居第二。至1990年，云南在推行民族区域自治中，完成了自治州、自治县及民族乡的建立。1992年5月21日，省第七届人大常委会第二十四次会议通过了《云南省民族乡工作条例》。《条例》分为总则、行政建设、经济建设、文化建设、附则五章，共43条。据1993年统计，全省197个民族乡面积55372平方千米，占全省面积的14.05%，总人口323.2万人，占全省总人口的8.5%，其中少数民族人口197.7万人，占全省少数民族总人口的15.7%。2001年2月第九届全国人大常委会第二十六次会议通过修正的《中华人民共和国民族区域自治法》后，省委、省人大、省政府决定制定云南实施《民族区域自治法》办法，2002年8月，成立了由省领导担任组长的协调组，决定在制定云南实施《民族区域自治法》办法的同时，一并修改1992年的《云南省民族乡工作条例》。经过两年的工作，2004年7月30日，省第十届人大常委会第十一次会议通过了修订的《云南省民族乡工作条例》（36条），2004年10月1日起施行。修订后的《云南省民族乡工作条例》基本保留了原来五章的结构，只是将"文化建设"一章改成了"社会事业"；各项规定比以前更加具体，并增加了"民族乡根据法定

---

① 邓淑娇：《四川省民族乡发展问题研究兼及民族乡问题分析》，硕士学位论文，西南民族大学，2012年。

程序撤乡建镇的,按照本条例继续享受民族乡的待遇"等新的内容,可操作性得到增强。在修订的《云南省民族乡工作条例》中规定了政权建设、经济建设、社会事业等方面的具体优惠和倾斜政策。①

---

① 2004年云南省人民代表大会常务委员会颁行的《云南省民族乡工作条例》规定:

政权建设方面:民族乡主席团成员中,应当有建立民族乡民族的公民。民族乡人民政府配备工作人员,应当尽量配备建立民族乡的民族和其他少数民族人员。民族乡的乡长由建立民族乡的民族的公民担任。由两种以上少数民族建立的民族乡应当配备有除乡长以外的建乡少数民族的公民担任副乡长。国家机关应当帮助民族乡培养和使用少数民族妇女干部。选派优秀年轻干部到民族乡挂职,选派民族乡干部到上级部门挂职锻炼,以及对民族乡的工作人员和技术人员给予特殊照顾。上级国家机关在为民族乡配备和录用公务员时,应当照顾建立民族乡的民族和其他少数民族,积极培养和使用少数民族妇女干部。县级以上人民政府应当制定具体措施,对长期在条件艰苦的民族乡工作的干部和各种专业技术人员的工资、职称、福利待遇给予特殊照顾。

经济建设方面:县级以上人民政府应当定期研究民族乡的经济建设,实行分类指导,在资金、技术、人才等方面给予特殊扶持;对民族乡的水、电、路、邮政、通信等基础设施建设项目给予优先立项和投资,对小城镇建设和人畜饮水等项目,给予重点扶持;县级财力不能自给的,所辖民族乡的基础设施建设资金,由省、州(市)给予适当补助;安排各项专项资金时,应当重点照顾民族乡,帮助民族乡发展特色经济和社会事业;对民族乡财政转移支付的力度,在对民族乡计算一般性转移支付数额时,所使用的系数应当比非民族乡高5个百分点;县级财力不能自给的,所辖民族乡的财政转移支付,在省、州(市)财政对县的财政转移支付中补助;设立预算的民族乡应当设置民族机动金;未设立预算的民族乡,县级预算应当安排一定数额的民族机动金,专项用于贫困学生的教科书费、杂费、文具费、伙食费的补助和贫困农户的医疗救助、人畜饮水困难补助;民族乡在执行财政预算过程中,自行安排使用收入的超收和支出节余的资金;实施贫困村安居工程、温饱工程和易地开发扶贫工程,应当结合民族乡的实际给予优先安排;县级以上人民政府应当安排有关部门和单位对贫困民族乡实行挂钩扶贫。

社会事业方面:民族乡应当结合当地实际,发展教育、科技、文化、卫生和体育等社会事业,提倡文明健康的生活方式,促进人的全面发展;县以上教育、民族等行政部门应当帮助民族乡发展教育事业,保障适龄儿童、少年完成义务教育阶段的学业;帮助有条件的民族乡建立寄宿制、半寄宿制民族中小学,对民族乡的寄宿制、半寄宿制校点设置和经费安排给予照顾;县人民政府在安排教育事业费、基础设施建设费、专项民族教育补助费和师资培训费时,应当对民族乡给予照顾;对民族乡学校的管理,加强教师队伍建设,采取措施引进师资,积极培养少数民族教师;帮助民族乡发展职业技术教育;省级有关部门在安排职业技术教育专项资金时,应当对民族乡给予照顾;从资金、人才、项目等方面支持民族乡的科技进步事业,在民族乡安排的资金应当高于非民族乡;帮助民族乡发展民族文化、体育事业,保护民族传统文化,尊重和优待民族民间文化传承人,开展健康文明、具有民族特点的文化体育活动;县级以上人民政府及其有关行政部门应当帮助民族乡建立和完善文化站、广播站、地面卫星接收站等设施;当发展医疗卫生事业,加强公共卫生、疾病防疫控昆明西郊的太平白族乡、沙朗白族乡、团结彝族白族乡、谷律彝族白族乡就是在此背景下设立的。云南省委、省政府在制定政策、指导全省的民族工作中，对民族乡进行了统一安排。昆明白族聚居的四个民族乡建立以来，经济社会发展势头良好，群众生活水平显著提高。在民族团结示范村建设中，民族乡下辖的有代表性的村寨优先得到了一定的资金和项目，较为贫困的民族乡被纳入扶贫攻坚计划中，小集镇建设中也充分考虑民族乡镇，实行整乡整村推进的新农村建设，也有不少民族乡、村受益，民族乡普遍建立起了民族中学，实现了普及九年义务教育，民族特色文化村建设对有代表性的民族乡辖区的民族村给予倾斜，省市区等各级民族工作部门还可以根据实际情况给予民族乡安排民族机动金，用这一被民族地区群众称为"连心钱"的民族工作专项经费解决民族乡发展过程中的急、难、小等特殊问题。同时，民族乡成立不久，云南省委民族工作部、省民委即组织民族乡干部群众外出考察学习，配合组织人事部门，加强民族乡领导干部的培训。

中国共产党把民族平等作为处理民族关系和民族问题的一项基本原则。中国政府在实现民族之间政治和法律地位平等的同时，也通过制定各项针对少数民族和民族地区的优惠政策和特殊政策，缩小各民族之间事实上的差距。少数民族优惠政策作为国家调节民族关系、解决民族问题的一种制度安排，着眼于保护少数民族文化的特殊性，实现民族地区的较快发展，保障少数民族权利，始终作为民族政策的主线贯穿于新中国民族工作的实践。①

(二)"民族牌"与地方经济发展

借力"民族牌"效应发展地方经济是基层政府在争取资源、凸显文化时往往会考虑的有效途径。挖掘、开发地方的民族文化、民族艺术，将其与旅游、文化产业等结合，促进地方知名度提高和经济社会发展，也使得民族艺术在"主流文化"和"现代文化"的规约和影响下完成重构与再造。

(接上页)制工作，建立健全乡、村卫生保健网，帮助民族乡建立新型农村合作医疗制度，确保对民族乡卫生事业费的补助，并纳入县级财政预算；县以上卫生行政部门，应当对民族乡的医疗卫生基础设施建设和常规性设备、装备的配备以及医疗卫生人才的培养等给予优先安排等。

① 韩刚：《中国民族优惠政策研究》，博士学位论文，南开大学，2012年。

2009年8月3日沙朗乡撤乡改设办事处以前，是昆明市五华区唯一一个白族乡，其宣传定位是昆明城边上的"金花之乡""小大理"。2011年5月28日西翥生态旅游实验区正式挂牌成立，这是昆明市五华区在全市率先实现一步城市化和全域城镇化的重要举措。成立初期，西翥就提出打造集民族文化、生态文明于一体，商、旅、文互动的"西翥"文化品牌，构建昆明主城"一小时生态旅游经济圈"和昆明新的经济走廊。新昆明的规划，让五华区北部的沙朗、厂口两个片区成为昆明北部新城的重要组成部分。面对这一机遇，五华区对两个片区进行了新的规划，其中，沙朗片区因白族文化特色，拟建设为昆明近郊的省级白族特色旅游度假区。①

对昆明人来说，"团结农家乐"可谓是家喻户晓的知名品牌。1998年年初，团结彝族白族乡开始试办农家乐旅游。2002年年末，全乡集体、个体从事农家乐的户数已从15户增加到100余户，通过建设白族民居休闲园、大河千亩果园等配套旅游景区景点，同时推出文艺活动、油葵观赏、果园采摘水果等活动项目，2004年4月8日，团结乡乡村民居"农家乐"通过国家旅游局验收，成为云南省首个"全国农业旅游示范点"。② 除了农家乐，滑草场和团结苹果等品牌也名声远扬。从昆明主城到团结，空间距离仅有17千米，使这里成为市民周末及节假日旅游休闲的首选地，让这个山高箐深、森林茂密、民族风情浓郁的地方成为省级重点规划"芳香旅游走廊"的第一站，昆明"15分钟生态旅游圈"的重点核心区。作为昆明市"3015行动计划"的积极推进者，团结还积极推动着"民族风情旅游小镇"项目的进程。

---

① 五华区沙朗分区位于昆明市西北部，距市中心15千米，辖区总面积138.99平方千米，其中包括东村大村、桃园、龙庆三个片区。规划中，东村大村分区是沙朗分区的行政、经济、文化中心，街道办事处驻地，它以体验白族民族风情为主的温泉假日旅游和旅游地产开发为主导，建设昆明近郊具有白族特色和良好人居休闲环境的省级特色旅游度假区；桃园分区是以自然山水、民族风情旅游、研发创意及无污染新型产业为主体功能的城市综合片区；龙庆分区则将以"自然与田园风光的观赏、果蔬种摘的参与、城乡文化的交流"为主题的系列农业观光休闲活动为主。武艺漩：《昆明沙朗拟建设为云南省级白族特色旅游度假区》，《生活新报》2010年2月24日。

② 袁丽萍：《团结彝族白族乡——依托城市迈向协调发展之路》，《今日民族》2004年第8期。

在招商引资项目中，地方政府也充分利用"民族牌"资源，吸引资本进入当地经济发展之中。2016年，团结"乐居民族文化园"团结龙潭社区委托云南众智文化创意产业研究院规划设计，组织省内外有关文化产业专家学者和当地政府有关领导评审通过。项目总投资1.2亿元。一期工程用地23亩，已投资7000万余元；二期工程规划用地20亩，荒山3000亩，计划投资5000万元。一期工程的土建、装修、绿化景观工程基本完成，文化展馆、软文化环境工程正在设计和组织实施中。项目的立意设计主要是以历史古村落为依托，以民族团结为主线，以文化交融为宗旨，以文化创意为核心，以市场集散为平台，体现对历史和传统的充分尊重，凸显白族、彝族、汉族一家亲的和谐文化。

昆明西郊白族地区的所有民族乡在发展的过程中都经历了撤、并、改的过程，这一过程，也使得基层政府在争取民委系统的项目、经费等资源时出现一定的焦虑，另辟蹊径地突出民族特色成为迫切需要。沙朗东村BSJ讲述的一席话，正好说明这个问题："过去政府在少数民族的文化打造方面还是做了些事情。但是我们遗憾的是民族乡的称呼被取消了，对我们这里还是产生了很大的影响，待遇政策不同了。虽然我们这里的民族成分和比例都没有改变，但是因为民族乡撤销了，我们从民族口下来的资金还是减少了很多，因此争取文化保护方面的资金和相关项目立项比较难。我们现在城市的政策靠不上，虽然我们身份全部是居民，但是待遇还是农民待遇，民族乡帽子没有了，政策丢了。民委方面来的机动金算是'连心钱'，能解决到好多实际问题。现在我们改成街道办事处了，再去民委争取机动金的依据就不充分了。我们恢复白族文化的原因也主要是体现我们的白族特点，想通过白族文化特点吸引资金和项目落地。在沙朗白族旅游小镇的建设背景下，我们建设了村里的白族照壁。"

地方政府在定位设计本地的发展思路和进行招商引资的时候，充分利用当地的民族文化优势，借"民族牌"发展旅游等产业重新进行资源和利益整合。随着昆明西郊白族地区旅游开发的影响辐射到当地社区和群众社会生活的方方面面，白族认同对于地方利益和发展的重要性凸显。在当地政府打"民族牌"和旅游开发的特定场景中，民族认同、民族身份在与民族旅游发展的互动中，不断传承、延续、发展。这一过程推动文化的复兴和民族身份的再建构得以不断展现，而且为文化艺术的复制、再造提供了前所未有的场景和舞台。

二 精英阶层

在地方中总有一群人在地方事务中拥有特殊的权力和威望，这些人可以控制物质资源、影响人们活动和决定，在他们所处的地方或社会生活中占据重要地位，受到人们的重视，这群人被称为"民族精英"或"地方精英"。民族精英是民族社会生活中表现杰出的一部分人，其功能的充分发挥，是民族社会生活顺利开展不可缺少的社会动力。[1] 其他学者对民族精英的定义还有：深谙民族文化精神，拥有一系列的方式、方法和资源，能够直接或间接地影响全民族与全社会的生存及发展方向的人。[2] 在民族文化重构的过程中，民族精英非常重要，它发挥着"上"（国家）"下"（民族群体）衔接和润滑的作用。[3] 本书所指的精英阶层，是在地方事务中拥有一定的权力和威望，熟悉民族文化，能直接或间接影响当地发展，尤其是进入到国家机关和文化、教育等领域工作的人。精英阶层对民族身份较为敏感，民族认同感较为强烈。民族乡实施的优惠政策和有关干部在晋升、提拔、任用方面的条款，很多都是在精英阶层及其工作实践中实现的。民族乡主席团成员和政府配备工作人员，应有建乡民族和其他少数民族人员，尤其特别规定了民族乡的乡长由建立民族乡的民族的公民担任，由两种以上少数民族建立的民族乡应当配备有除乡长以外的建乡少数民族的公民担任副乡长。少数民族妇女干部等也有更多机会得到锻炼和任用，等等。表1-2表明，在昆明西郊白族地区任职的白族领导，除少部分是从大理白族地区交流到任的之外，大部分是当地白族进入当地机关事业单位（含民族乡）后，在不同的岗位上担任了领导和主要负责人。

---

[1] 徐佳晨：《散杂居少数民族族群认同的变迁——以江西抚州金竹畲族乡为例》，硕士学位论文，中南民族大学，2013年。

[2] 周星：《民族政治学》，中国社会科学出版社1993年版，第104页。

[3] 方清云：《民族精英与群体认同———当代畲族文化重构中民族精英角色的人类学考察》，《中南民族大学学报》（人文社会科学版）2013年第6期。

表 1-2　　　　　　昆明西郊白族干部名单（不完全统计）

姓名	籍贯	任职
ZMX	太平马村	副乡长
YGZ	连城小桃花	县审计局局长
WXR	连城官司庄村	县城建局副局长
ZRF	太平	县水电局党委副书记
WXL	连城官司庄村	乡长
CT	连城大桃花村	县委副书记
JCX	太平始甸村	县农业局副局长
JHX	太平始甸村	县人民法院副院长
LYX	太平光莨大村	县统战部部长
JCX	太平始甸村	副县长
LSQ	太平妥睦村	厂党组书记
JHX	太平始甸村	县人民法院副院长
XSW	安灯村	县人民法院副院长
MHG	太平高枧槽	乡政府人大主席
JH	太平始甸村	副镇长
CC	太平桥头村	副厂长
ZC	沙朗	乡党委副书记、区人防办副主任、林业局副局长
ZL	沙朗	乡党委副书记
LK	沙朗	区公安分局副分局长
ZW	沙朗	区委宣传部副部长、区政府副区长、民政局局长
YBN	沙朗	乡党委副书记、党委书记
LBZ	大理	区人民检察院检察长
ZZ	沙朗	区法院院长
YZQ	妥排	区公安分局副教导员、区委组织部部长、纪委副书记
YGL	龙潭小村	民政厅基层政权法规处处长
YSQ	龙潭大河村	市国资委纪检处处长
LTM	龙潭小村	乡副乡长、副书记，西山区工商联合会主席
LJL（女）	龙潭大河村	区爱委会主任
LD	龙潭大柯村	团结、谷律乡副乡长、区林业局副局长、区供销社党委书记

续表

姓名	籍贯	任职
JCP（女）	龙潭小村	街道办事处党委副书记
LYZ（女）	龙潭大河村	乡计生办主任、团结乡副乡长
LYS	和平多依村	街道办事处司法所所长
LFX	龙潭小村	区统计局副局长
LY	谷律妥排	区文体局长，街道党工委书记，区民政局书记

数据来源：安宁县民族事务委员会、安宁县宗教局：《安宁县民族宗教志》，1995年10月；安宁县太平白族乡政府：《太平白族乡志》，内部资料，1993年；《西山区民族志》编撰领导小组：《西山区民族志》，云南人民出版社1990年9月；团结街道办党工委、办事处：《团结街道办事处志》，内部资料，2012年4月。

LFX是上述白族领导干部之一，也是团结彝族白族乡山区经济发展的带头人，不仅带领全乡各族人民群众开拓进取，一步一个脚印，走出了一条民族山区经济社会发展的致富之路，[①] 本人也被国务院授予"民族团结进步模范"称号，团结彝族白族乡也被评为全国、全省民族团结进步模范乡。作为白族，LF还积极推动当地白族文化与旅游结合，以强烈的民族认同感投入到家乡的经济文化建设中："我当书记的时候就提出建设团结白族旅游度假村，彝族旅游度假村和苗族旅游度假村。20世纪90年代，为推动白族旅游度假村的建设，我鼓励群众建盖白族民居，每家每户可以补贴1万元。我作为领导，不管去哪里，特别是到外面去开会，我都是一身白族服装，镜头里面我是最受欢迎的拍照对象之一；我带头建白族民居；带头说白族话，只要有两个白族在一起我就要讲白族话。可以说，各种场合我都要表达我的白族身份。我对于自己是白族还是感觉到骄傲的，我也给我们白族同胞说，我们少数民族要有点志气，要有信心。我认为我自己是白族地区成长起来的白族干部，党的民族政策好，我才有机会成为领导，为家乡经济社会发展多出一点力。我认为民族地方应该注重培养民族干部，但是现在民族乡改成街道办事处，对民族干部的培养使用还是存在一定影响的。"

LF只是当地白族干部中的一个缩影，作为民族群体的一员，他们在

[①] 中共西山区委：《民族山区发展经济的带头人——记团结彝族白族乡党委书记李芳同志》，《民族工作》1994年第7期。

民族意识和民族生活方式方面表现出高度的认同感。因为白族身份，他们可能得到更多锻炼和任用机会，而在自己的领导岗位上，又会通过自己的言行，以经济利益和民族共同情感为基础强化民族认同，进而影响普通民族群众对民族文化的认同感。

三 白族群众

中国的民族识别以及民族区域自治制度为每一社会成员在法律上都提供了特定的民族身份，而这一身份的现实意义之一便是对少数民族成员在政策上有一定程度的优待。正是由于这种身份与现实利益相关，因而在整个社会中不断强调。[①] 在新的生育政策实施之前，有的村民为了合法生育两胎，或者为孩子升学时能有加分等政策性照顾，往往会在现实利益的考虑中，对民族身份显得更加敏感。

同时，城市周边旅游作为昆明西郊白族地区发展定位之一，在推动民族互动和交流中成为最有效的途径，于此过程中的文化恢复、重构、张扬也会成为对外来的文化的回应手段，进而激发出民族认同。

沙朗乡"农家乐"在十几年的发展过程中，在当地经济发展和对外形象塑造方面，起到重要的推动作用。弘扬白族文化带来的现实利益，引发了当地人对自我文化的重新认识，民族自信和认同增强，文化自觉提升。沙朗乡于旅游开发初期，推出"沙朗年猪饭"为特色的白族餐饮和购物、观光为一体的"白族一条街"，接待游客量和服务质量明显提升。沙朗白族乡的白族风情成为"农家乐"的一大特色和亮点，全乡68.19%的"农家乐"经营户是白族经营户。他们以白族的传统美食和风俗习惯来吸引更多的游客，游客大多来自昆明市区，体验白族的文化是许多游客选择沙朗"农家乐"的原因。沙朗白族乡在2007年建造"白族一条街"，由政府和村民共同出资对沿街的房屋进行白族风格改造。一楼作为商铺，二楼三楼作为民居，同时也为游客提供住宿。在这条街上有刺绣、扎染等白族手工艺展示，沙朗以白族饮食、手工艺、建筑等为亮点，增强游客对白族文化特色的感性认识，有些白族菜肴也因旅游的需要重新回到餐桌上。

在旅游这样的互动实践活动中，当地人要与游客接触，通过其他人

---

① 孟永强：《论多族群村落中的族群认同与交往》，硕士学位论文，兰州大学，2012年。

眼里的镜像重新认识自己及其文化的地位。作为昆明周边白族聚居地的村民，通过将自己的文化展示给游客，向外进行宣传，使游客重新认识他们。游客的回应往往也会引导和影响当地人重新认识民族文化的地位和价值。在现代话语中，农村在一些"城里人"的眼里，常常是偏僻、落后、贫困的代表符号，当地人在这样的话语中常被置于边缘位置，或许也接受了这样的看法，在和城里人打交道的时候，努力去模仿城里人的生活，将自己本民族原有的文化、生活方式看作是土气、过时的。通过兴办"农家乐"，当地人发现原来让城里人到自家的农家小院来坐坐、喝喝茶、吃吃饭也能带来经济效益，那些被当地年轻人看作是土得掉渣的，只有上了年纪的大叔大妈才会喜欢的舞蹈和小调却成了吸引城里人的一种"流行"。"游客喜欢我们这的环境"喜欢我们的"农家饭"喜欢看我们的"舞蹈"，从这些表述中反映出当地人对自我的认识，是在用新的眼光重新看待自己的文化。在不断发展"农家乐"旅游的过程中，当地人从城里人对他们生活环境的羡慕，对他们民族文化的兴趣中也对自己的民族身份有了重新的认识。

在"农家乐"旅游的发展中，当地白族文化成为一种资源，有市场需求，能进入市场交换领域实现经济价值。拥有这些文化的白族群众发现自己文化和身份的现实利益，不仅在餐饮上极力地展示白族风味，早已被压箱底的白族传统服饰也有游客想要购买，带给白族群众的是直接的经济利益。

旅游能够推进文化再造、文化复苏、文化建构，而文化又反过来也可以促进旅游的进一步发展。"农家乐"给当地人、游客制造了一个文化交流的"场"，在这个"场"中，当地人的文化、城里人的文化、白族文化和其他民族的文化在这里互动。在互动过程中，各民族实现了交流交往交融，增进了相互了解，促进了民族团结；同时，白族身份，白族文化成为"农家乐"经营者中的一种优势资源，可以带来旅游收入。现实利益对白族认同也可以起到推动作用。①

基层政府、民间精英和白族群众，各自从自己不同的角度出发，在权力、利益、资源的分配和博弈中，对白族地区、白族身份、白族文化

---

① 尤佳：《对农家乐引导下的文化变迁的思考——以沙朗白族乡为例》，硕士学位论文，云南大学，2009年。

有不同的需求，在不同的场景中与地方发展、个人晋升、维持生计形成相互交织的关系。

本章小结

一 历史记忆与民族认同

历史记忆也可称为集体记忆，就是在一个社会的"集体记忆"中，有一部分以该社会所认定的"历史"形态呈现与流传，人们以此追溯社会群体的共同起源（起源记忆）及其历史流变以诠释当前该社会人群各层次的认同与区分。① 正如王明珂所说"对于过去有许多集体记忆，它们以族谱、传说、历史记载、古墓、祠堂、手札、碑刻等种种面貌存在着。"② 从历史人类学的角度来看，作为一种重要的集体历史记忆，祖源传说反映了一定社会情境下人们的民族认同。

昆明西郊白族对其祖源的认识，大致可以分为汉族祖源认同和白族祖源认同两种。对于汉族祖源认同，在大理地区部分白族中也有"汉族祖源"问题。李东红教授的博士学位论文《云南凤羽白族村历史人类学研究》系统地论述了白族历史上对汉文化的认同及"汉族祖源叙述"问题。他认为，南诏、大理国时期的白族先民将自己的祖源追溯到中原地区的汉族，而到了明代，白族先民的民族认同观念在空间上发生了变化，许多白族大姓把自己的祖先追溯到了"南京应天府"。对于这一现象李东红教授指出："这种改变的意义在于白人对汉文化的认同，是随着中央王朝政治中心的迁移而发生改变的。说明白人对汉文化的认同及其汉族祖源叙述，更具有国家认同的意义。"③ 而部分大理白族的"汉族祖源"认同观念是在与汉族为主的互动关系中逐渐形成的。从明代开始，汉族移

---

① 刘相平：《论历史记忆的重构与台湾的"去华夏化"——兼论对农家乐引导下的文化变迁的思考——以沙朗白族乡为例"文化台独"者的思维逻辑及路径选择》，《台湾研究》2017年第3期。

② 刘晓艳：《宗族文化中的历史记忆和族群认同——以桑植县白族为例》，《咸宁学院学报》2012年第4期。

③ 李东红：《云南凤羽白族村历史人类学研究》，博士学位论文，云南大学，第219页；转引自王文光、张曙晖《利益、权利与民族认同——对白族民族认同问题的民族学考察》，《思想战线》2009年第5期。

民大量进入洱海地区，随着族际通婚范围的扩展，汉族强势文化的不断渗透，加之国家政策的强力干预，使得洱海地区的白族在与汉族的互动和对比中，越来越趋向于彰显本民族的汉文化水平，以提高和巩固自己在洱海区域政治、经济、文化等方面的优势地位，认同汉族的观念随之不断加深。[1]

"汉族祖源"之说，与明代汉族大量入滇后引发的汉族融入各民族的历史密切相关。据陈庆德教授在滇中民族田野调查中所见谱牒、碑铭等资料，明代汉族移民融入当地藏、哈尼、傣、白等民族中的现象很普遍。在民族融合过程中，明代进入云南的汉族，有一些带着自己南京的祖源，融入这一地区的傣族当中。于是，这种祖源的文化记忆就留在了他们的记忆中。[2]

张海超则认为通过追溯祖先的居住地，大理白族明确地表达了认同于国家的主流文化，对祖籍的想象与强调其实是在表达自己的群体认同与文明身份。那些原本不在文明范围内的无法发声和争辩的边缘群体一旦获得了表述自己祖先来源的机会，便把自己推到一个更加文明的系统内。[3]

笔者认为，当下昆明西郊白族的汉族祖源认识，是受到大理地区白族汉族祖源认识的影响而形成的，但这并不是当地祖源认同的主流，当地更多的受访者认为其祖源是来自大理洱海地区的白族，仍持有大理白族祖源认同。

关于大理白族祖源的历史记忆，意义在于证实昆明西郊白族作为一个群体的存在，共同的祖先来源、共享的历史文化，是昆明西郊白族共同坚信的，它们相互印证，形成了一个有机的统一体，为昆明西郊白族的民族认同提供了基础和精神上的慰藉。加之20世纪80年代之后，由于国家对少数民族文化保护与传承的重视及大力支持，联合国教科文组织和国家对"非遗"保护的推动，民族政策的实施对少数民族和民族地区

---

[1] 王文光、张曙晖：《利益、权利与民族认同——对白族民族认同问题的民族学考察》，《思想战线》2009年第5期。

[2] 毕芳：《金沙江中下游傣族的民族认同研究》，《西南边疆民族研究》2010年第2期。

[3] 张海超：《祖籍、记忆与群体认同的变迁——大理白族古代家谱的历史人类学释读》，《北方民族大学学报》（哲学社会科学版）2011年第1期。

在发展上给予优待和倾斜，大理白族地区经济发展、文化繁荣、社会稳定的正面形象通过各种媒体和途径对外传播，使得昆明西郊白族认同"白族祖源"成为主流。

民族认同、祖源传说产生于一定的社会情境，同时也受社会情境变化的影响。祖源叙事虽然不能被简单地等同于民族认同，但是在一定程度上确实与族群认同密切相关。昆明西郊白族在祖源认同上认同是从洱海迁入的白族，反映出其认同白族的历史性因素。

二 现实利益与民族认同

民族乡的建制以及其所附属的政治、经济、文化、教育、干部使用等一系列具体的优惠政策，其中实现"一块牌子""一个位子""一顶帽子"是具体且可操的，其他规定虽较为泛化，但毕竟建立了民族乡与民族工作部门的直接联系，基层地方政府在发展地方经济的过程中，可以享受《云南省民族乡工作条例》所规定的各项优惠政策，还可以直接从上级民族工作部门获得开展民族工作的机动金，以及一些项目的立项。少数民族地区的干部群众从民族机动金的特殊安排和使用中，直接感受到了党的民族政策的温暖。民族乡往往都在参与市场的过程中，充分利用当地的民族文化优势和特点，对当地发展定位做出判断，以"民族牌"在资源博弈中获得资源和利益的一杯羹。在当地重要的政治和经济活动后面，往往是民族精英的推动，他们也是民族认同中敏感的人群，民族身份使其获得更多发展空间和更大前景成为可能。民族群体中的普通成员，更加看重实际生活中的教育、医疗、生育方面的利益，一部分从事与民族文化相关行业的群众，由于生计需求，也会更加彰显民族文化元素，认同民族身份带来的经济利益。

可以说，民族政策、现实利益在一定上程度上与民族身份、民族认同紧紧地联系在一起，民族认同可能成为获取资源和利益的方式之一。这种认同虽然与外界力量的推动和利益的导向有关，但这并不完全脱离民族的原生情感，而是在这种原生情感的基础上进一步衍生并逐渐增强的。由于不同的社会群体和个体，通过民族认同获得的福利或经济利益是有差异的，因此在民族认同上也存在着一定的差别。

出于对优惠政策与现实利益的考虑，基层政府、民族精英和普通群众都在有意无意地强化民族文化这一概念，极力"构造"传统文化，充分体现民族认同。政府、学者、媒介、民众等的原始动力和目的未必完全一样，但不可否认的是，其在客观上大大增强了民族认同感。这种民族传统文化被重新表述，无疑促进了当地民族认同的构建。①

---

① 董素云：《民族福利与民族认同的构建——以重庆市万州区恒合乡土家族人为例》，硕士学位论文，广西民族大学，2010年。

第二章

文化变迁与文化建构：
昆明西郊白族认同路径的自觉选择

民族认同是在互动中产生的，它是社会成员对自己民族归属的认知和感情依附的一种诉求，其影响和决定性因素往往是多元的。昆明西郊白族认同的缘起以共同的历史记忆作为基础要素，在现实利益的推动下得到巩固。由于散居一隅，昆明西郊白族与其他民族长期互动，相互通婚，在物质生活和文化事项上，呈现出"你中有我""我中有你"的交融现象。作为从农村转制而来的办事处，昆明西郊白族地区由于同时有两个或者以上民族共同生活，白族的地理边界、人口比例、文化多样性都可能随着城市化进程的推进更为复杂，非亲属关系可能占有更加重要甚至超过血缘关系的地位，散居白族社区往往只能依靠文化上的策略来维持其延续性和独立性。因此，其仍然努力保持着部分白族文化特色，并通过开展文化寻根、文化研究和文化恢复等活动，在文化自觉生产实践中形成昆明西郊白族认同路径。代表性文化艺术元素的运用，正是这种文化自觉生产实践中最重要的策略。

第一节　昆明西郊白族的文化变迁

虽然远离大理州白族主体部分而偏居一隅，昆明西郊白族仍然保留了部分与大理白族相近的文化特征；在长期与汉族、彝族和苗族杂居的过程中，由于汉族和彝族的人口数量更具优势，当地白族也吸纳了一些汉族和彝族的文化元素，使得昆明西郊白族文化别具一格，变迁中文化的"消失"和"保留"，受到当地经济社会文化发展的影响，也和当地白族的文化自觉、文化认同息息相关。

一 语言使用

白族有自己的民族语言——白语。白语是白族人相互交际、认知世界、传承白族文化最重要的符号系统。20世纪50年代白语方言调查以后，将白语分为大理（南部）、剑川（中部）和怒江（北部）三大方言。其中，怒江方言原称碧江方言，因怒江州碧江县于1986年撤销，故又改称怒江方言。目前，也有将白语三大方言改称西部（怒江）、中部（剑川）、东部（大理）的新意见。两种提法所涉及的方言区域划分基本一致。各地白语的语法系统基本一致，词汇大部分相同，只是在语音上有一定的差异。白族也有自己的文字。[①]

昆明西郊的白族，由于远离以洱海为中心的白族聚居区，加之人口较少，又多和彝、汉等民族杂居，其语言使用有以下几个特点：

一是大多数白族群众都是双语、多语者。如谷律、团结等地区的白族与彝、汉群众杂居，多兼通白、彝、汉三种语言，沙朗白族则兼通白汉双语，出门在外说汉语，回到沙朗即转用白语。

二是汉语对白语影响很大。明代以后，昆明地区的汉族人口逐渐超过了各少数民族人口，汉语也成为当地最重要的交际语言。由于民族之间的密切交往，各少数民族的语言受汉语的影响程度日益加深。西郊白族大多数兼通汉语，白语中也吸收了大量的汉语词汇，但在日常生活中

[①] 白族在长期使用汉语文的过程中，由于社会生产、生活的需要，很早就开始借用汉字来记录白语，到南诏中后期（公元9—10世纪），又通过增损汉字笔画或仿照汉字的造字法将汉字偏旁部首组合成字等办法，创造了"白文"，用来书写本民族的语言。这种文字历史上又称为"僰文"，为了和中华人民共和国成立后创制的拼音白文相区别，又称"老白文""古白文""方块白文"或"汉字白文"。它是一种典型的汉字系文字。中华人民共和国成立以后创制的白族文字一般称为新白文或拼音白文，是一种以拉丁字母为符号基础的拼音文字。1958年设计的"白族文字方案"（草案），采用拉丁字母，字母次序、名称、书写方法、读音都和汉语拼音方案大致相同。受特定历史条件的影响，该方案制订以后，并没有得到试验和推行。1982年，又在1958年方案的基本框架内进行修订，制订了《白族文字方案（草案）》，以中部方言（剑川）为标准音。这个方案在剑川县受到普遍欢迎，但由于没有充分考虑其他方言的特点，该方案在其他白族地区的推广情况并不理想。1993年，又制订了试行的"白文方案"（修订稿）。该方案确立了两个基础方言并存的认识，形成了两种文字变体并用的新的文字方案。该文字方案制订以后进行了试验和推广，在剑川、大理都取得了一定的成绩。

仍使用白语。

三是仍具有活力。作为重要的民族特征和宝贵的文化财富，白语在西郊白族群众心目中有着重要的地位。在沙朗的群众中，有一条不成文的规矩，不论身在何地，如果两个沙朗人在一起，就必须讲白族话，不得说汉语，否则便是"忘本"。沙朗人认为白语是白族的象征，白族同胞见面开口说白语，相互会感到很亲切，白语具有亲和力和凝聚力。沙朗白族对白语十分在意，白语研究者王锋对此深有感受："过去我们去沙朗，上了去沙朗的中巴车就有说白语的传统，如果说汉语，有时候就会被当地人批评，而且是当着面批评，会被说'忘本''土狗学洋狗叫'，但是这种情况就算是在大理挖色，当地人也不会当着面说。相似的例子是，桑植白族被认定为白族后，都在复兴白族文化，并会热情接待到访的大理白族。大理的领导只要去过桑植后，民族感情都会大为增强。聚居区的主体民族的发展情况和形象对散居区的民族认同是有影响的。反过来，散居地区的民族认同也会影响到聚居区。"① 正因为西郊白族群众对白语的深厚感情，才使得白语数百年代代传承，一直流传到今天。历史上，沙朗白族与汉族等其他民族接触较早，白族中含有大量的汉语词汇，也体现了民族间的相互学习、相互借鉴和共同发展。沙朗地区各村白族语言也不尽相同，语言大同小异，发音上也有轻重缓急之分，陡坡、龙庆与沙朗坝子各村之间的说法也有不同之处，在沙朗同一坝子的东村与大村、西村之间也有不同之处。

沙朗小孩母亲若为白族，小孩先是只会说白语，然后才逐步会说汉语；若母亲是汉族，白语、汉语可能一起会说。第一语言的习得与家庭内部使用的语言是密切相关的。白语在沙朗白族的第一语言习得中占有绝对优势。族内婚姻子女家庭的青少年的第一语言都是白语；族际婚姻子女第一语言为白语（父母中非白族的一方已经能够流利使用白语）和汉语方言。30 岁以上的白族村民在家庭中第一习得白语的比例较高，而且使用率也高。② 不

---

① 2017 年 2 月 11 日笔者对王锋的访谈。

② 沙朗白族都是白汉双语者，不管是青少年还是成年人，其在日常生活中均能使用白语和本地汉语方言两种语言进行交际；一些白族成年人表示不会说普通话，但是一般都能听懂。沙朗白族绝大多数人认为自己最流利的语言是白语，少数人认为其最流利的语言是本地汉语方言。当处于不同场合、面对不同交际对象时，沙朗白族会选择不同的语言进行交际。在沙朗白族家庭内

过,沙朗白族也认为要学习和使用汉语,在现代社会中,如果不会汉语,交际会非常狭窄,不能满足社会生存的需要。可见,沙朗白族对于白语、汉语有较高的认同意识。①

龙潭白族也对自己的语言充满信心,在对龙潭白族语言的使用情况进行调查的过程中,当地白族 LYZ 说:"我们龙潭地区的白族自古就对自己的白族身份不会说感到害羞,一直保持着白族语言。我们这里有外地人来的时候也是说白语,不会因为有不是我们的人在就说汉语,最多就是人家听不懂会翻译一下意思。当地白族不说白语还会被骂'忘本'。本地白族讲白语,甚至同化了一些外地人也讲白语,比如外地嫁入我们龙潭的媳妇,如果是彝族或者汉族,也学会讲白语。有的人学得快,嫁进来一年就会讲了。我们这里的白语中一些现代才出现的词语因为没有词汇表达,都是借用汉语词汇。我们这里的小孩因为父母在家讲白语,虽然学校里面学习汉语,但是能说白语的比例还是高,我感觉龙潭白族的白语保留得很好。"

安宁白族语言与大理喜州白族语言音义基本相同,只不过在发音上有轻重、快慢的差别而已。太平新城目前的白族人口主要居住在始甸社区、桥头社区和册峨村委会。辖区内现有 80 周岁以上白族老人 58 人,目前掌握白族语言的人口数在 1500 人左右,而在始甸社区,目前 90% 的人在日常交流中依旧使用白族语言。据一些父老说,过去在这些白族村周围,还有一部分白族村庄以及白族与其他民族杂居的村庄,由于历史上受到的影响,诸如和尚庄、黑土厂、武家庄、松林、上下凤凰、象石、高枧槽、葡萄桥、大小罗白、多衣者、甸尾、大小普河等一些尚能讲白族语言的村庄,年轻人知道自己的祖辈、父母是白族,自己是白族的后代,只是已慢慢地不会讲白族话。② 安宁白族自民国时期落户以来,中国

(接上页)部,不管是白族成年人还是青少年,使用白语进行交际的仍是主流。不管在村里或在外地(这里指沙朗乡以外的地方)和本民族同胞交谈时,白族人更愿意、更习惯使用白语;和汉族同乡交谈时取决于对方是否会说白语,如果对方会说白语,就选用白语;反之不使用。参见邓瑶《城市边缘白族乡村的语言生活调查——云南昆明沙朗白族个案研究》,《昆明学院学报》2011 年第 1 期。

① 邓瑶:《城市边缘白族乡村的语言生活调查——云南昆明沙朗白族个案研究》,《昆明学院学报》2011 年第 1 期。

② 杨明熙:《安宁县白族简介》,《昆明文史资料选辑》第 16 辑,1991 年 1 月。

电力制钢厂、象石电工厂、始甸二十一兵工厂等厂陆续在太平开办，带来了先进文化和生产技术的同时，当地白族与工厂汉族工人进行通婚，居民在生产生活交谈中越来越少讲白族语，语言方面渐渐受到汉语影响，子孙后代慢慢都讲汉语，白族语言逐渐面临失传。

昆明西郊白族由于远离以洱海为中心的白族聚居区，多和彝族、汉族等杂居，因此白语并非当地占优势的少数民族语言。白、汉双语现象普遍，白族居民一般都是双语、多语人。除使用白语外，白族居民普遍兼通汉语，和彝族、苗族等民族杂居的白族，兼通彝语、苗语。大理等地的白族，城区和近郊区的白族一般兼通汉语，但较为边远的白族居民，一般都只操白语。白语和汉语共同构成了双语并存、功能互补的语言使用关系。

和大理白语相比，昆明西郊白族由于地处大城市附近，由于特定的历史条件和生活环境，白语受汉语影响的程度较深。主要表现为汉语借词的比例明显高于大理等地，另外在语法上，很多语序也受到当地汉语影响。如前所述，由于推测西郊各地白族并非同时迁入，且可能来自大理的不同地区，因此当地白语的内部差异也很大。但从总体看，西郊各地白语都基本能相互通话，且都与大理白语相近，并有鲜明的对应规律，其与大理白语的密切关系是毋庸置疑的。

作为最重要的民族特征，昆明西郊白语普遍受到重视。虽然在生活习惯、宗教信仰等多方面，昆明西郊白族已和当地汉族趋同，但仍保持着较为强烈的民族感情。因此，白语作为民族认同标志和凝聚力纽带的功能得到强化，白族的日常交际至今仍以白语为主，并有"白族人见白族人必须讲白语"的不成文规定。从调查的情况看，白族儿童在更多地学习汉语昆明话和普通话的同时，仍以白语为第一语言，在日常生活中仍普遍操白语。[①]

虽然白语并不是占有优势的少数民族语言，在白汉双语甚至是多语的大环境中，昆明西郊白语仍保持着活力。但是也应该看到，各地之间在使用白语的具体实践中也受到地理环境、经济发展水平、生计方式等的影响。沙朗处于在相对独立和封闭的地理区域内，形成的单一民族聚居模式的村子，使白族社会文化结构呈现出突出的内向性和稳定性，有利

---

① 王锋：《昆明西山沙朗白语研究》，中国社会科学出版社2012年版，第20页。

于民族语言的保持。但是近十多年来,昆明白族居民外出务工、经商人员数量不断增多,与外部社会其他兄弟民族通婚现象增加,交通条件的改善也极大地加大了人员流动性。相对东村而言,沙朗的龙庆、陡坡等地,由于地理分布比较零散,社会文化结构的内向性和稳定性不强,加上又处于公路沿线,外来的社会文化冲击频繁,因此白语的保持和发展状况并不乐观,龙庆白语的交际功能已大为削弱,陡坡白族已基本转用汉语。①

二 宗教信仰

本主崇拜是白族土生土长的本土宗教。本主,白语的称谓叫"武增",即本村的保护神。在白族地区的绝大部分乡村里,都供有相当于村社神的本主。一村或数村供奉一个本主,用泥塑或香木雕成本主像,供奉在本主庙内。每位本主几乎都有自己的封号和神话传说。② 白族祭祀本主的活动分为集体和个人两种。集体祭祀,俗称本主节(又称庙会),日期各不相同,大多在春节至春耕大忙前这一段时间。③ 还有的村寨在本主的生日、祭日也举行集体祭祀。本主节最隆重的活动是接本主。一般接本主多在每年的岁首,剑川、云龙一带在七月下旬或正月初。④ 平时的个人祭祀不分时日,凡遇婚丧嫁娶、起房盖屋、生儿育女等,家人要到本主庙祭祀,祈求得到本主的护佑。南诏以来,本主崇拜深深植根于白族民间,具有广泛的社会和群众基础。

佛教约于唐代晚期(8—10世纪)盛行于洱海地区。元明以后,内地

---

① 王锋:《昆明西山沙朗白语研究》,中国社会科学出版社2012年版,第137页。
② 有的是驱云散雾的自然之神(如苍山神),有的是南诏或大理国时代的主子(如段思平),有的是某一历史时期的一些大将(如段宗榜、郑回等),也有汉族的将官(如李宓),还有的则是为民除害的民族英雄(如杜朝选、段赤城等)。只要是为国为民做过好事,做过贡献的人,都可以列为某村某境的本主,受到人们的尊敬和崇拜,并用其来教育子孙后代,这就反映了白族人民的人生价值观对真善美的追求。虽然各村信仰的本主神不同,但信奉的目的都是祈福免灾,追求国泰民安。
③ 周佳欢:《认同与变迁》,硕士学位论文,南京艺术学院,2015年。
④ 人们用彩轿抬着木雕或泥塑的本主及其家属,沿途人家都设香案恭迎。有的接送本主是用船运、马驮、人背。在摆会期间,各地都要备办酒席,并大唱大本曲、吹吹腔,或耍龙灯、耍狮、跳霸王鞭、唱戏、演奏洞经音乐,有的还请巫师降神、唱巫歌、烧犁头和上刀杆等,以相娱乐,祈求风调雨顺、五谷丰登、全境清吉、人畜平安。

禅宗传到大理,在宾川鸡足山建立了大量佛寺,鸡足山就成了佛教圣地,内地人民和东南亚的僧人都到这里朝山。大理不仅有规模宏大的崇圣寺、感通寺和著名的三塔,还有众多的其他寺院,所谓"伽蓝殿阁三千堂,蓝若宫室八百谷(处)",正反映了古代大理佛教的盛况。由于历代统治阶级重视佛教,大理地区被美誉为"妙香佛国"。一直到中华人民共和国成立前,很多家庭还设有佛堂。仅大理喜洲一地,就有拜佛会20个之多,参加的善男信女约有万余人。①

昆明西郊白族群众普遍信仰"土主",土主就是本地(通常为一个村寨)的保护神,这和大理地区的本主崇拜相类似。但由于西郊白族多与其他民族杂居,其土主崇拜未得到进一步的发展,并没有形成包括理论、礼仪、情感等在内的信仰体系,"土主"也一直只停留在"土地神"的较低层次。各地的土主庙多建于村头或村中地势较高处,农历二月十九日祭土主,由全村合资宰牲做"土主会"。

昆明西郊各地白族也喜龙敬龙、祭拜龙神。龙神主管雨水和农业收成,各地普遍建有龙神庙,过去多在农历二三月的头龙日杀猪祭龙,祈求风调雨顺,一年五谷丰收。龙潭等地白族历史上都曾建过龙王庙,泉水也多以"龙"取名。龙的名目繁多,诸如"青龙""大龙""小龙""黑龙""懒龙"等。小村塘子东岸的小山上,建有一座龙王庙。龙王庙正殿阔三间,中间供奉着青龙的神像,龙王的两侧塑有虾兵蟹将。正殿的两侧共设有厢房六间,是供香客、游客休息的雅室。院中植有茶花、玉兰、牡丹、桂花树等珍贵花木。如今虽然树毁庙平,但小村人民祭祀龙王的习俗,仍在进行。

山神,主管六畜。山神庙多建于村头或村尾大路旁的古树下,农历正月初二或春节期间的头虎日,各家各户以活鸡、熟猪头、猪心祭山神,祈求六畜兴旺,人寿年丰,有的还贴对联:"山神护山山出秀,土地保土土生财。"龙潭地处群山环抱的一块小盆地,四周被连绵起伏的山峦所环抱。正所谓"坐山吃山,吃山养山",在各个村子附近的山岭上,都建盖起不同形式的山神庙,祈求神灵能够保护山林的同时,也祈求山神能庇佑老百姓们不要遭受到野兽的侵害。所以,龙潭地区还曾经有过这么一句谚

---

① 《白族简史》编写组、修订本编写组:《白族简史》,民族出版社2008年版,第207—308页。

语:"山神不开口,老虎不吃人"。历史上,龙潭地区曾有过七座山神庙,每座山神庙的侧边或庙后,都生长着参天的百年大柏树为山神庙遮阳。①

除以上宗教信仰外,佛教、道教等在白族民间影响也大。西山区境内寺庙较多,大部分分布在滇池沿岸的西山。著名的寺庙有华亭寺、观音寺、三清阁等。其中华亭寺、太华寺、观音寺、翠金寺、法界寺为佛教,三清阁、棋盘宫为道教。各白族村寨的老年妇女多信佛教,初一、十五礼佛斋戒。每年农历六月十九日是观音圣诞(也称观音山庙会),信徒和游客多达三万余人,信徒拜佛由大门排队至观音殿。各家各户堂屋内多供有"天地国君亲师"之神位,门楣上则挂红布八卦符签,以求全家吉祥。可见,在西郊白族地区,宗教信仰是多元的,这和大理等地也很类似。法华寺周围许多村庄皆为白族,村庄的寺庙里塑像多以观音菩萨为主,法华寺里有一列对联,上书:"有心烧香何必远求南海,存心向善此地便是西天"。② 龙潭的先民们在十分艰难困苦的生活条件下,曾经集资在龙潭的各地先后建造庙宇,其中包括明王宫、③ 大村建造的土主庙、和平村千手土主庙、多依村玉皇阁、关圣宫、河尾村五谷庙、财神庙、乐居村建的土主庙、小村建的龙王庙、锁水阁魁星阁、鲁班庙等,在当时几乎每个村庄都建有一垄山神庙。这些庙宇在每个月的初一、十五及各种节庆日期间,香火都十分旺盛。近年来,白族地区的大小庙宇部分已倒塌拆除,庙会也随之消失。唯祭龙、祭祖、祭神以及信佛的习俗,仍有沿袭,信者、祭者多为中老年妇女。④

三 习俗文化

白族人民有自己的民族服饰。一般说来,男子的服装各地大体相同,⑤

---

① 张铣:《我的美丽家乡龙潭》,内部资料,2014年。
② 杨明熙:《安宁县白族简介》,《昆明文史资料选辑》第16辑,1991年1月。
③ 明王宫俗称大庙,始建于雍正七年(1730年),坐落在明东山东面的山腰上,是龙潭地区规模最大的一座古刹。1958年"大跃进"的时候被毁,2010年,集资重建明王宫,龙潭村的群众纷纷捐献,新的明王宫终于在2012年竣工并投入使用。
④ 张铣:《我的美丽家乡龙潭》,内部资料,2014年。
⑤ 大理等中心地区的白族男子,头缠白色或蓝色的包头,身着白色的对襟衣和黑领褂,下穿白色或蓝色长裤,肩挂绣着美丽图案的挂包。碧江四区一带白族(勒墨人)男子在对襟衣外,加穿一件长可过膝的麻布坎肩,下着宽裤衩,肩挂一把护身长刀和一个花布袋,项间佩挂数串彩

妇女的服饰则有差异。① 大理等中心地区的白族人民,还喜吃一种别具风味的"生肉"(或称"生皮")②,此外,还有用糯米酿制的白酒,用苍山雪炖和糖制的"雪梅"。白族还有比较独特的"火烧猪",即把肥猪宰杀后,用柴草或苞谷秆、小麦秆架起大火,将猪的外表烧焦烤黄。然后,刮洗干净,开膛破肚,划成小块,加盐腌制后,或蒸或煮加工成熟肉。③ 白族人民喜喝烤茶,④ 20世纪80年代兴起的"三道茶",是在传统烤茶的基础上发展起来的。现在的三道茶,⑤ 作为一种饮食文化,使人感受到白族热情待客、以礼待人的民族风尚。白族人民的住房形式根据各地气候和地理条件也各不相同,⑥ 比较典型的就是"一正两耳""三坊一照

(接上页)色珠子。大理海东的男子,头戴瓜皮帽,足穿白布袜,身穿短大襟上衣,套以麂皮领褂,外面还加穿几件布质或绸质领褂,腰系绿丝裤带,挂以麂皮或绣花兜肚。

① 白族妇女的服饰,大理一带多穿白色上衣,外套黑色当绒领褂,下着蓝色宽裤,腰系缀有绣花飘带的短围腰,足穿绣花的"百节鞋";臂环纽丝银镯,指戴珐琅银戒指,耳坠银饰;上衣右衽佩着银质的"三须""五须";已婚者挽髻,未婚者垂辫于后或盘辫于头,都缠以绣花、印花布或彩色毛巾的包头。邓川一带的未婚女子则戴小帽或满布银铃的"鼓钉帽"、帽檐高翘的"鱼尾帽"。居住在丽江九河的白族妇女的领褂,多为氆氇,袖、脚镶有花边,披着背有七星图案的轻软羊皮。保山阿石寨白族妇女所穿的对襟衣,前襟齐腰,后襟过膝,臂套彩色袖筒,前系长可及地的围腰。碧江白族妇女头戴镶有海贝和白色草子的花圈帽,项佩十数串彩色珠子,身穿黑色或花色短衣,腰围前后镶着三道海贝和珠子的绣花围腰,赤足。大理海东新婚女子,梳"凤点头"(凤头、凤背、凤翅、凤尾俱全),身着大镶大滚的红绿衣裤;青年妇女也戴"鼓钉帽"。

② 即将猪烤成半生半熟,再切成肉块或肉丝,佐以姜、葱、醋、辣椒以宴请客人。

③ 王印吉:《品味白族火烧猪》,《大理文化》2013年第4期。

④ 烤茶时,用陶制小茶罐将茶叶烤黄,冲以沸水,顿时热气翻腾,芳香四溢。有客来家,必烧烤茶招待,每次只斟浅浅半杯,饮后口角留香,热渴顿解。

⑤ 第一道是苦茶,即传统的雷响茶。味浓醇苦,有提神醒脑、生津止渴的作用。寓意人生要敢于吃苦,只有吃尽苦中苦,才能获得事业的兴旺发达。第二道茶是甜茶,表示对客人的欢迎之情的礼节,有先苦后甜、苦尽甘来的含义。第三道茶是回味茶,就是在茶水中加入肉桂少许、花椒数粒、生姜数片、蜂蜜数滴、红糖少量。其味苦中有甘甜,甜中又麻辣,很有回味感。寓意对人生和事业要经常反思和回顾,开创更加美好的未来。

⑥ 坝区多为"长三间",衬以厨房、畜厩和有场院的茅草房,卧室、厨房、畜厩俱各分开。山区多为上楼下厩的茅草房、"闪片"房或篾笆房,炊爨和睡觉的地方常连在一起。高寒山区则是单间或两间相连的"垛木房",四壁全用横木垛成,由于空隙大,屋内寒冷,每家都设有火塘御寒,卧榻设在火塘两边。火塘生着长年不灭的火,上面支着铁三脚架,用以架锅煮饭。这里既是主人的卧室和厨房,也是接待客人的地方。

壁""四合五天井"的瓦房。中华人民共和国成立前,白族社会中的家庭组织基本上是小家庭制。① 白族的宗族和家庭成员之间的辈分很严,以"长支为大"。② 白族丧葬的习俗在明代以前因受佛教的影响,盛行火葬,以后则改为棺葬。停柩期间,一般念经超度亡人。出殡前一般有出帛、家祭等仪式,有的还要"祭方向",为死者开道。白族主要节日包括过年节③、三月街④、绕三灵⑤、火把节⑥,其他如清明节、端午节、中元节、

---

① 家庭中弟兄成婚后,即行分居;父母则选择跟一个儿子同住,一般多随幼子。白族社会中只有男子才有继承财产的权利。继承者首先是儿子;有女无子的,可以招赘女婿,叫作"讨实子";无儿无女的也可以抱养同族弟兄的子女(过继)或"养子",但都必须取得家族同意;赘婿和养子要改名换姓,才能取得财产继承权,所生子就是这一家庭的继承人。出嫁妇女无财产继承权,在家庭中不能做主,社会上没有权利。

② 祖父母、父母伯叔间的行辈有严格的次序,平辈的兄弟姐妹之间,凡属哥哥姐姐的子女,不论比弟妹子女的年龄大或小,都一律叫他们为哥哥或姐姐。

③ 大理、剑川、鹤庆、云龙等白族地区的过年节就是汉族的春节,但具有本民族的色彩。在节日期间,一般都有耍狮子、耍龙灯等舞蹈和演唱大本曲、吹吹腔、滇戏等文娱活动。有些地方还有迎神赛会,分别迎送"本主",以求一方清吉、五谷丰登。

④ 又名观音市,是白族盛大的节日和街期,至今已有千余年的历史。于每年夏历三月十五日至二十日在大理旧城西的点苍山麓举行。神话传说观音大士开辟了大理地区,各族人民为了纪念她,每届这个时期,都要远道而来聚会,表演各种舞蹈和赛马等。后来三月街又逐渐变为一个盛大的物资交流会。

⑤ 盛大的绕三灵会是大理白族人民隆重的民族民间歌舞活动,于每年农历四月二十三日到二十五日举行。这种活动的来由有各种不同的传说。节日期间,大理坝子各村寨的青年男女集队前来参加。一般以每个村为一队。走在每队前的是两个年纪稍长的声手,各手持挂有红彩和葫芦的杨柳枝。一人右手扶着柳枝,左牙拿着蝇帚;另一人左手扶着柳枝,右手甩着一条毛巾。两人边舞边对唱白族花柳曲和白族调。后面的队伍弹着三弦,敲着八角鼓,打着霸王鞭,唱着大本曲,一路慢行,边歌边舞。在这种特殊的歌舞形式中,人人是演员,人人又是观众。在三天的行进中,沿途不断有人加入,队伍越拉越长,最多时人数达四五万人,形成一支浩浩荡荡的歌舞队伍,场面十分壮观。

⑥ 火把节是白族盛大的节日,是白族人民在秋收前夕预祝五谷丰登、人畜兴旺的活动。这天晚上,每家门口都竖有火把一柱,村口更有全村公立的大火把,上插红绿纸旗,写上"一年清吉""五谷丰登"等吉利话;农民群众都拿着火把在田间游行一周,捕灭虫害。白族火把节的民间传说主要有三种,其中以火烧松明楼的故事流传最广。近代,火把节多以自然村为单位举办。火把节之夜,男女老少欢聚在熊熊燃烧的火把下,品尝各果点、茶水。人们围着火把尽情地歌舞,直到火把燃尽才散去。有的村民在大火把燃尽后,成群结队,举着小火把,互相追逐,到田间给谷物照穗,俗称"点谷火"。传说这样做可以求得稻穗出齐饱满。洱海东岸的白族还于六

中秋节、冬至节等节日活动，一般和汉族相差不大。这些是汉、白两族人民长期友好往来和文化交流的结果。

(一) 服饰

西郊白族男女服装多是棉布制成。男子喜穿布制连襻鞋和绣花"皮衲遏"。如今，龙潭男子的装束与汉族无明显差异。龙潭白族姑娘头饰用1.5米左右的黑色土布叠成3厘米宽的布条，绕在头上，右边往下坠十多厘米一个圈，往上露出15厘米的一段，前顶有一块宽14厘米、长30厘米的双层阴丹兰顶布。① 后来随着社会的发展及各方面环境的影响，龙潭姑娘的头饰也有花鸡冠形的花帽子。花鸡冠帽图案精美，光彩夺目。不同的是，彝族姑娘的帽檐前还坠有五彩绣球，白族姑娘戴的没有。② 白族女子喜穿各色花大襟姊妹装和绣花褂，并配有各色宽窄的花边钉在衣领、衣袖、衣襟上，图案上还钉有亮光片。裤子多是黑、蓝、水红色裤，也有在裤腿上钉花边的。围腰上有"鸳鸯戏水""福禄寿喜""姊妹采花""鸟语花香"等图案，还喜戴玉手镯。

已婚妇女则束后发髻，髻上衬有红头绳和银簪玉簪，套网兜，而龙潭、谷律、妥排婚后的白族妇女，只用折成四寸宽一米多长的黑布条围住发髻和盖布，后多改戴钉有玉八仙的纱帕，加一块蓝方布，仿当地彝族妇女的头饰。妇女随年龄的增长，越过50岁后，衣服的花纹就比年轻时要减少，一般多穿短而宽的袖口和长及膝的大襟衣，外套一件满镶绲边的大襟黑褂，结黑、蓝色系腰和裤子，等等。

沙朗白族男青年在订婚后，腰系未婚妻专制的花裤带、花钱包，更显精神。青年姑娘梳长辫，戴绣花制箍，箍上钉有银首饰或玉首饰。耳朵上戴银或玉耳环，手腕上也戴玉或银首镯。手指上戴各种戒指。手镯又分银制扭丝、滑竿、扁平花纹等好几种。上身穿各种布料缝制的大襟姊妹装，领口、袖口、裤子脚边钉上宽窄不一的花边。腰系蓝、青、黑色布结腰带或花围腰。围腰又分为平头和圆头两种，花又分为绣花和挑花两种。围腰头上的绣花图案有"喜鹊看梅""童子拜观音""双狮滚绣

(接上页) 月二十五日白天在洱海举行独特的赛花船，这是由象征打捞柏洁夫人尸体演变而成的赛龙舟活动，洱源有些白族村子则开展以救援柏洁夫人为象征的赛马活动。

① 张铣:《我的美丽家乡龙潭》，内部资料，2014年。
② 《龙潭志初稿》编写组:《龙潭志初稿》，内部刊印本，1986年。

第二章　文化变迁与文化建构：昆明西郊白族认同路径的自觉选择

图 2-1　龙潭妇女服饰

球""鸳鸯戏水""洞宾戏牡丹"等多种图案。已婚妇女，束后发髻，发髻上还要配扎红头绳、银簪、玉簪、网套、头箍，银制前后管，头前两侧和发髻上还要插有银制的鸟、兽类之饰物。上身穿白汗衫、黑小褂，或满镶滚的衣裤，有的裤脚上还钉有宽窄不一的花边。有的新婚妇女或中老年妇女，裤脚上还扎起飘带，飘带上绣上花，钉上小的银响铃。妇女随着年龄的增长，各种装饰品也随之而减。①

白族刺绣，是白族妇女中较普及的一项手工艺。过去，沙朗许多地方把能否刺绣及水平高低，作为衡量妇女聪慧程度的标准之一。女孩一般到十一二岁就跟着奶奶、妈妈学刺绣。妇女中的刺绣高手，被称为"绣工"，受到社会的尊重，农闲时节经常被人请到家中做刺绣活。白族新娘装上的许多部位都有刺绣图案，多由女青年出嫁前自己做刺绣，也有的到临出嫁时请绣工到家中突击完成。此外，白族的刺绣还广泛应用于其他纺织物品，如被面、枕头、帐帏、手帕、围腰带、鞋面、袖口、领口、抱被、挎包，等等。白族妇女得闲就做刺绣手工，在零零碎碎的时间里，平均要两三个月时间才能做出一套女装，市场价值1000多元。从浆布、纳底、上帮、刺绣，完成一双男式凉布鞋，连鞋垫需要3天时间才能完成。刺绣的图案各式各样，多达200种。常见与传统的山茶、牡丹、兰花、菊花及虎头、飞鸟、虫子、鱼纹图案，通过丝绸、棉布和丝线、彩线，都在她们一双灵巧的手中，活灵活现穿戴在人们的身上。②

---

① 昆明市民族宗教局：《昆明市五华区少数民族概况》，内部资料，2007年10月。
② 张国启：《灵仪西蠚》，云南民族出版社2014年版，第73页。

安宁白族男子过去多穿剪子口式的纽襻布鞋，还有绣花拖鞋。女子未婚的头扎两道红毛线绳于长辫子上，衣着较已婚的色泽艳丽，都穿大面襟衣，扣右边，色泽尤爱粉红粉蓝，衣襟边、衣边、袖口、上衬部位镶滚花边，腰系绣花围腰一块，上缀亮光片，围腰带上绣图案式花纹。首饰有玉镯、银镯，耳环耳坠有金质银质或玉的。已婚的妇女，头上绕髻，髻上加线网兜，头戴黑金绒黑箍，箍上缀银质或玉质十八罗汉，头顶一块蓝色布巾，服饰较姑娘稍朴素一点。脚穿绣花帮尖鞋。年老妇女衣着更为朴素，头包纱帕，不戴绒箍。①

（二）饮食

昆明西郊白族主食大米，辅以小麦、玉米及各种豆类和马铃薯，喜好凉、酸、辣的食物。男子多嗜好烟、酒、茶，喜吸烟筒。副食品主要有甜白酒、白糖、兰花糖、米花糖、豆腐、卤腐、豆瓣酱、豌豆粉、蚕豆粉等。肉食以猪、牛、羊、鸡、鸭、鱼为主。

沙朗白族群众杀猪时不用开水烫，而是用火燎烧，和大理地区完全一致。沙朗白族称："杀猪用火烧的才是白族。"每逢杀年猪后，把肉腌起来，以备长期食用。一般喜杀年猪请年猪客，以猪肉为主，至少要办出8种以上的"猪八碗""猪十碗"的美味佳肴：肝生、血肠（猪血灌肠）、凉白肉（冷片）、炒血、糖醋排骨、粉蒸肉、千张肉、黄条、圆子、红烧肉、回锅肉等。但从古至今，沙朗白族人家不管哪家杀年猪，肝生、血肠、白肉这三道菜是必不可少的，②但是没有大理白族吃生皮的习惯。

西蠹白族农家，一年到头，不管贫富，每家至少要杀一头自己用五谷杂粮饲养大的肥猪，就是在外做生意、工作的本村人，每年春节也要回来杀上二头猪，宴请乡亲和同事、客户。杀年猪这一天，可以说是白族人家中一年最隆重和最热闹的日子，因为事先要选定好日子，做许多准备工作。选杀年猪的日子很有讲究，首先，属猪的日子不能杀，因为猪日杀猪，以后家里就养不好猪，另外，凡是家庭成员属相的日子也不能选，否则对家庭成员不好，这样，可以确定杀年猪的日子也就没有几天好日子了。杀年猪的日子确定好之后，要事先告知亲朋好友，并邀请一定要来吃年猪饭；然后是打扫庭院，采办杀年猪筵席所需的佐料、烟

---

① 杨明熙：《安宁县白族简介》，《昆明文史资料选辑第16辑》1991年1月。
② 昆明市民族宗教局：《昆明市五华区少数民族概况》，内部资料，2007年10月。

酒、糖茶，等等。杀年猪这一天，帮忙的亲朋好友，清早来到，到猪圈里把要杀的猪捆绑好，然后抬到院坝中的桌子上扳倒之后，由村中经常杀猪的人用杀猪尖刀从猪的脖颈捅进之后，在猪的号叫声中，鲜红的猪血喷到事先准备好的盆中备用。沙朗白族人家经常说："杀年猪让大肥猪大大的叫声，换来一年的清洁平安，顺顺利利。"猪杀死之后，由四人或两人抬到河边，用清水将猪身全部浇湿后，先用稻草或山上割来的茅草烧去猪毛，然后用烧猪毛留下的草灰浇水拌为稀泥之后，均匀地涂抹在猪身体上，再用松毛烧一至两遍之后，用清水边洗边用菜刀刮洗，一直到猪身刮洗得金黄色时，才开膛破肚取出腔中的潮血、内脏，清洗干净备用。火烧猪肉是西翥白族特有，除沙朗坝子以外都不采用这种杀年猪的方法。大家称这种杀年猪的猪肉叫火烧猪肉，用火烧猪肉制作出来的佳肴和腌制出来的腌肉，与众不同，独具风味。[①]

蔬菜一般多是自种自吃，品种有茄子、辣椒、莲花白、青菜、白菜、萝卜等。每当鲜菜吃不完时，就腌成各种酢菜。西山区白族喜食和喜制的名特食品有熟猪头胙、鱼胙、杂菌胙、生肝生、熟肝生、血炒肉、生鸡血，等等。如杂菌胙做法是先将杂菌煮熟，然后用清水漂洗四五次，控干菌水，用草席晾干拌生米散、青红碎辣椒、盐适量，拌匀后装罐倒置于盛水盆中（切忌放花椒），半月后即可取出用菜油炒食。熟肝生是白族的传统菜肴。选用猪脊肉和3/4的嫩鸡肉，1/4的肥肉，烤黄后的肉皮丝少许（有的地方杀年猪后，多用稀泥糊皮烧烤后刮洗），瘦肉、肥肉分别剁碎；再取1/4的生肝、葱头、姜一起剁成糊状备用；先用猛火把碎肥肉煎炒出油，然后再混入碎瘦肉炒，瘦肉炒出水再放肉皮丝同炒，待全部肉丝变白黄时取出盛装盆内，趁热加盐，同时将剁细的生肝浆混入搅拌均匀后置于炭火边烘烤，出油即可取食。此外，血肠和糯米肠也是白族人饭桌上必备菜肴。取原质猪血，猪肠经翻洗后再用温热水揉洗后，扎紧一端肠头，用少量切细的姜丝加上猪血捏细装入大肠，再将另一头扎紧后放入锅内煮，到肠衣发硬即可捞出晾干，切片再蒸，待熟后蘸清酱或辣椒水食用。煮时为了使肠衣不出现大的破裂，可用竹签在肠皮上刺小孔。糯米肠的做法大致与血肠同，所不同的就是糯米必须煮成熟饭，

---

① 张国启：《舌尖上的西翥》，参见 https://mp.weixin.qq.com/s?__biz=MzIyNzYwMzUyNA%3D%3D&idx=1&mid=2247483857&sn=8423cea6a64d7125f0fff595d1648ac9。

再与食盐、辣椒、花椒、姜丝和少量清酒拌匀，然后再装入肠中，两端扎紧，用簸箕、筛子晒干或储藏于通风干燥处。糯米肠和血肠一般时间不能放长。①

（三）住房

白族住房，多建在依山面水处或向阳山坡上。房舍多是土木结构三间四耳或三间六耳有天井的四合院，楼上是卧室和粮食储藏室，楼下是客厅和柴房，耳房楼下多用作厨房和堆放农具。讲究的住房，大门用五面石砌石脚，青砖作壁，用上好木料作门顶飞檐和门枋、门板，门槛下的裙板上还雕刻有"二龙抢宝""双凤朝阳""龙飞凤舞"等图案。有的人家还在大门前建一照壁，壁上画有松鹤图，或书有朱红醒目的"福""寿"等吉祥字样。近年来，白族农家经济发展，生活改善，住房也得到改进。新建的民房，多为砖木结构或砖混结构的楼房，建有花坛、果园、栏杆、晒台、水泥地板等，房屋结构合理，美观舒适。② 总的来说，由于人口稠密，其民居建筑面积都远较大理地区为少，而且建筑风格以实用为主，在石工、木工、艺术装饰等方面都不如大理地区讲究。

沙朗的白族主要聚居在沙朗乡政府所在地的东村、大村两个村民委员会。沙朗白族由于迁入沙朗较早，与昆明仅一山之隔，受汉文化的影响颇大，因此保留了白族风格与老昆明"一颗印"建筑风格相结合的民居，纯白族风格的民居不是太多。真正具有白族风格的建筑是自1990年以后，乡党委及政府把发展小镇建设作为加快城乡一体化发展的重要途径，在进行沙朗坝子的规划建设中，既体现和突出了白族特色又适应沙朗乡发展旅游业的需要，在保护原有"三坊一照壁"白族民居的同时，在大村进行了白族民居一条街和东村白族民居的规划建设。"青瓦白墙水墨画，门楼照壁雕花窗"，进入沙朗坝子，望眼西去，在宝泉路尽头与西村交界处，由南向北的白族民居，格外醒目，建筑以展示立面为主，融现代建筑风格与白族传统风格为一体，建筑大多为三间两耳一天井、二至三层，青瓦屋顶，白墙上绘着大理山川壁画，古朴简约，使人宛若置身大理古城之感。在宝泉路上的电力科技园，使用了白族大门，风、花、雪、月大照壁，大理三塔，蝴蝶泉等微缩景观，园内还有白族风情馆、

---

① 西山区民宗局：《西山区民族志》，内部资料。
② 西山区民宗局：《西山区民族志》，内部资料。

白族手工艺铺等展示白族风情文化的场所。在白族民居中有一个独特的建筑形式——照壁。照壁上往往还题有"苍洱毓秀""风花雪月""清白传家""吉祥之家""紫气东来""彩云南现""福"字等。①

安宁白族的住房，过去多为土木结构两层楼房，方位多系坐西向东或坐西北向东南。房屋多为三间四耳倒八尺、一天井，或是三间六耳倒八尺，一天井。大门前有照壁，大房中堂楼上有供桌，供奉"天地国亲师位"，左边是"×氏门中历代宗亲之位"，右边是"东厨司命灶府君之神位"。楼下正堂用于接待客人，大楼左右为长辈房，耳房楼上为儿子及儿媳寝室及堆粮食之用。耳房楼下作厨房、柴房、牲畜厩之用。

白族建房动土之日一定要选择吉日良辰，特别讲究门向方位。晚上竖柱，白天上梁，大梁正中有一方红布画有八卦，上梁时用大公鸡冠血点过。上梁时师父在梁上撒包子、祭鲁班。包子里包有铜钱、镍币、祝贺的看热闹的都可以随便拣。上梁这天，亲朋好友都来祝贺，有的送钱送米，有的送绸缎布匹挂在梁上，以示吉利和互相支持。墙都用土冲干打垒，有的也用土基砌、内隔墙用木板。屋外屋檐下一米范围内用石灰刷白，讲究的人家还要画上彩墨图案，正堂屋檐雕二龙抢宝，大门前照壁上画松鹤延年之类。②

（四）交往

过去，西郊白族地区盛行同年庚"拜兄弟""做姊妹""合阿甲"以及"讨名"等风俗。讨名就是结义子拜义父义母，结义女拜干爹干妈。龙潭白族的"合阿甲"，就是两个年岁相仿的人结成情同手足的社会关系，有福同享，有难同当，类似于大理地区的"打老友"。一般在小时候，由男孩和男孩打，女孩和女孩打。男孩叫"阿甲"，女孩叫"阿甲子"，双方父母就称呼亲家，多数情况下是由父母决定的。由于特殊的多民族杂居生活环境，当地白族的"合阿甲"不限于本民族内部，白、汉、彝、苗等民族不同的群众也可以"合阿甲"，充分反映了西郊地区团结和睦的民族关系。

如果家里不顺，孩子多病，父母一般要去为孩子算命。若算出孩子的八字与父母相冲，父母就会给孩子认个干爹干妈。选好合适的人后，

---

① 张国启：《灵仪西薈》，云南民族出版社2014年版。
② 杨明熙：《安宁县白族简介》，《昆明文史资料选辑》第16辑，1991年1月。

带上公鸡、米酒、礼物送至其家，同时把孩子也带去，让孩子叫一声"干爹""干妈"，也有叫"爹""妈"的。然后干爹干妈决定按其家中的孩子的字辈为小孩取一个新的名字，还给孩子一套衣服、一只碗、一把勺，吃一顿饭后，两家便成了亲戚。两家的关系就如嫁娶儿女的关系，双方大人互称"亲家"。两家无论大事小事都来往帮忙。①

（五）喜事

白族农村三代宗亲众多，喜事往来频繁，如除结婚之外，生儿要请喜三客，建新房要请上梁客。喜三客、上梁客不发请柬，亲友闻讯后主动送贺礼，结婚则要送请柬或亲自登门请客。当地白族除同宗不婚外，多与本族异支或彝、汉等民族通婚。婚姻嫁娶要经"访、订、娶"三个过程，访亲即提亲，要合八字。如八字合，父母同意，即择吉日订婚。沙朗白族多择农历双月逢八之日，以取八字相合之意。订婚时，沙朗等地需送半个猪头，清酒6—8斤，礼银260元（多少不一，但一般要带"六"，即"有禄"）。订婚席上吃汤圆，以示婚姻圆满，生活甜蜜。结婚日期多订于当年农历十、冬、腊月或次年正、二月，婚期分鞭猪、正客、回门三天。鞭猪俗称"杀猪过礼"，当天男方要给女方送半只猪以及白酒、礼银、服装、喜糖、喜烟、喜米等物。正客这天迎亲，过去新娘要坐花轿或骑马，因此迎亲多用马帮。到女方家时，新郎、陪郎二人要候于门外，女方派亲兄弟或表兄弟来请方可进门。新娘到男方大门口时，要拜天地，俗称"施撒帐礼"，由撒帐师念赞词。进门后拜祖宗、父母，最后入洞房。第三天回门。其基本仪程和大理白族并无太大差异。②

团结白族婚俗礼节较多，婚姻嫁娶要经过访亲、定亲、通信、聚亲等过程。合八字，男女父母看中女方，则请媒人到女方家提亲。女方父母有意，则将姑娘的生辰八字告知男方，再由男方母亲找先生"合婚"，叫"合八字"。合了婚后，男方的父母认为"八字"合适，又经双方父母同意，则亲事可成，就可以择时订婚。订婚，亲事定成后，则由男方选择吉日送礼品，吃定亲酒。一般多以双月双日为好。订婚的彩礼有数量品种的多少，这些彩礼一般都由媒人带领男方的表兄弟送到女方家。通常，男方在择吉日以后，还要上一点小礼品，如猪肉、红糖、糕点、酒

---

① 李云祥：《浅谈团结白族办事处白族史话》，内部资料。
② 王锋：《昆明西山白族的历史与现状》，《大理文化》2001年第2期。

等以及与女方议定好的嫁妆钱,由媒人和一位表兄弟一同把礼品送往女方家,主要是通知女方家结婚的喜期。在选择喜期时,由先生选择好吉日,用红纸写好吉日的时辰和应遵守各项禁忌习俗的通帖,上面写有接亲的人几时出门,几时进门,男方的新房上贴什么,如有的贴"姜太公在此",有的贴"麒麟在此"等直联,通帖上还有床位的方向,女方要什么属相的人来梳头等。团结白族结婚佳期多定在农历十冬腊月或次年的正二月期间。旧时的结婚又分过礼、正客、回门三天。认亲最重要,要新郎家在祖先堂前摆设香案,由新郎家把堂前的长辈客人请来堂前坐好,新婚夫妇双双跪地拜见致礼。并由新郎家的父母逐一介绍各长辈的亲属关系及尊称,到访的各亲属长辈则以多少不拘的喜银(红包)送给新娘、以示见面礼。①

安宁白族婚姻一般同村同族通婚,隔村同姓同宗三代以内不通婚,与其他民族可以互相通婚。过去的婚姻多属父母包办、媒妁撮合。还兴表姊表妹与表兄表弟优先结亲,姑舅子女优先结亲习俗,即姑妈的女儿要优先嫁舅舅家儿子,如舅舅家儿子年龄不相称才能外嫁。还兴招婿上门,如果女方是独女,招赘上门传宗接代,如长女下面弟小姊妹小,则要招赘婿上门扶持弟妹。招赘上门,男方要改名换姓,以女方的姓为姓。②

(六)传统节日

西郊彝族、白族有一个共同的传统节日即"火把节",均是当地彝族、白族最隆重的节庆活动。火把节这天,男女青年聚会唱歌、跳舞,各户在田地边杀鸡祭祀。夜幕降临,人们纷纷手持火把到田间驱虫除害,通宵达旦。沙朗白族过去在二十三日晚就开始杀鸡祭祀,天黑时点燃火把,把全家端午节带的"百锁"烧掉,之后顺次在家堂祖先牌位前、全家老少跟前、畜厩门前、附近的谷田里敬撒松香,以示敬祖、驱邪,祈求平安、五谷丰登、六畜兴旺。全村青年男女手持点燃的火把绕行村中,连续三晚,热闹异常。龙潭白族庆祝活动也与沙朗类似,此外还要接已出嫁的姑娘回娘家过节,姑娘回家时必须带上用瓜叶包的一只熟鸡腿敬奉爹娘,以示报答父母养育之恩。而白族农历六月十九日的观音山庙会

---

① 李云祥:《浅谈团结白族办事处白族史话》,内部资料。
② 杨明熙:《安宁县白族简介》,《昆明文史资料选辑第 16 辑》1991 年 1 月。

在当地及昆明周边地区群众中享有盛誉。农历六月十九日，传说是观音菩萨得道修成正果的日子，每逢这天，昆明附近地区的各族群众纷纷赶到观音山朝山敬香。此外，人们还唱"散花调"、唱山歌、对昆明小调、安宁小调、八街小调、嵩明小调等，三天三夜，通宵达旦。

"春节"是传统全民节日，俗称"过年"，农历正月初一至十五；节前必扫尘，除"晦气"；在农村，忙熬糖、磨面粉、舂饵块、做糍粑以及杀年猪等，贴年画，换门神门对，祝来年吉祥和睦。20世纪90年代以来，有的家庭过春节已不局限于家中，而是举家前往风景名胜旅游观光。"三月三"是西郊汉族和各民族的节日聚会。每年农历三月初三，易门、八街、安宁、昆明、昆阳、晋宁、呈贡的各族群众从四面八方赶来，集聚于西山森林公园，舞龙灯、踩高跷、对调子、唱大戏、做小生意。"三月三"早年为庙会，以烧香拜佛为主，后逐渐演变为以郊游踏青、对调子、唱花灯、唱滇戏为主的春季游乐活动。外地和国外游客也逐渐增多，烧香拜佛者络绎不绝，寺庙内外香烟缭绕，华亭寺尤为热闹。① 其他节日和当地汉族类似。

图2-2　2013年7月31日团结办事处火把节篝火晚会

（七）丧葬

白族历史上多行火葬，西郊的白族也是如此。据龙潭李姓白族一尊清嘉庆十年（1805年）的墓志小引记载："我辈先人俱系火葬，至我祖考西归，戚眷相箴，遵从仁化，以礼土葬，及今数十余年。"可见到清代

---

① 西山区民宗局：《西山区民族志》，内部资料。

早期，西郊白族仍以火葬为主，到雍正、乾隆年间改为棺木墓葬。如死者为正常死亡，入殓后灵柩高升正堂，孝子守灵祭奠，并速告知各地后主和亲眷，同时请地师择地。出殡时，由孝子央求后主给孝男、女、儿媳戴白孝，孙男、孙女戴红孝，重孙戴红布夹黄角或黄孝。安葬后第一个清明或冬至要上新坟。①

旧时团结白族丧葬习俗一般分为装棺守灵，治丧吊孝、出棺送葬三大议程。装棺守灵老人寿终，多用黑漆棺木，有名气的人用红漆头棺木。穿寿衣寿帽寿袜，以棉制品为主，忌用毛制品。死者衣物上忌带有金、铜、铁金属物品。死者放置棺内时，躯体要平放端正，衣服鞋袜要拉伸整齐，待亲属审毕方可盖棺。人死后就及时办灵叫热丧，随后择吉日安葬叫冷丧。无论热冷丧灵柩要升正堂，孝子孝女应守灵。切不能让鸡、狗、猫乱跳到棺木上。

治丧吊孝，男性老人寿终，直系本宗族为后家，女性寿终则娘家人为后家。人寿终之后，须速告后家和亲属，同时还要告知出殡时辰，由后家协同主人共同协商安葬后事，并根据主人家的经济条件确定有关事项。富裕人家要办大五七，起落五天，要请一班念经的人来家中做斋，超度祖先亡灵，头三天不动荤，后两天才动荤，杀猪、宰羊招待前来吊丧的亲友。没有经济条件的只能量力举办，一般只能起小灵两天，荤菜待客。死者的孝子、孝女、孝媳必须跪在灵前叩头回礼致谢亲友。戴孝是白族丧事中的主要奠仪，必须由孝子央求后家或最亲宗族的长辈给孝男孝女戴白孝，给孙男孙女戴红孝。在三年重孝期间内忌穿大红大绿衣物，要贴三年的素对联。

出棺送葬，出棺棺木要高抬到村外固定地点系扛，行绕棺礼，由念经先生带头，手摇铃铛，口念送棺经文，绕棺三圈后，跪在棺木前后，由抬棺人抬好棺木从众孝头上穿行而过，等棺木过后，众孝子起身把孝布挽成头套，即可回家安灵。

安葬入土时，风水先生行下葬仪式：放鞭炮"清后棺"，盖土砌坟，盖土砌石时，先让孝男孝女用衣襟兜土盖棺木的头尾和中间，然后再让帮忙的人盖土。葬后第二天，孝男孝女要去新坟，以示孝意。

---

① 王锋：《昆明西山白族的历史与现状》，《大理文化》2001年第2期。

（八）伦理观念

尊老爱幼、敬老养老是西郊白族的传统美德。古规规定："儿女不孝敬父母，甚至虐待者，要当众体罚教训。"西郊白族十分强调"不忘本"，各村普遍都立有民约，规定凡出门在外者，不论其职位高低，见本族本村人要讲白族语，回乡、回家不能骑马、坐车进村。在生产生活上，倡导勤劳俭朴，互相帮助，农忙工换工，盖房邻帮邻。人与人之间要互相尊重，以礼相待，以理服人，以力助人。这些伦理观念在当地白族群众中世代相传，构成了白族社会健康发展的重要基础。

（九）禁忌

除夕晚上和大年初一，禁忌到别家串门，禁用口吹火，妇女禁洗衣梳头。除夕晚上杀鸡祭祖时禁忌给外人吃。立秋日忌做农活，不能使用锯、斧等工具。长坡白族忌本家长老的属相年月日，在这些日子不动土、不上梁、不办婚事。在外死亡的人不能抬进村，只能在村头或村尾入殓。非正常死亡者或夭折男女不能埋入祖坟。家中举行"安财门""祭财神"仪式时，在门口横放一高凳，以示祭人，外来者见凳止步。妇女禁忌衣冠不整，披头散发不能到别人家；忌到别人家哭闹，不能脚踩门槛、手拍门枋；产妇生孩子未满月不能进别人家。此外还忌猪进别人家门，等等。①

四 艺术活动

民歌和传说故事是白族文学的主流。在原始社会时期，白族地区就已经有了音乐舞蹈相结合的"踏歌"。"踏歌"是一种长篇叙事诗体裁，各个时代利用这种文学形式都有新的创作，而原始创作也经过后代不断的加工和增删。随着社会经济的发展和各民族之间文化的交流，到了封建社会时期，白族民歌更加丰富多彩，有"白族调""对口山歌""本子曲"等形式。"白族调"主要是"三七一五"（前三句七言，后一句五言）的格律诗。它起源较早，在元明之际得到发展。"对口山歌"是一种男女对唱形式的山歌，涉及的生活内容相当广泛，表达的思想感情也是多方面的。"本子曲"是在白族调的基础上发展而成的长诗体裁。对口山歌和小调用汉语歌唱，是洱海地区白族和汉族人民共同流行的一种民歌

---

① 王锋：《昆明西山白族的历史与现状》，《大理文化》2001 年第 2 期。

形式。它充分反映了白、汉两族人民在文化上的密切交流和汉族文学对白族文学的积极影响。

大理洞经古乐始于南诏大理国时期的宫廷音乐和祭祀音乐，兴盛于明清两代，在发展过程中融入了儒、释、道三教的祭祀音乐，而完善于道家的道场，以演奏《文昌大洞仙经》为主调，故称为洞经音乐。① 大理的洞经音乐广采博收，乐曲极为丰富，仅下关民间音乐家收集保存的"工尺谱"就达200多首。

在白族地区，几乎所有的节日都有各地的民间歌舞表演，如"栽秧会""绕三灵""耍海会""三月街""上元节"等，除演唱白族调等外，还表演"霸王鞭""八角鼓""双飞燕""龙灯""狮子灯"等舞蹈。其中的霸王鞭舞，是白族人民迎神舞会、逢年过节等场合表演的一种民间舞蹈。舞时每人手执一根竹制霸王鞭，装上铜钱，栓上纸花，演员用鞭在自己肩上、胸前、腿上等共17处轮流敲打，发出强烈的节奏声，一边舞一边唱小调，唱调多用白语。

"吹吹腔"具有丰富的唱腔、曲牌和一定的表演程式。演唱时以唢呐、锣鼓伴奏，歌舞结合，具有高亢激越、热烈欢畅的特色。由于"吹吹腔"是一种综合性的艺术，具有白族民间音乐、舞蹈等特点，并且在艺术和内容上不断吸取汉族戏剧的优点，从而更加丰富多彩，深受广大白族人民的欢迎。

石宝山歌会是白族地区规模最大的歌会。每年农历七月二十六日至八月初一在剑川县石宝山举行。歌会期间，石宝山方圆十里人流如潮，三弦声、对歌声、欢笑声此起彼伏。歌会的规模不断扩大，参加人数一年比一年多，达五六万人，参会者中有不少是国外游客。1999年7月26日，剑川县人大常委会做出决定，把石宝山歌会定为"歌会节"，届时全县放假三天。②

昆明西郊境内各民族在长期的历史发展和经济交往中相互依存、相互促进、共同发展，构成了丰富多彩的文化艺术图卷。白族群众普遍喜

---

① 黄玲、王晓芬：《多元共生：盐马古道沙溪白族的空间、信仰与实践》，《百色学院学报》2016年第1期；国家民委门户网站（http://seac.gov.cn/col/col351/index.html）。

② 《白族简史》编写组、修订本编写组：《白族简史》，民族出版社2008年版，第207—308页。

爱的文艺活动有滇戏、花灯、舞狮等，秧佬舞、芦笙舞、耍狮、颠毛驴等民族民间文艺活动在境内十分流行。明、清时期，内地人口迁入屯田，中原文化与区域文化融合，形成具有地方特色的综合艺术滇戏和花灯，并在城乡广泛流行。抗日战争时期，内地企事业单位迁入境内，除传统艺术外，话剧、舞蹈等群众喜闻乐见的艺术形式也被用于宣传抗日救国。中华人民共和国成立后，电视、电影逐渐产生，丰富了群众文化生活。

(一) 花灯①

昆明西郊汉族的花灯，萌于明代，源于中原小曲，经加工、演变形成地方剧种。每逢过年在村中演出花灯，从正月初一唱到三月初三。可以说，花灯一直是人们喜闻乐见的地方文艺，流传至今，经久不衰并有发展创新。花灯在昆明西郊白族民间流传较广泛，在观音山、龙潭、谷律都有花灯组织。龙潭大村及河尾村在1935年，自动集资去梁家河请来王德芝老师教唱花灯。在王德芝老师的精心教诲下，培育出了十多名花灯演员，如李本金、李芝忠、李自强、李芝寿、李春铣、李芳政等，演出地点一般都在卖米坊，不设戏台。观众们只要听到秧佬鼓的乐器声响起，就会围拢过来形成一个圆圈，演员们就在里面进行演出。或者是谁家有喜事，也会去请他们前来演出庆贺，所演出的节目非常生动活泼。1947年，由大河村的肖国栋、朗明、李文茂、刘存智、李藻、郎仲武、董庆元等二十多人自费组织起一班花灯，在财神庙内学唱花灯，并且请来了大珥村张芝老师进行教授。花灯板眼是在原来的玉溪花灯唱腔上，加了几个新的腔调，如平调、双采花、扭丝板等，表演中所要用到的道具和服装都是大家集资购买的，演出也是义务劳动，并不收取任何费用和报酬。1949年之后，原来的花灯演员们又组织了一个文艺组进行义务演出，在节日期间为当地群众表演。

早在1940年，沙朗东村白族青年就自愿集资，聘请师傅传艺，就学者达二三十人，名为"灯会"。当时虽无剧本，但经师傅口授，学员助学苦练，表演精细，赢得观众好评。演出过传统花灯《乡城亲家》《打鱼》《双采花》《姊妹花鼓》《卖货郎》《匡胤打枣》《劝赌》等十多个节目。当时在群众中传颂着"大村的戏，东村的灯"的佳话。1946年，他们又

---

① 云南花灯，是云南分布最广、影响面最大、几乎覆盖了云南各地、县广大农村城镇的地方戏曲剧种。属于民间歌舞小戏和小调戏范畴。

从梁家河聘请王义老师传授玉溪花灯技艺,除节日演出《柳荫记》《蟒蛇记》《大放羊》《杀狗劝妻》《洞宾戏牡丹》《割肝救母》等花灯节目外,晚间还到茶馆清唱。当时没有女演员,戏中的女角都由男演员扮演。1950年后,东村花灯组改名为"文艺组",并吸收女演员同台演出,曾演出《妻党同恶报》《四下河南》《陀子回门》《仙姬送子》《酒楼会》《上门问婚》《二堂释放》等节目。

据张桂馨、张润讲,早在1942年,太平白族张玉桥、张继顺、张兆洪等三人就在本村组织过一个业余文艺组,共18人。这个文艺组自筹资金买灯买油,利用农闲时间每年都要排练二十多个节目,春节期间到附近村庄演出。有时还被八街、禄劝、西山、明朗等地群众请到当地演出。当地群众都说:"太平花灯演得真好。"这个业余文艺组,在1949年12月安宁解放时,还在太平读书铺多次组织庆祝解放的踩街活动,踩街时耍过板凳龙,跳过秧歌舞。后来由于没有经费,这个文艺组自动解散了。太平白族乡民族民间文艺节目有《霸王鞭》《游春》《闹渡》《三访亲》。安宁白族喜爱花灯,其传统节目与当地汉族相同,主要有:《游春》《三怕妻》《猜花》《出门调》《补缸》《货郎》《力止闹馆》《采花》《回生棒》《乡城亲家》《摇金扇》《开财门》《背锅讨媳妇》《借妻记》《三访亲》。①

(二)滇戏②

滇戏于明永乐年间传入云南,到清乾隆、嘉庆时期,地方艺人广泛吸取戏剧的精髓,逐渐形成。昆明西郊白族群众喜爱文艺活动,早在清朝年间,龙潭地区就从外地聘请老师教唱滇戏,逢年过节时登台演出,深受群众欢迎。小村的板凳戏也特别有名。有一年,龙潭戏班子里的一些年轻人去富民农村卖工,适逢村里做庙会演戏,这些年轻人去看戏。他们一边看一边跟着唱,一心想着能登台演戏就好了。于是就去找戏班

---

① 安宁县民族宗教事务委员会、安宁县宗教局编:《安宁县民族宗教志》,云南民族出版社1995年10月。

② 滇剧是云南省的汉族戏曲剧种之一。丝弦(源于较早的秦腔)、襄阳(源于汉调襄河派)、胡琴(源于徽调)等声腔于明末至清乾隆年间先后传入云南而逐渐发展形成的,流行于云南九十多个县市的广大地区和四川、贵州的部分地区。滇戏:滇戏又称滇剧,明代以后由内地传入。此戏传入后,一直为白族人民所喜爱。

商量，让他们出演一场，他们宁愿不要报酬。这伙卖工郎登台表演后，以圆润的唱腔，娴熟的做功给观众留下良好的印象。由于龙潭有自己的戏班子，又常演戏，看戏的人多，懂戏的人也不少，有的人对一般戏的台词、做功了如指掌，故外地人要到龙潭演戏，一招、一式均不能马虎，因此，群众中有"龙潭戏难唱"之说。1948年，苏存智、黄信、薛光明、杨标、李福、黄金质、李如鑫、李维根等人，自费从昆明请来了罗占村的老艺人李幼阑教唱滇戏。1948年、1949年春节期间，他们在明王宫内义务演出过《铡美案》《走南阳》《女斩子》《三娘教子》《五台会兄》《访白袍》等二十多场滇戏，后来因社会变革而停办。龙潭文艺爱好者自动集资组建"明东滇戏团"，为群众演出《送京妹》《走南阳》等传统节目。直至1950年该戏团才解散。

1949年，由李恩领头在沙朗大村组建了有50人的滇戏班子，并曾聘请禄劝、昆明的滇戏名流到沙朗大村传艺，戏班进学、边演，演出技艺得到很大提高，除在沙朗地区演出外，还应邀到普吉、马街、龙泉以及富民作演出，演出剧目有《秦香莲》《白蛇传》《辕门斩子》《女斩子》《斩黄袍》《十五贯》《京娘送兄》等，很受群众欢迎。①

（三）龙狮舞

"舞龙"又称耍龙灯。表演时有1人引龙，12人舞龙，十多人奏乐伴舞。舞龙可在本村本寨表演，也可以走村串寨，相互表示庆贺。舞龙拜年已成为村与村、乡村与各单位增进友谊、相互勉励的活动。"耍狮子"由2人耍一头狮子，2人装猫猫，武松、寿星、柳翠、大头和尚各1人，8—9个人挥舞猫猫鞭、三须叉、春秋刀、齐眉棍等表演十八般武艺。耍狮队遍及各街道办事处和厂矿。当地流行的颠毛驴、舞龙、耍狮子等极具特色的传统文艺活动。"颠毛驴"在清代达到鼎盛，当时西山区梁家河、海源寺一带的老人把颠毛驴与花灯和其他歌舞形式同台演出，与舞龙、耍狮子等民间艺术融合，同时表演，既可以在台上演出，又能在街头表演。

昆明西郊白族喜欢耍狮子舞，其中尤以龙潭小村和沙朗西村为盛。清末民初，龙潭小村一些武艺爱好者，自动筹资组建狮舞班，俗称"耍狮子"，龙潭地区的村民办喜事，就由他们耍狮子舞来祝贺。1922年8

---

① 西山区民族志编写组：《西山区民族志》，云南人民出版社1990年版，第117—118页。

月,云南省政府成立,昆明城乡以耍龙灯、演花灯、舞狮等各种文艺活动庆贺,小村舞狮班曾到昆明五华山去演出。他们沿武成路一直耍着狮子到五华山,沿途吸引了无数观众,沿街店铺纷纷燃放爆竹祝贺。到五华山后,唐继尧等官员一起观看舞狮,并把银包悬挂屋檐下,由一武生一跃沿柱而上,形如猿猴攀崖,机智取下银包,博得满堂喝彩。1950年,中国人民解放军进驻昆明,狮舞班兴高采烈地到昆明舞狮祝贺。后来这个舞狮班受到社会环境、生活条件等因素的影响一度停办。1948年,在李正基老师的召集下,又把这个舞狮班组织恢复起来,并一直延续到1949年之后。

1949年,乐居村村民也自发地组织了一个舞狮班,还曾到龙潭及乐亩乡演出。沙朗西村狮舞班,1933—1934年间由本村张华组建传教,学者70人,逢年过节为村民表演狮子舞,曾兴盛一时,直至抗日战争开始后才停演。

(四) 民歌小调

龙潭的小曲子是很古老、很有民族特色的小调。姑娘出嫁时,一起玩耍长大的小伙伴们都会前来做伴,到了深夜大家缝绣嫁妆到疲倦的时候,就一齐哼唱这种小曲子,音调非常幽雅动听悦耳。龙潭小曲子有对对鸡、小雀调、送郎调、送礼调。山歌有白月亮、龙潭好。三弦调有龙潭是个好地方、约会调、挖荞地。① 这些古老而优雅的山歌、小调,是龙潭地前辈们创造并保留下来的古老文化艺术,有丰富的文化内涵和生活乐趣。比如山歌,在田间劳动累得精疲力竭时,唱起,可以消除人们的疲劳,增添欢乐。到山上较为偏僻的地方进行生产劳动,如果感觉到孤独无趣的时候唱起山歌,当回声回荡在山谷中时,就会感觉到心旷神怡、精神百倍。山歌这种古老而传统的艺术表现形式,还可以在男女互相倾诉爱情时,用来表达自己的内心情感。如果是对答互唱,还考验双方的机智。

青年男女在过去多以唱民歌来倾诉感情,但当地民歌曲调和大理不同,多七字一句,四句一段,和大理等地严格的"三七七五、七七七五"格式不完全相同,显然是受到当地汉族民歌影响的结果。以下就是一首在沙朗地区流传较广的白族调子:

---

① 李云祥:《浅谈团结白族办事处白族史话》,内部资料。

男唱：

沙朗河水沙浪沙，河里有鱼又有虾。爱条鲤鱼来抢水，又爱阿妹来当家。

女唱：

沙朗河水沙浪沙，河里有鱼又有虾。鲤鱼成双又成对，我愿为你来当家。

男唱：

沙朗河水沙浪沙，河水鲤鱼成一家。鲤鱼成双虾成对，阿妹阿哥做一家。

女唱：

沙朗河水沙浪沙，河水鲤鱼成一家。你我今日成婚配，同生共死到白发。①

白族民歌民谣流传广泛，男女青年在农事中或是上山劳动时，通过对唱山歌来倾诉彼此间的爱慕之情，歌颂党的好领导和白族人民的好生活。

龙潭白族山歌唱道：

男：大田栽秧排对排，田中阿姐好人才，
　　早知大姐人才好，十里当作五里来。
女：大田我秧行对行，一个秧鸡来乘凉：
　　秧鸡找着乘凉处，小妹（我）遇着合心郎。
男：大田栽秧排对排，小弟向着大姐来，
　　新鲜调子唱几个，莫在肚中打夭台。
女：大田栽秧行对行，小妹忙把阿哥喊，
　　新鲜调子不会唱，真心实话莫隐藏。
男：青松青来果松青，小郎小妹一条心，
　　真心实话对你讲，青松果松万年青。
女：万年青来万年青，秤杆秤砣不分离，
　　为人莫做亏心事，永世千年不变心。

---

① 王锋：《昆明西山白族的历史与现状》，《大理文化》2001年第2期。

沙朗白族山歌唱道：（多用大理调）
男：大河涨水沙浪沙，一对鲤鱼一对虾，
　　只见鲤鱼来抢水，不见小妹来当家。
　　山对山来岩对岩，这方小妹好人才，
　　早知小妹人才好，十里当作五里来。
女：燕子飞过青石岩，阿哥问我哪天来？
　　千山万水我不怕，只怕爹娘不准来，
　　三棵竹子搭过街，花椒对着胡椒栽，
　　哥是花椒好开口，妹是胡椒口难开。
男：大雨蒙蒙顺山来，淋湿小妹绣花鞋，
　　淋湿花鞋不要紧，十双八双郎买来。
女：这山望着那山高，只见阿哥背柴烧，
　　背柴为何不叫我，大伙背柴把水挑。
男：小小扇子两面花，扇起扇子到岳家，
　　一来看看老岳母，一来看看"小俺家"。
　　各种点心买一盒，送送岳父岳母老人家，
　　各色丝线买几支，送给小妹学绣花。①

龙潭汉、白、彝三族人民，也常常在歌声中怀念着自己的故土和祖先，他们的歌谣中记述了祖先的来历和出处，表现出龙潭人民对祖先的怀念和崇敬之情。如：

白族民歌：上关花开风飘香，苍山白雪映龙潭；龙潭祖辈上关人，哪有后人不念乡；拣个吉日约阿妹，共赏山茶同喜欢。
白族民歌：河边桃李排对排，对对蝴蝶随风来；蝴蝶恋花不舍离，阿哥阿妹相依情；远隔千里翩翩飞，飞到龙潭落花台。
白族民歌：小小三弦龙头弯，三股弦线并排拴；背起三弦游洱海，游了洱海上苍山。
白族民歌：小小三弦一块柴，大理弹到龙潭来；哥弹三弦逗阿

---

① 《西山区民族志》编纂组：《西山区民族志》，云南人民出版社1990年版，第122—123页。

妹,头挨头来心连心;三弦本是杨梅树,酸的弹出甜的来。
　　汉族民歌:长江流水波浪波,玄武湖里青鱼多;应天府外桃叶渡,杨柳迎风舞婆娑。
　　汉族民歌:我的山歌多又多,张口一唱几大箩;南京唱到云南府,只是唱了一小撮。
　　彝族民歌:山茶花开鲜又鲜,诺家住在滇海间;棋盘山上把柴找,盘龙江边把秧栽。①

(五) 乐器

　　白族民间乐器颇多,主要有中音胡、板胡、京胡、笛子、唢呐、小鼓、腰鼓、锣、大小钵、碰铃、打板等,较盛行是三弦。白族男子喜弹三弦。龙潭大河村李学仁雕制的独具一格的"龙头三弦",工艺十分精美。另外,二胡、月琴也是先祖们使用并传承下来的乐器,这些乐器是每天晚饭后人们串门闲聚,或者是农闲乡亲们相聚玩耍时弹拉,用来为生活增添乐趣的。三弦的装饰尤其美观,它原来的式样是叫"锅铲头",后来在龙潭大村被改雕成龙头三弦。那雄伟的龙头姿态非常醒目,鼻子上有两对红绿两色的绒球,下面的弦鼓上六方都雕刻有美丽的图案,中间弦把上的玻璃框里绣着一条彩色的花纹,三弦的挂绳是三根彩色的毛线。

　　在昆明西郊白族的文化变迁中,白语虽然受到汉语的较大影响,但仍具有较强的活力,很多白族是双语或多语者,出于对白族文化的自觉和民族文化的认同,很多白族依然在日常生活中使用和传承白语;昆明西郊白族群众虽然普遍信仰"土主",但由于和其他民族杂居,土主崇拜未得到进一步的发展,佛教、道教等在白族民间影响较大;龙潭白族女子的服饰和当地彝族的服饰较为相似,显然是受到彝族服饰文化的影响,但仍保留了帽檐处和彝族服饰的细微差异;沙朗白族没有大理白族吃生皮的习惯,但肝生、血肠、白肉这三道菜是必不可少的杀猪饭主要菜式,并坚持和保留了火烧猪习俗,并将这一习俗认定为区别是不是白族的标志之一;民居建筑面积都远比大理地区少,而且建筑风格以实用为主,在石工、木工、艺术装饰等方面都不如大理地区讲究,但因发展小镇建设的需要,90年代后在保护原有"三坊一照壁"白族民居的同时,在大

---

① 张铣:《我的美丽家乡龙潭》,内部资料,2014年。

村进行了白族民居一条街和东村白族民居的规划建设。昆明西郊白族不过三月节、没有绕三灵，但是仍和汉族一样过春节，和彝族一道欢度火把节。艺术活动以滇戏和花灯最是喜闻乐见，却没有大理白族的大本曲、吹吹腔、洞经音乐等，在民歌小调中还保留了一些怀念大理、追溯白族祖先的生动片段。

这些"消失"与"保留"的文化变迁，反映出昆明西郊白族在多元文化背景之下，既有对大理白族文化的认同和追溯，体现对白族文化坚持的自觉，也有对周边兄弟民族文化和地域文化的吸收和采纳，与各民族在交流交往交融中逐渐形成了别具一格的白族文化特色。

第二节　昆明西郊白族的文化建构

文化寻根、文化研究和文化恢复是近年昆明西郊白族不断接触、认同大理白族文化并建构自己白族文化的自觉实践活动。

一　文化寻根

数百年来，由于关山阻隔，昆明西郊白族群众和大理地区疏于联系，但他们仍然保持着深厚的民族感情。随着西郊白族经济社会的发展和交通条件的极大改善，当地与大理白族的联系也日益密切。西䒷、团结等已先后与大理多个乡镇建立了友好乡镇关系，相互往来和互动频繁，极大地增强了两地白族群众的民族自豪感和凝聚力，也对两地白族群众之间的交往联系起到了积极的推动作用，增强了西郊白族的身份认同和文化认同。

原团结乡书记 LF 在介绍团结白族去大理进行文化寻根的时候，激动地说："团结乡在 1987、1988 年的时候与大理的凤仪镇结了友好乡镇，因为我在主持《龙潭志初稿》撰写的时候就去过了大理的一些地方考察，我们主要是想进行认亲和寻根。当时还遇到桑植县白族的也去大理认亲，我们还说：'呀，都是一家人啊。我们白族话和大理剑川、喜洲都讲得通'。"

团结当地的白族 HB，是较为年长的文化人，他通过参加去大理寻根活动，从语言学的角度证实团结白族是从剑川一带迁入的："在编撰《龙潭志初稿》初稿的时候我们就去大理考察和大理白族的关系，那次考察非常认真,在大理做了一个月的调研。通过调研发现,剑川的白族语言和我们团结白族是说得通的,喜洲的大概有20%讲不通。所以我们认为团结白族是从剑川迁来的。"

团结文化站站长 LYF 是 70 年代末出生的白族,也讲述了当地白族去大理寻根前后的事情:"以前我们的父母辈也没有跟我们讲过大理的事情,在李书记时期团结的白族去大理寻根访祖。听说龙潭白族刚刚搬来的时候是张姓和李姓家族,后来慢慢才发展起来的。张骞老人给我们介绍说龙潭白族是元朝时候跟随军队过来的,后来才定居下来的。这里的白族人也没有家谱,三代以后都搞不清楚了。过去还出现过要结婚才知道是亲戚的事情呢。我们当地也有三塔,就是为纪念和他们三个乡镇结为友好乡镇而建的。这几年生活好了,空闲时间多了,我们白族人才开始去寻根,并学习大理的白族文化。"

亲历了 2016 年大理州建州盛会的沙朗白族 ZGQ,在参加活动的过程中,强烈感受到归属感:"我们这里成立了白族研究会,白族学会去年搞活动也邀请我们去,尤其 2016 年大理白族自治州建州 60 周年时,我还受邀前往大理参加州庆活动。此次邀请的嘉宾级别都比较高,起码都是市民宗局的,连五华区民宗局的都没有。我一个社区的工作人员,一个普通的白族群众,还能参加了这样的盛会,真是太激动了,算是一生中最幸福、满足的时刻了。"

寻根既是血缘寻根更是文化寻根,而且可以通过文化寻根达到民族文化认同的目的,进而重构文化。而昆明西郊白族进入白族原生地(大理)拜谒祖先,进入场景,就会产生、增进、激活对白族的认同,说明民族认同"场景性"因素认同主体自觉或不自觉地选择了自己的民族归宿。

二 文化研究

昆明西郊白族地区的文化研究,主要是通过编写和出版志书和地方文史资料、成立研究机构、出版研究成果并积极开展文化活动来实现的。在对昆明白族的研究中,有本地白族学者和文化人的成果,也有外地学者和研究者的成果。

早在 1985 年,龙潭地区的李春华、李绍文、李崇忠、李鑫、李维庚、刘正平、黄彪、李发等人希望能把家乡的历史现状、民族风情等记录下来留给后人，于是报请团结地区办事处批准，成立了《龙潭志》编辑组，设立了编辑办公室，进行《龙潭志》的编撰工作。其中，李春华担任了当时的主编，其他人为编辑。编辑过程中吸收了黄信、朗明、李久福、李跃宗、扬安礼、李云龙、李云凤、董庆荣等人参加，并组织前往大理地区进行寻根求源的考证。当时编写《龙潭志》时候，编辑组困于龙潭地区过去没有可靠的文物可考据，又无充分的文字可考证，因此在文字安排上仅设计了概说、历史和展望三个部分。1992年，在时任团结彝族白族乡委员会书记李芳同志的主持下，乡政府成立了《团结乡志》编撰领导小组，下设编委会，进行乡志的编撰。《团结乡志（初稿）》是团结乡的第一本史料书，比较系统地记录了团结乡的自然、社会、历史、现状，此书对彝、白、苗、汉四个民族的源流做了简要的概述，书中认同白族是从大理地区迁入的观点。2011年10月，团结街道办事处组织新一轮的志书编撰，时任接待工作委员会书记李锦和办事处主杨正山在前言中对编撰志书的目的给予了阐释："团结办事处居住着彝、白、汉、苗等民族，境内自然资源和物产丰富，文物古迹、人文景观和自然景观众多，民族风情多姿多彩，被誉为昆明的'后花园'。《西山区团结街道办事处志》要把地方特色和民族特色充分展现出来，这是功在当代，利在千秋，垂鉴后人的大事。"该志书于2012年4月完成，比较客观、翔实地记述了团结从有史可考至2010年的发展变化和团结的自然、社会、政治、经济、文化、教育、军事等各方面的历史和现状，为研究、认识团结提供了珍贵史料。1992年8月，沙朗乡也成立了乡志编撰领导小组和办公室，组织人员编写了《沙朗白族乡志》。同年，太平白族乡通过两年时间的编撰完成《太平白族乡志》。

2010年，经昆明市五华区民族宗教局、五华区民政局审核批准，五华区沙朗白族文化研究会成立，并成立了五华区沙朗白族文化研究会理事会。昆明市五华区沙朗白族文化研究会正式成立后，于2012年4月组织部分理事和会员深入到大理等白族聚居地区进行考察。2013年、2014年沙朗白族文化研究会组织100余人次白族居民参加市民委组织民族文艺的活动。会长多次组织会员参加云南省白族学术研讨会等学术交流活动。近年来，研究会接待到沙朗进行白族文化调查研究人员100多人次。白族研究会每年还组织会员举办白族歌舞培训班两期共计200人次。从2010年至2017年，研究会每年都组织会员参加昆明地区白族三月街文化节活动，其中，2011年4月在昆明世博园中国馆举办的昆明地区白族三月节白族文艺演出中，沙朗白族文化研究会组织的两个白族文艺节目参加演出后，获得观众好评。每年的春节、六月二十四、中秋节等重要节日组织开展白族歌舞表演。研究会通过鼓励、支持沙朗白族民间艺术团等白族群众团体和组织开展白族传统民俗活动以及白族文化艺术活动，对沙朗白族文化挖掘、整理、保护、传承和发展起到积极作用，并加强与省白族学会、大理白族文化研究所白族同胞的联系和学术交流，每年召开年会及理事会，交流研究成果。

通过争取省民委文化宣传处、市民委、昆明市民族理论研究会、五华区民族宗教局的支持，研究会组织会员开展白族学的基础研究，编写印制了《西翥民族民间歌曲一百首》《沙朗白族文化保护和发展研究文集》《沙朗白族民间歌曲一百首》等白族文化研究的内部资料3000多本；完成《沙朗白族文化传承保护项目》《白族手工艺品传承保护和开发项目研究》的研究；制作《沙朗白族传统文艺集萃》碟片600片，完成《沙朗白族年猪饭美食节筹划方案》《沙朗白族火把节筹划方案》等子项目研究文本。2014年沙朗白族研究会为西翥生态旅游区管委会编撰了30万字的《灵仪西翥》一书，2014年12月由云南民族出版社出版发行。ZGQ编写了《沙朗白族风情录》（上、下），详细介绍当地风土人情。云南大学郭建斌教授所著的《沙朗东村》入选《中国白族村落影像文化志》丛书。五华区科技和信息化局支持研究会完成《城郊农村在城市化进程中的社区转型研究》和《西翥民族民间传统文化传承研究》两个研究项目。研究会与沙朗民族实验学校合作，编写了沙朗民族实验学校校本教材《沙朗白族文化》。

上述大部分的研究成果都是在昆明沙朗地区旅游开发的背景下，通过宣传白族文化旅游资源，吸引外地游客到沙朗体验"穿白族服饰，吃白族菜肴，住白族民居，喝白族三道茶，说白族语言，唱白族民歌，跳白族舞蹈"沙朗白族风情的背景下而进行的。客观上，也在很大程度上，提高了沙朗乡村旅游知名度和影响力，并激发了沙朗白族重新认识和定位自己白族文化的价值，加强了对白族的认同感。原昆明市民委主任赵殿桦评价《沙朗白族风情录》：以沙朗乡白族的民情、民风、民俗和历史文化、人文环境、民间传说、风景名胜等为素材，经过作者去粗取精、去伪存真的收集、考查、整理、编撰，再经过有关专家学者的赐教修改和有关方面的审定批准，五易其稿，终于成书。《沙朗白族风情录》的出版，是挖掘、整理、保护、弘扬少数民族文化的先例，弥补了沙朗没有全面记述白族风情的文学作品的空白。

　　1929年出生于龙潭河尾村（1949年后河尾村与大村合并为大河村）的白族人ZX，对自己的民族和家乡充满了热爱，在80多岁高龄时提笔，根据自己的人生经历、所见所闻、前人讲述、史料考证等，写出记录龙潭地区山山水水、风土人情、生活习俗、人物事迹及社会经济发展的作品《我的美丽家乡——龙潭》。此书主要记录龙潭地区的风土人情，而龙潭是团结白族的主要聚居地，因此，本书也是讲述当地白族的重要参考资料。ZX在文末处对写书的情况加以说明："后人考据的结果，有些地方虽然不得不参考采纳，但我在这些地方都是格外小心谨慎的。所采纳的观点，必须是前人的前说，或者是为公众所认知且达成共识的，绝不会过多地掺入自己的观点和感情色彩。比如龙潭白族的由来，是根据宋、元、明、清时期，白族、彝族、汉族等各民族迁徙而来，到龙潭定居生活的真实史料进行陈述的……各个地方有各个地方的传统风俗和生活习惯。不过近年来随着经济的快速发展，在风俗和生活习惯方面出现了一定的变化。这种变化的本身其实也在一定程度上证明了社会的进步与发展，所以在这方面，我是根据现阶段的实际情况，结合以往的风俗和生活习惯来叙述的。"据此，可以推断，在ZX先生生活的年代甚至更早的时间里，龙潭当地人认为他们的祖先是从大理迁入的，而文化变迁也是一个伴随的过程。龙潭白族人李云祥撰写的《浅谈团结街道办事处白族史话》等一些研究当地历史文化的文章，通过团结办事处文化站的推荐，刊登在由大理州白族学会编的《白族》刊物上，表达了团结地区的白族文化人希望在大理白族地区的文化刊物上发声，借以宣传本地白族文化，得到主流白族文化圈认同的想法。

　　在中国社会科学院民族学所长期从事白语研究的王锋研究员，在其所著的《昆明西山沙朗白族研究》一书中，从语言学的角度对昆明市郊区西山沙朗白族语言进行的调查和研究，系统揭示了远离滇西洱海核心分布区的白语"语言岛"的语言结构和发展特点。作者认为与其他白语方言相比，沙朗白语受到汉语的更大影响。通过对汉语虚词的借用，沙朗白语的语法结构逐渐与汉语趋同，但语音系统则仍保持与滇西洱海区域白语方言的严整对应。作者通过语言研究，提出昆明沙朗白族是元代开始分批从洱海地区迁入昆明的，白语仍保持较强活力，与汉语构成和谐共存的双语关系。

三 文化恢复

沙朗白族民居建筑同其他地区的白族民居大致相同，但大村最为典型的民居是"三房一照壁"。所谓"三房"由正房及两侧的耳房（厢房）组成，"一照壁"是指正房对面的一块墙壁，中心是天井。过去的白族的住宅建筑多为土木结构，一般以抬梁式和穿斗式混合结构组成。其正房、两侧厢房的后檐墙多为土坯砌筑或土垒墙，与土坯砌筑或土垒墙形成的"照壁"组成围院，形成"三房一照壁"。其中，院内正房各间用木板壁分隔，两厢房墙用土坯砌筑，坎墙上安装坎窗，耳房间用土坯砌筑分隔，正房堂屋装有格子门，所有山墙均从脚到顶用土坯砌筑或土垒，与屋架形成硬山或悬山两种形式。所有后檐墙不开窗（或在二楼开很小的窗洞），厢房瓦屋面分长、短坡，长坡向院内、短坡向院外，形成内聚，意为聚财。院内正房、两侧厢房回廊和"照壁"形成一个小天井。"照壁"上绘有吉祥图案或文字，照壁前的天井内砌花台，内种花木，花台上放有各种盆景，使照壁更具文化气息。在整个建筑中，体现艺术创作的地方是在小木作上，一般都在正房堂屋檐下挂落、格子门及厢房的檐板上雕刻或彩绘有精美图案和吉祥符号。门楼为木质结构、砖石结构。飞角翘檐，颇显匠心。大门两侧置一对石狮子，气势威武。两层楼房的建筑格局与平房相同，只是底层正房多用为客厅及住房，两侧厢房多用来做厨房和储藏粮食杂物等，楼层在靠天井面均建有回廊，四通八达，院子大门一般建在两侧厢房接照壁的山墙上。

总的来说，由于沙朗坝子面积较小，但人口稠密，人多地少矛盾突出，民居建筑面积远较大理占地小，建筑风格也以实用为主，在石工、木工、艺术装饰等方面过去都不如大理地区讲究。但近年来，随着沙朗白族地区经济发展，人们的文化生活需求不断提高，与大理白族地区的社会、经济、文化联系不断密切，加上政府部门积极推动民族文化建设，以发展民族文化生态旅游产业，沙朗白族近十年来的民居建设以极快的速度学习和秉承大理白族的艺术传统，兴建了大批具有浓郁白族建筑和装饰风格的民居。沙朗大村300多米的主干道上，两侧的白族风格民居青瓦白墙，再加上白族风格浓郁的民居彩绘，远望清新淡雅，大方亮丽，近看雕梁画栋，绘画题诗，而又充满书香气息。现在，沙朗已经成为昆明周边有名的白族民居一条街，吸引了很多游人前来领略民族风情。① 近年来，随着时代进步，土木结构的房屋逐渐被砖混、框架结构所取代。白族特有的"三房一照壁"基本建筑格局仍然保存了下来，成为沙朗白族建筑文化遗产的一部分。2005 年，经昆明市人民政府批准，被列为昆明市第一批民族民间文化保护名录。②

为留住白族建筑风格，太平新城棚改一期滇峰家园小区项目立面设计都汲取了白族传统民居元素，融合新中式建筑风格，很好地将白族民族建筑特色融入老百姓的日常生活。桥头社区桥头居民小组作为一个白族人口传统村落，通过筹备建设以白族文化为展示的陈列室，从而更好保护白族和传承白族文化。陈列馆建设地点为桥头居民小组新村庄集体公房。陈列馆展示内容为：白族历史及白族文化流源（文字为主，图片为辅），重点介绍白族历史及白族文化的起源、发展变化及其影响，通过图文重点展示各种传统服饰、生产用具及各种工艺品和白族语言的演变。

图 2-3 桥头社区白族陈列室、西蒜街道办事处（原沙朗白族乡）大门

昆明团结白族地区为适应旅游发展的需要，也在龙潭地区建设了一些以白族文化为主题休闲度假山庄，白族休闲园就是其中较有代表性的。休闲园为典型的白族建筑，房屋灰瓦白墙，古朴典雅。昆明市西山区团结办事处曾是昆明市开发农村生态旅游示范乡，白族休闲园作为建筑代表，接待过中央、省、市、区的多位领导。龙潭办事处"龙潭街"在招商引资项目中也将项目外立面装饰为白族建筑元素。通过团结办事处文化站工作人员和当地白族文化人的创编，团结办事处 119 个村小组除了用

---

① 王锋：《昆明西山沙朗白语研究》，中国社会科学出版社 2012 年版，第 12 页。
② 昆明市文化馆 http：//www.kmswhg.com/article/detail.aspx？id=448。

普通话进行广播外,实现了广播中有用白族语言演唱的白族歌曲。

图 2-4 龙潭办事处"龙潭街"招商引资项目外立面采用了白族建筑元素

　　为做好沙朗白族语言文化的抢救、保护和传承工作,由五华区民宗局主办、五华区沙朗民族实验学校和五华区沙朗白族文化研究会承办的昆明沙朗首期白族语言文化保护传承培训班于 2017 年 11 月 18 日在沙朗民族实验学校开班培训。云南省民族学会会长、云南省民族学会白族研究会会长、云南省民族学会副会长、云南省有突出贡献专家、云南省民语委译审、五华区沙朗民族实验学校副校长、沙朗白族文化研究会副会长出席开班典礼并讲话。沙朗白族文化研究会会长主持开班典礼。开班典礼结束后,白族研究会会长为培训班讲了第一课《白族的历史文化》。沙朗民族实验学校对有兴趣学习白文的中小学生和白族文化研究爱好者开展了 7 天集中培训。培训班授课邀请了中国社会科学院民族学与人类学研究所研究员、民族语言应用研究室主任等白族专家授课。培训内容包括民族政策、民族语文政策和法律法规、白族语言文字基础知识、白族语言文化与保护传承、民族语文翻译理论与实践等。通过培训,让学员在学习好国家通用语言文字的同时,更多了解国家相关政策法规和白族历史文化,掌握白族语言文字的拼读、拼写,使学员能够准确流利地书写白语,记录白族民歌、谚语、童谣、长诗、大本曲、民间故事等白族传统文化内容,并使用白文进行各种形式的白族文化书面创作,达到保护传承沙朗白族语言文化的目的。

　　少数民族群众所创造的自己的民族文化既代表着本民族文化,同时也是一种民族旅游资源。沙朗 22 家"农家乐"中,有 15 户是白族。他

第二章　文化变迁与文化建构：昆明西郊白族认同路径的自觉选择　　95

图 2-5　沙朗白语培训班开班

们利用白族传统美食来招揽游客，如：白族肝生、血灌肠等，也有许多白族家庭日常的饮食早已没了这些特色的菜肴，但随着"农家乐"将体验白族风情的游客带了进来，这些传统的美食又回到餐桌。近八成的"农家乐"中，都有这些具有白族风味的菜肴，这其中包括了汉族的经营者。到沙朗白族乡的游客当中有很多都是冲着白族风情来的，这使得经营者在经营过程中会以增加白族元素来吸引游客。或者可以认为汉族和白族的饮食已经互相交融，甚至在当地白族饮食占据了主导地位。①

2018 年 1 月 24 日首届昆明沙朗白族四季美食荟年猪饭在沙朗金田农庄开席。主办方用"乡村味道""醉美沙朗""来西翥吃顿火烧杀猪饭犒劳自己"的主题吸引游客到沙朗体验传统美食。此次"昆明沙朗白族四季美食荟"在腊八当天举办，由昆明聚缘农业科技有限公司、云南凯普今田尚园都市农庄、沙朗白族文化研究工作室与优鸟科技共同发起。地道美味的白族火烧杀猪饭每桌仅 480 元，每人 48 元 AA 制拼够 10 人一桌就可以出单。活动整合了沙朗白族 24 节令相关的传说、故事、自然地理旅游资源、民族传统节日活动等，旨在开发沙朗乡村旅游产品、推动民族文化发展。为增添喜庆色彩和文化内涵，当天穿插了"2018 年西翥街道文化下乡暨西翥精品文艺展演"活动。现场进行西翥农特产品及民族

---

①　尤佳：《对农家乐引导下的文化变迁的思考——以沙朗白族乡为例》，硕士学位论文，云南大学，2009 年。

手工艺品展销，游客可以品尝购买。通过扫码关注、社群即时营销互动等，进一步了解民族文化传承、西翥旅游等特色文化，使昆明沙朗白族四季美食荟白族年猪饭民俗活动，不仅仅是一次白族美食活动，更是一次了解、体验、宣传西翥白族特色的文化之旅。①

图 2-6　2018 年游客体验沙朗年猪饭

原团结乡党委书记 LF 在说到恢复白族文化的时候，阐述了自己的观点："我们这里主要有汉族、彝族、白族、苗族四个民族，因为婚嫁关系，彝族和白族、汉族也通婚了。但是我坚持平时有两个白族在一起就要讲白族话，汉族嫁进来白族村，也说白族话，彝族嫁进来白族村，也学会了白族话，好多人都会两三种语言。我媳妇也是汉族，现在也是讲白族话，孩子们在家也是讲白族话。我觉得我和大理的白族也很亲切，我也常常跟外人说，我们的老家是大理，祖宗是大理白族。听得懂大理白族话就觉得和大理白族亲切。"ZLX 对沙朗白族文化的恢复深有感触地说："总体而言，过去我们这边的白族文化不浓厚，这些年的文艺活动和白族文化搞得比较好。我们复兴白族文化，主要从大理移植过来。"

随着经济社会的发展，昆明西郊白族在文化寻根、文化研究和文化恢复的过程中，通过自觉的文化生产实践，在"五个认同"的引领下，在与周边各民族交流交往交融的过程中，不断在感情上加强与大理白族的联系并表述着对白族文化的认同。

---

① 李红鸾：《首届昆明沙朗白族四季美食荟民俗活动在五华沙朗举行》，昆明信息港讯 http://xw.kunming.cn/a/2018-01/25/content_4944905.htm。

图 2-7　1995 年 LF 身着白族服饰到美国出访

图 2-8　LF 家的白族院落
（LF 提供）

本章小结

一　文化变迁与民族认同

在散居民族地区，民族成员之间的互动和交往比较频繁，文化差异性会逐渐减退，趋同性变强，有的还受到现代化和城市化的影响，在保持本民族的文化特征方面比民族聚居地区要大。[①] 在昆明西郊白族地区，与白族共同生活的其他民族作为一个共享与协调的系统性整体在文化结

---

① 黄淑萍：《建构多元文化认同：对少数民族散居地区民族文化保护的思考》，《福建广播电视大学学报》2015 年第 6 期。

构及其表现形态上具有物质上和文化上的交融性。这种集体共享的地域文化表达虽然达到"美美与共"的程度，但白族通过对原有文化事项的部分保持和重新组织，又使之符合自己的身份诉求与表达。

昆明散居白族由于与汉族、彝族、苗族杂居生活，文化中既顽强地保有、传承了大理白族文化的部分内涵，同时也在一定程度上吸纳了当地其他民族的文化特点，体现出"你中有我、我中有你"的水乳交融的状态。例如，龙潭的白族女子放弃了过去的传统装束，随着当地人数更多的彝族妇女戴上了鸡冠形的花帽子。虽然花鸡冠帽是彝族的帽饰，被当地白族女子借用，但不同的是彝族姑娘的帽檐前面还坠有五彩绣球，白族姑娘戴的没有。昆明龙潭社区、沙朗社区的白族群众保留了杀猪时不用开水烫，而是用火燎烧的习俗，和大理地区一致，并称："杀猪用火烧的才是白族。"昆明白族虽也痴迷于花灯和滇戏，但也常常通过民歌小调来追溯自己的祖源，表现出对祖先的怀念之情。

语言对于民族认同的意义更为明显。目前，白语仍然在昆明白族地区仍具有活力，是日常生活中主要的交际工具，大部分白族人都能说一口流利的白语，白语还具有维系感情、传承文化等社会功能。昆明西郊白族对自己的母语非常热爱，把"说白语"视作其民族的象征，把白语看作维系民族情感的纽带。他们坚信自己的语言有自己的生存价值和文化特色。白语和汉语在白族的语言生活中既有分工，又有互补，既有竞争，也有合作，呈现出一种和谐的双语关系。在不同的使用场合中，语言的选择取决于交际双方的实际需要。

语言并非族群认同的唯一标准，但却是不可缺少的重要指标。[①] 语言是民族文化特征的表现符号之一，是维系民族认同的关键因素和表征性的符号。美国著名的人类学家斯蒂文·郝瑞在中国西南彝族社区考察研究彝族的族群关系时，当看到其他类似漫水湾的地方都丢失了自己的语言，而当地的彝族却有意识地保持彝语时指出："他们认同彝族并不是他们使用彝语；相反，他们使用彝族语言是因为他们有彝族的血统、彝族的世系，他们来源于彝族。这些才是他们群体认同的根本。他们意识到

---

① 何明、许沃伦：《白族支系那马人族群认同情境探析》，《广西民族大学学报》（哲学社会科学版）2015年第3期。

自己是一个群体,这个群体有自己独特的语言,所以他们坚持说这种语言。"① 而这样的情况,也同样存在于昆明西郊白族的群体中,当地距离主城区较近,长期和汉族等其他民族生活在一起,汉语是一种人人能够掌握、运用的交际用语,而白族却在文化变迁中努力保留、传承着白语。白语的使用,不完全是因为交际需要,而更是因为白族认同的缘故。邓瑶的研究发现,沙朗白族对自己民族身份具有高度认同感和自豪感,白语的使用不仅凝聚了白族同胞的民族情感,也成为互相认同的标志。这有利于白族社群内部的团结与和谐。② 昆明西郊白族语言的使用情况反映出语言对一个民族被外界感知以及民族群体内的自我认同方面都有至关重要的作用。

共同的祖先、来源和生长背景,使得白族认同具有一致性,是白族认同中不可或缺的原生性因素。人们一出生就获得他所出生的民族的历史和渊源。民族的历史和文化将会塑造他的民族认同意识。但由于通婚的普遍存在和多民族杂居的现实,昆明西郊白族的民族认同更多是通过一定的文化要素来表述,民族认同是以文化认同为基础的,因而,从某种意义上讲,最直接的表达方式是文化特征的认同。

在文化变迁过程中,反映出昆明西郊白族的文化与大理白族文化有千丝万缕的联系,又有明显的区别。不论空间的距离,还是时间的流逝,都无法阻隔散居白族对白族文化的认同。同时,经过长期与其他民族的共同生活,民族文化中也有地域文化的体现,表现出散居白族对居住地的地域认同。尽管如此,细微之处仍然力求不同。服饰、建筑、宗教、信仰、风俗习惯等既是维系散居民族认同的重要标志,也体现出地域认同的特点。因此,也可以说民族认同与地域认同并重是散居民族文化变迁中体现的特点。从人类与自然生态关系来看,在一定地域中的自然环境是人类赖以生存的基础,人类不仅要依赖环境而获得衣、食、住、行等基本的生存资料,人类与大自然相互关系的过程中所创造出的文化也

---

① [美] 斯蒂文·郝瑞:《田野中的族群关系——中国西南彝族社区考察研究》,巴莫阿依、曲木铁西译,广西人民出版社 2000 年版,第 125 页。

② 邓瑶:《城市边缘白族乡村的语言生活调查——云南昆明沙朗白族个案研究》,《昆明学院学报》2011 年第 1 期。

受到地理环境的影响，并打上人类生存的自然环境的烙印。① 昆明西郊三地是白族的主要生活、生产的地理与文化空间，为其生存和发展提供了重要的物质条件。当地白族及其文化体现出对当地人和家乡的认同和热爱，这是一种心理归属意识。同时，昆明西郊白族对大理白族文化的传承和认同体现出祖源认同感。作为散居民族，虽已定居昆明，仍对本民族发源地充满深厚的民族情感，体现出强烈的祖源地认同情怀，揭示出散居白族强烈的民族认同感和凝聚力。

昆明西郊白族对繁衍生息故土的认同与对大理的认同形成了具有层次性的差别化格局。在与他民族互动的过程中，昆明西郊白族在对中华文化认同的基础上，形成了对民族认同和地域认同并重的认同意识，这也是在散居背景下对民族传统文化进行调适的结果，体现出主观意识与客观环境的互动。

龙潭白族 LYF 讲述自己在大理的一段亲历感受，正好说明了在文化变迁的过程中，昆明西郊白族仍然保留着部分白族文化特征，对大理白族认同和对地域认同是同时存在的："虽然我们和大理白族远在一方，一旦走在一起就感觉是一家人。我去大理旅游，当时在大理街上讲白族话，有人听见了就问我们是不是剑川人。这说明我们的口音和剑川比较接近，我们的祖上应该是从剑川迁过来的。后来在大理的农贸市场买背箩，我老公让我少买两个，我们夫妻当时用白族话对话，卖背箩的是两个老人家，本来要价 40 元一个，我当时用白族话还价 30，卖背箩的听我们是讲白族话，问我们'是不是本地人'？我说'是'。当时老人就说 35 元就可以了。我买背箩就觉得还是很亲切的。因为是同一个民族，血脉还是相通的。还有一次在大理吃早点，本来是 10 元一碗，也是因为讲着白族话，对方就只是收了我们 7 元。我觉得要是在龙潭本地的话，我感觉龙潭本地的白族更亲切，但是要是到了昆明城里，到了外地，只要知道是白族都会觉得亲切。我们周边这里有一个彝族村，三个白族村和几个汉族村，我们去到汉族的村子，不管是这村的白族还是别村的白族，如果在某些事情上觉得不认同汉族做法的时候，就会说'算了，人家是汉族，

---

① 王希辉、黄金：《散杂居民族的地域、身份与文化认同——以重庆彭水向家坝蒙古族为例》，《西南民族大学学报》（人文社科版）2016 年第 3 期；郑晓云：《文化认同论》，中国社会科学出版社 1992 年版，第 104 页。

不要计较了'。虽然我们的生活方式越来越趋同了，但是就是心里面的差别感和对同一民族的认同感是存在的。以前我不觉得，就是在和别人聊天的时候我就会有想法，我觉得心里面的认同，就是'民族脾气'，这个会晚于服饰、建筑等外在的形式才消失。不过从大的方面讲，我们都是中国人，都热爱中华文化，这一点是毋庸置疑的，也是不冲突的。"

二 文化建构与民族认同

昆明西郊白族积极梳理历史，追溯文化渊源，在与大理"老家"的互动中，不断增强民族认同感。为了实现民族文化复兴，昆明西郊白族精英阶层积极参与和配合所在地进行"穿衣戴帽"工程改造，包括对社区的民居和建筑进行白族外观改造，"龙潭街"招商引资项目就采用了白族外观形式，使之"民族化"；传承和学习白语，借力云南民族学会白族研究会的力量，整合资源后开设白族语言培训班；引进白族舞蹈，编排白族情景剧；从大理买来白族的民族服装用于接待和表演时穿着；保留刺绣等手工艺技术和白族的饮食习惯和特色菜，以彰显白族文化特色；编撰当地史志资料，加强地方文化研究，在大理白族文化研究领域的积极发声；成立白族文化研究机构并组织开展白族文化交流活动，都在一定程度上加强了当地白族对白族身份和白族文化的认同，为建构其与周边民族的边界提供了动力。

正如 ZGQ 在参与和推动白族文化建构的过程中深有体会："这些年经过政府和民间的推动，真正的白族文化才恢复起来。最近十年因为生活好了，我们把老辈人一直在传承的民俗有意识的显现出来。不管社会怎么变化，白族文化现在还没有完全消亡。即使父母都是本地白族，孩子如果进入城区生活的，可能白族话都不会讲了，这个也是城镇化过程的必然。在城镇化的过程中，我们白族的文化可能是消失了一些，但是大家一起努力又恢复了一些。白族人对自己的身份还是引以为荣的，最近几年这种情节更浓了。过去有些人还是害羞自己是少数民族，现在大部分人还是自豪的，认同感还是强的，民族语言、民族、服饰、习俗都是有传承的可能的。"

ZLX 也表达了民族认同在文化建构的过程中得以增强的感受："我们小的时候没有想过自己的白族身份，只要吃好穿好就行了，就这几年随着寻根意识，政府把沙朗这里和大理结对子，两边互相走动，联系多了才慢慢开始意识到自己的白族身份。我在观音山有个同学，居然是白族村的白族，我都不知道他是白族，同学30年聚会才知道的。我们去哪里都讲白族话，并不觉得难为情，只要两个人在一起就讲。我们也希望自己能保留白族人的身份，不管是写书、跳霸王鞭舞，都是想要确认自己的白族身份。不然这个小坝子，四周都是汉族，很快就会把自己的语言文化丢失。现在村里的白族老乡看见我们穿白族服装才觉得白族服装好看，还打听能不能代买。电力科技园以前工作人员是要求穿着白族服装的，他们老板还是有这个意识的。我们对大理白族文化的认同增强了，对于大理文化我们认为是好的，是喜欢的，我们乐意接受，且也符合现代人的审美需求。我们想多参加白族文化活动，带动下面的成员的积极性。"

LHY："我们龙潭白族在一起就互相督促讲白族话，主观上就有保留民族语言的想法，有内化的认同感。在客观条件的影响下，有时间和经济条件，白族文化迎来新的发展机遇，但是我觉得还需要政府的支持才行。政府现在搞的龙潭街用了白族的元素，一方面是对白族文化的彰显，一方面还掺杂了很多的经济因素。"

民族文化特征是一个民族区别于其他民族的重要标志。城镇化进程的加快改变了昆明西郊的生存环境，使其部分传统文化丧失了生存和保持的土壤，民族文化特征部分消失或者面临消失，出于基层政府发展旅游的需要和白族精英日渐觉醒的文化自觉，白族传统文化特征得到部分保留，甚至被加以从大理白族地区引进、创新，这样的文化建构，加强了昆明西郊白族的民族认同感。而同时，在文化建构的过程中，也体现出西郊白族对自己文化的认同，与对中华民族的认同是并行不悖的。

第三章

霸王鞭舞的兴起：
昆明西郊白族认同表述的现实需要

文化的自觉生产实践作为昆明白族认同的主要路径，与民族自治地方的聚居民族既有差别，又有联系，选择具有代表性、典型性的白族文化艺术符号表述认同，在新的社会历史条件下更加成为可能。霸王鞭舞是广泛流传于大理白族聚居区规模最大、范围最广的民间舞蹈，有较为广泛的社会群众基础和认知度，是白族舞蹈艺术的典型代表。然而，在昆明西郊白族地区，长期以花灯、滇戏、山歌调子等为主要的艺术形式，鲜有霸王鞭舞的身影。这是昆明西郊白族长期与汉族等其他少数民族杂居后形成的地域文化特色。随着昆明西郊白族地区经济社会发展，现代传媒的不断普及，在民间精英的推动下，昆明西郊白族地区霸王鞭舞顺应城市社区文化活动的需求和审美文化的变迁再到昆明西郊白族地区兴起，体现出霸王鞭舞在昆明西郊白族地区日渐凸显的艺术地位和作为白族认同符号的重要文化意义。

第一节 大理白族霸王鞭舞起源、流传和文化内涵

主要流行于云南省大理白族自治州的大理市、洱源县、剑川县、云龙县、宾川县及部分散居白族地区的霸王鞭舞，其起源说的研究存在几种不同观点，一般在春节、绕三灵、三月街、田家乐、石宝山歌会、火把节、海灯会、本主节等场合，都是最主要并广泛普及的群众性民间舞蹈，跳法、套路和舞者体态千姿百态。

一 霸王鞭舞的起源说

作为在白族群众中最为普及的民间舞蹈，大理白族自治州霸王鞭舞主要流行于大理市、洱源县、云龙县、宾川县、剑川县等地，活跃于白族"绕三灵""田家乐"和"闹春王正月"等民俗活动中及建房娶嫁和喜庆佳节中。2009年8月，霸王鞭舞正式列入云南省第二批非物质文化遗产保护名录。

各种地方文献史料中均无白族霸王鞭、金钱鼓及双飞燕舞蹈历史沿革等情况的专门记载。仅在明清时代艺文诗词中数次简略提到一些情况。更多的则是白族民间艺人中流传的一些传说。

（一）南诏兵器、警军器说

相传，唐代南诏国始祖细奴逻俗称"打猎将军"。有一天，细奴逻打猎来到苍山洱海，与洱河蛮白王的三公主一见钟情并结为夫妻。后来，三公主从蒙舍奉诏回娘家省亲，其父白王为结秦晋之好，厚赠女儿摇钱树、聚宝壶等宝物，并命一队武士持兵器大王鞭护送。这支武士队伍的首领手持一面"紧急鼓"（又有称"警军鼓"）用以传令指挥。如遇强盗便以其鼓声报警，并指挥卫队出击。后人为纪念这段历史佳话，凡逢巍宝会到天摩牙寺三公主殿接三公主，届时便用竹制的"大王鞭"沿途成行成队作舞。整个霸王鞭舞队的舞蹈起止，始终以金钱鼓为指挥并贯穿全过程。送三公主返回巍山的仪式亦大致相同。据艺人称：霸王鞭、金钱鼓舞就是起源于此的。[1]

（二）抵御盗匪、守寨护院的棍术说

通过对其起源传说、特定表演空间和表演特征的分析，也有学者推断在石龙该舞最初是一种抵御盗匪、守寨护院的棍术，后随社会秩序渐趋安定以及外界影响，才逐渐转变为舞蹈形式，且历史上舞者均为男性。[2]

（三）部落战争说

传说三国时期，白族先民与其他部族发生战争。有一次，白族先祖兵败溃陷山林之中。绝望中，亦说得到诸葛亮指教计谋。大家按计取山

---

[1] 石裕祖：《简论白族霸王鞭舞》，《民族艺术研究》1989年第6期。
[2] 杨晓勤：《石龙霸王鞭舞探源》，《民族艺术研究》2013年第5期。

竹凿空缀入金属片敲击，并通宵歌舞用以虚张声势，迷惑敌方。敌人中计，狼狈逃走，先祖解围得救。后人为表示纪念霸王鞭退敌，凡逢喜庆之时，必舞霸王鞭庆贺。① 由这种说法与诸葛亮用挂满铜铃的兵器环火跳跃智退司马懿大军的故事，推断诸葛亮的"退兵计"可能是霸王鞭舞的来历是较为合理的。②

（四）大理国杵丧棒、祭盘，棺钉说

相传宋代的大理国国王段思平之曾祖段宗榜生前位居南诏国大将。段宗榜为官清廉，体恤百姓，因此国泰民安，六畜兴旺。他死后，白族男女老幼都为他扶杵丧棒奔丧送葬。白族群众还用八角托盘向段宗榜祭献各种食品。此后，凡逢段的忌日，各村各寨的白族群众以村为单位从四面八方赶来奠祭。若干年后，大家就像赶庙会一样以虔诚代替悲哀，以歌舞表示敬重。于是原来的杵丧棒演变成了霸王鞭，托盘变成了金钱鼓。③

（五）氏族村社祭祀活动说

张明曾提出霸王鞭舞产生于氏族村社祭祀活动。村社祭祀通过向天地神灵供奉猎物和奉献歌舞，祈求平安、温饱和子嗣繁衍。群体的模仿要求逐渐达到统一和规范的动作和节奏，这样就产生了集体性的舞蹈。早期先民的舞蹈与劳作和生活中的动作没有多大区别，而农耕渔猎劳动使用的木棒等是直接采自自然的最简单工具。所以舞动棍棒配合身体律动就是现代霸王鞭舞最早的雏形。④

二 主要流行地区和表演场合

白族霸王鞭舞主要流行于云南省大理白族自治州的大理市、洱源县、剑川县、云龙县、宾川县，以及保山市、怒江傈僳族自治州的泸水县、兰坪县，文山苗族壮族自治州的丘北县，玉溪市元江县等地区。其他地、州散居的白族群众也会跳这种舞蹈，远在湖南省湘西地区桑植县的白族

---

① 石裕祖：《简论白族霸王鞭舞》，《民族艺术研究》1989年第6期。
② 张文：《诸葛亮与霸王鞭》，《山茶》1989年第3期。
③ 石裕祖：《简论白族霸王鞭舞》，《民族艺术研究》1989年第6期。
④ 张明曾：《霸王鞭舞是白族最大的民间舞种》，《大理文化》2005年第6期。

称之为"九子鞭"。①

霸王鞭舞一般在春节期间和本主庙会上表演,石龙霸王鞭流行于大理州剑川县沙溪乡石钟寺石窟以西的石龙村,在每年农历六月二十五的火把节和七月底的石宝山歌会上举行。② 在白族民间节日中,如绕三灵、三月街、田家乐、石宝山歌会、火把节、海灯会、本主节等,霸王鞭舞都是最主要并广泛普及的群众性民间舞蹈,跳法、套路和舞者体态千姿百态。③ "洱源霸王鞭舞"在大理州洱源县境内流传面甚广。各乡镇村寨的白族男女老幼在"田家乐""闹春王正月""采茶花"和"本主节"等民族节庆和民俗活动中都能舞上几套。④ "云龙霸王鞭舞"流行于大理州云龙县白石乡一带,在春节期间的乡村广场、古戏台或当地农户家进行表演。宾川霸王鞭舞流行于平川乡罗九村,一般选择农历五至六月大春栽插季节进行田间地头的表演。⑤

三 文化内涵

白族进入农业社会的历史悠久,农耕文化是白族文化的重要组成部分。有资料记载,洱海区域新石器时代的居民不仅是定居的农业民族,而且是我国长江以南的稻作民族。除洱海地区发现的新石器文化六大遗址⑥外,在大理白族地区发现的新石器时代文化遗址还有100多处,这些遗址多分布在湖滨、河畔、平坝、山脚的台地上,多数已经形成聚落,反映出来的以稻作为主的原始农业兼渔猎定居生活,无疑多是白族先民的新时期文化。

霸王鞭舞是白族群众民族个性、审美特征及情感方式表达的艺术形

---

① 石裕祖:《简论白族霸王鞭舞》,《民族艺术研究》1989年第6期。

② 张文:《白族曲艺霸王鞭曲》,《民族艺术研究》1993年第5期。该文认为霸王鞭是一种古老曲艺,霸王鞭舞是作为从属出现的组成部分。

③ 张明曾:《霸王鞭舞是白族最大的民间舞种》,《大理文化》2005年第6期。

④ 潘晓敏、山雨彤:《云南白族"霸王鞭舞"传承现状调查及保护建议》,《曲靖师范学院学报》2008年第2期。

⑤ 大理白族自治州文化局、中国民族民间舞蹈集成云南卷编辑部:《白族民间舞蹈》,云南民族出版社1994年版,第21—118页。

⑥ 六大遗址:点苍山遗址、宾川白羊村遗址、洱海金梭岛遗址、洱海银梭岛遗址、永平县新光街遗址和剑川海门口遗址。

式，并在一定程度上体现了稻作农业的特点。① 在农业生产过程中，围绕岁时更迭，逐渐形成了围绕生产习俗为标志的节日和舞蹈，白族"霸王鞭舞"通过"绕三灵"②仪式活动，表达人们对祈求风调雨顺、五谷丰登的由衷期望。霸王鞭舞一般伴之以高亢热烈的白族唢呐调以及祭祀的礼仪、歌、舞、戏等，在"栽秧会""田家乐""火把节""耍海会"③"海灯会""本主会"等民俗活动中出现。"霸王鞭舞"的表演场合往往与农业活动相适应，被赋予祈福或庆祝丰收之意。④

白族霸王鞭舞的道具——霸王鞭制作的竹棍取料长短和粗细有大略一致的要求：一般都是用直径约3厘米的竹节为材料，长短因地而异，最短者不少于50厘米，最长者与舞者肩齐，多以从地面到演奏者腰部高度为宜；粗细以握手中转动灵活为佳。孔中嵌入铜钱的数目一般表示一年四季十二个月或一年四季二十四节令。⑤ 石龙霸王鞭鞭长二尺四寸（80厘米），代表二十四节气；上开六个小槽，每个小槽装两枚铜钱，代表一年十二个月。鞭杆头部扎红绸花，尾部系两个小铜铃。由此可见，对霸王鞭的形制和制作方式的解读仍是与岁时农业的节气节令相互联系的。

霸王鞭舞的服饰和动作在一定程度上反映了白族的渔猎生活。跳霸王鞭时白族群众身着的白族服饰以鱼尾帽为头饰，这种头饰是用金黄色或黑色的布仿照鱼形制作而成的，头冲前，尾后翘，上面点缀银色或白色珠子表示鱼鳞。白族喜欢穿海水蓝色的上衣，袖口和衣襟上缀着象征

---

① 孙淼：《白族霸王鞭舞的文化透析》，《中华文化画报》2007年第3期。

② 绕三灵，追根溯源是由祈雨活动演变而成。相传，过去大理常因干旱无雨而无法栽秧，白族先民只好对天祈祷。于是每年农历四月二十三日至二十五日栽秧季节到来之前，都要组织大型祈雨活动。而祈雨期间正是人们聚会的好时机，于是就派生出盛大的农家乐——绕三灵民俗盛会。

③ 云南洱海沿岸的白族人民，每年农历六月二十四日都要举办一次传统的耍海盛会。在耍海的日子里，人们吹唢呐，唱《大本曲》，对调子，舞霸王鞭，跳仙鹤舞，尽情欢乐。同时，举行一年一度的"赛龙舟"活动，龙舟一般用洱海里大型的木船改装而成，在长约十米，宽约三米的风帆上，披红挂绿、张灯结彩。桅杆上扎有五颜六色的"连升三级"的大斗，并拴上铜锣，尾舵上竖有松枝，船舷上画着叱咤风云的"黄龙"和"黑龙"，中间镶嵌一面圆"宝镜"。随着一声令号，各村寨的龙舟竞发，人们唱着赛舟调，祝愿风调雨顺，五谷丰登。

④ 山雨彤：《论"霸王鞭舞"的文化内涵》，《曲靖师范学院学报》2008年第5期。

⑤ 山雨彤：《论"霸王鞭舞"的文化内涵》，《曲靖师范学院学报》2008年第5期。

鱼鳞的银泡，围腰、袖口等处还绣有海藻、莲花等水生植物图案。脚穿船形鞋，是白族渔猎生活的反映。① 霸王鞭舞蹈时呼吸气沉丹田，吞吐有度，承、旋、圆、颤等韵律特征，使舞蹈者犹如船舟在波浪中起伏飘荡，显得轻快跳跃，悠然自得，洒脱大方。

白族霸王鞭舞蹈过程中的服饰、音乐还具有族群标志与性别、社会角色、年龄、婚否等标识功能。不同的个体通过社会规范仪式，获得相应的社会角色和文化认同。服饰正是作为物态化的象征符号，标志着个体的年龄、角色、地位与身份，成为标志白族的典型性舞蹈和表征族群性的符号。

第二节　昆明西郊白族对霸王鞭舞的模糊记忆

通过整理昆明西郊白族历史文化资料，不难发现，在昆明西郊白族中较为普及的艺术活动包括花灯、滇戏、龙狮舞、民歌小调几种。虽然民歌中包含了昆明白族对大理祖源地的深厚感情和怀念之情，霸王鞭舞并不是昆明西郊白族社会中主流的艺术形式。在查阅历史文献的过程中，仅在安宁县民族宗教事务委员会、安宁县宗教局出版的《安宁县民族宗教志》（云南民族出版社 1995 年 10 月）第 131 页上提及安宁太平白族乡民族民间文艺的节目有《霸王鞭》，此书收录了在学校操场上十余女子身着白族服装跳霸王鞭舞的图片一幅。其他沙朗、团结的地方史志资料并无相关记录。昆明西郊白族长期与汉族、彝族等少数民族交错杂居，又远离主体民族，因此在艺术活动上，更多体现出地域性文化特色。昆明西郊白族关于霸王鞭的记忆，都是"遥远""模糊"的印象，更多是关于花灯和滇戏的片段。昆明西郊白族对霸王鞭舞有怎样的记忆？2015 年 4 月至 2016 年 4 月田野调查中，笔者对不同田野点、不同身份、不同年龄、不同性别的白族进行了访谈。从访谈的情况分析，大部分被访谈人对当地流行的花灯、滇戏都能津津乐道，但对历史上是否有霸王鞭舞这种艺术形式却只有模糊的记忆或否定的回答。

---

① 孙淼：《白族霸王鞭舞的文化透析》，《中华文化画报》2007 年第 3 期。

团结龙潭民族艺术团团长 LYZ（女，白族，66岁）①："我们这里有白族的舞蹈和歌曲，老人们会跳的白族舞蹈是'挖荞地'，老一辈跳的那些舞很单调，穿的也是过去的白族服饰，不是我们现在买的这种大理风格的白族服饰。我们小的时候是不跳霸王鞭舞的，以前只会唱云南花灯。而且旧社会的花灯，参加演出时男的多女的少，女的不够还男的扮。我们这里的白族舞不像大理的那些好看，所以后来才想着学习一下。"

团结办事处文化站站长 LYF（女，白族，38岁）："我们小的时候是不跳霸王鞭舞的，虽然这是白族的典型舞蹈，但不是我们这里原汁原味的艺术形式，是后面请老师来教的。"

团结文化站站长工作人员 LZM（男，白族，59岁）："我小时候村子里演的是花灯，我印象里面没有见过霸王鞭舞。过去由西山区政法委、司法局委托法制宣传办公室组织法制宣传，五个街道办事处要选送节目，我们都是选送花灯歌舞节目，比如《护林防火最重要》《妇女权益有保障》等。这里的霸王鞭舞成为表演节目是最近这些年才开始的，我们当地白族服装和大理的也不同。"

团结乡（改办之前）原党委书记 LF②（男，白族，76岁）："我们小村（小村是龙潭社区下辖的白族村）的人，在我们小的时候是跳狮子舞，在当地还是有名的，甚至跳到五华山省政府的。小的时候我还跳过小老虎。我们小的时候不跳霸王鞭，我们的父母辈也不跳。我们这里的白族当时就以跳狮子舞为主了，现在已经失传。以前大村以花灯为主，小村以狮子舞为主。大村的花灯也是很出名的，每年过年自己要唱，还请外面的来唱滇戏，请来的人哪里唱错了大村人都知道。滇戏是请外面的滇戏团来演，如昆明的滇剧团，多是汉族。过去过年是小年最热闹，小年上大庙，要热闹好几天。上大庙是要抬着灯笼，锣鼓齐鸣，一个村的人老老小小都要去。"

---

① LYZ，女，1952年生，白族，1970—1980年在龙潭大河村任会计；1981—1985年在龙潭村委会任妇女主任兼计生员；1986—1995年在团结乡任计生办主任；1996—2001年在团结乡任副乡长；2002—2007年在团结乡任副科调研员兼老龄委主任；2008—2012年退休返聘在团结老龄委工作；2012年至今任团结龙潭民族艺术团团长。

② LF，男，白族，1940年11月生，云南昆明人，1962年入伍，1960年加入中国共产党，曾任西山区团结乡党委书记，西山区人大常委会副主任。

团结办事处文化人 HB（男，白族，81岁）："这里的白族以前不跳霸王鞭，从我们走访大理后，才开始学习大理白族舞蹈，才开始跳起来。我们这里的彝族和白族长期杂居，白族文化中语言保存的相对较好，但是服装保留的不太好，都穿成彝族的样式了。我们白族和汉族之间相互杂居，但是认同还是存在的，我们和他们语言不同、服装不同、风俗不同。这几年生活水平提高了，艺术团开始跳霸王鞭舞，恢复一些白族的传统艺术，如对对鸡这些，对增强我们的白族文化自信还是有用的。我们小时候村子里面都是演花灯、唱滇戏，这些是周边汉族村子也在演出的。1949年解放那年，滇戏从正月初三一直唱到十五，老百姓都很喜欢。当时请昆明的花灯团和滇戏团来演出。现在年轻人不喜欢花灯。我们这里有些汉族嫁来，白族也影响了汉族，汉族都会讲白语了。汉族会讲白族话的还是很多。民族和民族之间的互相学习，不会丢失自我，不会变成他人。"

团结办事处龙潭社区居委会副主任 YLF（女，白族，45岁）："我们传统的民族小调只有老些的才会了。'送礼调''挖荞地''对对鸡'这些都是只有老的才会了。过去还兴耍狮子。现在的霸王鞭舞是从大理学来的，不是我们本地的。"

团结文化站员站长 ZSJ（男，汉族，62岁）："霸王鞭舞不是龙潭地区传统的舞蹈，我请西山区文化馆的包老师来教的霸王鞭舞，也派出人去学习。"

青松园农家乐的 LHY（男，白族，65岁）："大理的白族人口多，由于生产生活相对聚居，传统文化保留较多。外面的散居白族就难以继承白族的文化，过去到底是跳过，还是没有跳过霸王鞭舞这很难考证了，但我们没有见过老辈跳霸王鞭舞。过去电影和电视不发达，都是以花灯、滇戏、山歌调子为主，花灯有笑点有教育意义，其实还是有些人喜欢的。我们唱的花灯、滇戏都是借用汉族的。但是现在参与这几种形式的人少了。"

团结龙潭民族艺术团副团长 LCC（男，白族，69岁）："霸王鞭舞我们以前不跳。1982年昆明市政府组织昆明市白族回老家寻根，西山区的区委书记带队去的。沙朗和太平的白族也参加了这次'昆明白族回老家'活动。整个团结乡去了两个人，我是其中一个。我们去了半个月，大理方面做了很好的接待，喜洲、洱源、剑川等地全部都去了；我们看了书画、服饰、大理石和木雕的制作等，还照了相，在三道茶晚会上欣赏白剧，当时也看了霸王鞭舞，还去了鸡足山。1982年的时候我们这里还不会跳霸王鞭舞的。之后由于《龙潭志》撰写的需要又去过大理。20世纪90年代的时候，有一年我在大理三月节上看见大理霸王鞭舞跳得好热闹。白族在绕三灵的时候都要跳霸王鞭舞。绕三灵上有一个老者带着几个年轻人祭拜之后就开始跳霸王鞭舞了。当时我们龙潭地方还在流行着花灯、滇戏。白族舞蹈里面最有代表性的就是霸王鞭舞，但我们只是听说过大理跳霸王鞭舞，我们本地却不跳。当时大理那边的霸王鞭舞是有男的入舞的，用八角鼓，女的入舞用霸王鞭，还有的用手绢，就是八角巾，或者是白毛巾。以前的八角鼓是用皮质的。后来市区两级文化馆每年都要在春节前来培训，或者我们下去学习，也就在那时候我们第一次开始跳霸王鞭舞。当时霸王鞭舞只是在花灯歌舞里面的一个节目，只有文艺队的几个骨干会跳，不普及，规模也小，所以在编写本地史志材料的时候就不会写进去。"

沙朗白族研究会副会长ZXP（男，汉族，65岁）："我自己也没有见过老辈跳霸王鞭舞，只是听老一辈的人说过，解放初期，有小规模的霸王鞭舞，就七八个、十多个人跳。当时叫金钱棍，可能就是霸王鞭舞的形式。中间可能中断过，大概是因为农事活动太忙。过去生产劳动又苦又累，老一辈即使是跳过霸王鞭舞，跳法也很简单，且已经失传了。现在的跳法和过去不同了，连汉族都跳起来了。对昆明白族来说，比较典型的艺术形式是花灯和滇戏，老一辈都是看花灯和滇戏长大的，春节的时候都是演戏，唱花灯。因为我们沙朗的白族和汉族长期交往，就一直都有花灯这种形式，主要是受到汉族的影响。花灯倒是没有断过，一直都有。我们现在还在组织的都是年纪比较大的人，年轻人不喜欢。"

沙朗白族艺术团团长ZLX（男，白族，50岁）："过去我们这些地方白族舞蹈都很没有，主要是以唱花灯为主，霸王鞭舞都是最近这些年才有的。我们小时候大户人家也唱滇戏，东村老百姓唱花灯，因为当地白族与汉族杂居，受到汉族的影响。我们老人会唱的调子、小曲。因为艺术团的成员也各有各的事情，很难有时间恢复。也听说过霸王鞭舞，但是真正开始跳还是最近十年左右的事情。在乡政府的时候（意指沙朗白族乡政府时期，还没有撤乡建镇改办）经常组织花灯表演，一年一次活动或者两三年一次活动；后来区划调整，城市化进程推进，五华区政府每年会组织两三次花灯表演，还增加了民族舞、广场舞比赛。"

安宁太平新城办事处文化站站长 LSP 介绍："我们这里老一辈也跳霸王鞭舞的，还有草帽舞和八角鼓，但是范围非常有限，年轻的找老一辈学习。"

查阅史志资料和实地访谈是了解霸王鞭舞与昆明西郊白族社会关联度的主要途径。在查阅太平新城办事处文化站的图片资料时，笔者发现张尚德同志拍摄的图片资料显示：1988 年安宁太平乡在政府篮球场组织过霸王鞭舞的培训，参加人数十余人，均为女性；1989 年和 1990 年霸王鞭舞作为安宁太平乡的国庆踩街活动节目，表演者身着白族服装，与大理白族服饰基本一致；1993 年在太平乡食堂举办联欢活动，有女子、男子身着白族服装共同参与，女子跳霸王鞭舞；1996 年霸王鞭舞作为安宁太平乡的春节踩街活动节目。2009 年市民文化学校开始培训霸王鞭舞，2002 年参与撤乡建镇庆典活动。

图 3-1　1996 年安宁太平踩街活动中跳霸王鞭舞

（太平新城街道办提供）

通过史志资料、口述访谈和图片资料三个方面结合，大致可以做出如下判断：80 年代以前的情况不能做出准确判断，但至少在 80 年代以后，安宁太平白族地区的霸王鞭舞是存在的，只是当时规模不大，参与、培训的面十分有限，参加演出仅限于政府组织的庆典活动和春节、国庆等重要节日。当时入舞者均着传统大理白族服饰，以中青年女子为主，一般是表演性质。由于缺乏史志资料及图片资料的印证，根据访谈，团

第三章　霸王鞭舞的兴起：昆明西郊白族认同表述的现实需要

图 3-2　2002 年安宁太平撤乡建镇庆典中跳霸王鞭舞
（太平新城街道办提供）

结办事处和沙朗办事处的霸王鞭舞应该是在两地发展旅游业、开展农家乐之后，在 90 年中后期才逐渐恢复或者出现的，且规模和范围也是逐步扩大的。昆明西郊白族地区曾以花灯、滇戏等为主要艺术形式的现象，应该属于共性特点。

无论是在西郊白族历史上霸王鞭舞是从"少"到"多"，还是从"无"到"有"，近十多年来霸王鞭舞在规模、程度、范围等方面都有较大的变化，是什么条件和因素促成了这样的量变，以及这样的变化与昆明西郊白族认同有什么关系值得进一步探索。

第三节　表述的客观条件和主观选择

经济社会发展、现代信息技术、网络媒体、审美变迁、国家动员和社会促进等因素的结合，有力地推动了民族认同的构建，促使霸王鞭舞成为民族认同的艺术表述形式和便捷有效的手段，在昆明西郊白族社区悄然兴起。

一　审美因素

生活在昆明西郊沙朗、团结和太平的白族人民十分喜爱花灯、滇戏艺术。逢年过节，各村群众都要演唱三四天的花灯，欢庆节日。遇到风调雨顺的好年景，还要从昆明请来花灯戏班，演唱三天"太平戏"，庆祝丰收。1949年之前，沙朗东村的白族青年就拼凑经费，从外地聘请师傅传艺，取名"灯会"。每当茶馆有花灯清唱节目表演时，整个茶馆便被挤得水泄不通。当时没有女演员、戏中的旦角都由男演员扮演。中华人民共和国成立后，花灯得到了新的发展。1951年，东村成立了"文艺组"，吸收女演员同台演出。1978年党的十一届三中全会以后，东村"文艺组"曾改称为"东村文艺宣传队"。由30多名男女青年组成。他们采取"能者为师、互教互学、共同创作、精心排练"的方法，排练演出多个传统优秀花灯节目。随着形势的发展，东村文艺宣传队结合党在各个时期的方针、政策，向群众作文艺宣传，先后编演了寓教育于文艺活动之中的节目，活跃了白族人民的文化生活。和东村一样，龙潭、太平的白族群众也十分喜爱花灯歌舞。各村都有自己的花灯戏班，平日茶铺里的花灯清唱业很盛行。每逢节日，除自己的文艺宣传队演出外，有的村还要请省市花灯剧团来演，群众节日文化生活丰富多彩。1950年全国召开戏曲工作会议，并颁布了《关于戏曲改革工作的指示》，[①] 云南花灯、滇剧得到了较快的发展。花灯更是因为贴近生活，通俗易懂，具有较强的时代性等特点，在云南汉族、彝、白、苗、壮、佤等少数民族中都比较流行。[②] 昆明西郊白族与汉族长期交错杂居，因此在白族地区也十分流行花灯和滇戏。

但是，近年来，花灯和滇戏的受众急剧萎缩，在文化体制改革中大部分滇剧团、花灯剧团被撤销或没有了独立编制，花灯、滇剧的影响范围和程度受限。整个花灯、滇剧事业萎缩，人才培养困难。但在民间，至今依然是大多数地区农村文化生活的主要形式之一，可是也出现了民间演出季节性、节庆性、年龄老化等问题。滇剧观众很少有40岁以下的

---

① 根据指示，在全国戏曲界展开了"改戏、改人、改制"的戏改工作。由解放军文艺工作者、旧戏班的民间艺人、具有新文化思想的进步知识青年，共同构成了新型的社会主义文艺队伍——国家全额财政拨款的戏曲专业剧团。专业剧团的成立，改变了花灯和滇剧两个剧种以往在民间自生自灭的状况，走上了国家有计划、有资金扶持、有政策性指导的发展保护地方戏曲之路。

② 杨军、刘佳云：《云南花灯、滇剧的发展与保护研究》，《民族艺术研究》2011年第2期。

人，在农村也同样如此。花灯、滇戏逐渐式微的原因之一，就是受众的审美文化变迁。

受众萎缩、老龄化、需求不旺必然导致花灯和滇戏演出的萎缩。现在依然观看和排练花灯和滇戏的人群年龄基本都在 40 岁以上。花灯贴近生活，随意性强，但滇戏的唱、念、做、打，一招一式都高度程式化，表演难度高，观众也需要一定的欣赏能力，因此受众比花灯还少。年轻观众远离花灯、滇戏，更加钟情于节奏较快、情节更加丰富的电视、电影，或者上网；或者和朋友在卡拉 OK 等这些文化娱乐场所交流，同时，年轻人因为工作时间限制无法参与，因此在昆明西郊的白族地区结伴演唱花灯、滇剧的也几乎都是中老年人。这一点在以下对几位当地白族的访谈中可见一斑。

ZXB："我们现在还在玩花灯的都是年纪比较大的人，年轻人不喜欢。我一直都是花灯团的伴奏，东村大村我都在伴奏，因为没有伴奏的人。我们每周在西山区文化馆有一天的排练时间，后来时间排不过来了就只有半天了。花灯有故事情节，老一辈的人编好了。我们今年在东村演出，有的是复习些老的花灯节目，争艳花灯团也演出了一天。花灯虽说没有断过，一直都有，但是喜欢的人还是没有过去多了。"

LYZ："以前我们在龙潭演花灯的时候，1250 个座位都可以满座，还可以卖票。现在花灯已经不太受欢迎了，上了 20 分钟的花灯就没有人看了，内容不太吸引人，比起现在网络和电视上的剧情就平淡多了。现在传承艺术要跟上时代和大众的心理，我们跳霸王鞭舞，就很热闹，有人看。我们这里的白族服装本来和彝族有点相像，十年前我们这里的领导去大理买了大理的白族服装才开始有新式的白族服装。我们在大理白族舞的基础上，还把霸王鞭舞改编成广场舞、健身舞，300 人一起跳，这样就很壮观有气势。我们这里的白族民族民间艺术有借用，有创新，有发展。我们要在自己的文化上推陈出新，才能发扬我们的传统。需要演出较长时间的时候，可以适当地请一个两个老奶奶出来唱花灯，那些平时练拉二胡的老头也可以学以致用。"

ZLX："我们小时候七八岁的时候只有花灯，除了花灯就没有看的，感觉也好看，你说现在电视节目那么好看，年轻人很没有时间和耐心看花灯了，坐不住。没有我们这些文艺团体出来带着搞文化艺术，本村的艺术直接衰退。艺术团的成员有打工的、搞养殖的、老板、务农的等。

现在花灯和民族舞、广场舞一起，活动形式更多元了。"

LHY："过去电影和电视不发达，都是以花灯、滇戏、山歌调子为主，但是现在参与这几种形式的人很少了。原因是花灯时间长，有拖延感，节奏慢，讲一句话都要很长时间才讲出来，过去欣赏的东西少，现在喜欢的人很少了。"

LF："我们白族和汉族之间相互杂居，我们和他们语言不同、服装不同、风俗不同。这几年生活水平提高了，艺术团开始跳霸王鞭舞，恢复一些白族的传统艺术，对增强我们的白族文化自信还是有用的。我们小时候村子里面都是演花灯、唱滇戏，这些是周边汉族村子也在演出的，老百姓都很喜欢。现在年轻人很不喜欢花灯。"

LZM："这几年经济发展了，音响设备和传播途径的允许，才让霸王鞭舞有所复兴，成为表演节目来说是最近这些年才开始的。现在的文艺活动比以前多。过去唱的跳的也有，但是不可能不管经济生产。现在文化培训力度也加大了，广场舞、健身舞、民族舞发展都还好，但是花灯比较难，乐队伴奏也缺人，有的也是不懂曲调乐谱，都只能用磁盘，受众萎缩。乐亩的基本上在50岁以上的才有点兴趣，以下就没有了，唱歌这些现在很方便，用电脑就可以。传统的东西比较难传承，舞蹈的传承还是比较好的。"

可见，花灯和滇戏虽然是昆明西郊白族群众喜闻乐见的主要艺术形式，但由于受众的审美文化变迁而趋于萎缩，这也给霸王鞭舞的兴起和推广提供了条件。

《白族民间舞蹈》一书中"民间节日调查表"列出了绕三灵、三月街、田家乐、石宝山歌会、火把节、海灯会、本主节等七个民间节日，皆为白族历史悠久，全民参与的重大节日，实际上较小的节日，与汉族相同的节日和各地特有的节日还有很多。虽然这些节日的日期、地点、内容和形式各异，但霸王鞭舞作为其中一项的主要群众性民间舞蹈，参与人数最多，这一点是相同的。只要是白族的传统节日，必然有男女老少踊跃参与跳霸王鞭舞。霸王鞭舞在白族群众中广泛普及，跳法、套路和舞者体态各异，成为标志白族身份认同的典型性舞蹈。[①]

随着时代的变迁，霸王鞭舞不再是单纯出现在白族重大节庆中的民

---

① 张明曾：《霸王鞭舞是白族最大的民间舞种》，《大理文化》2005年第6期。

间舞蹈,而在节庆、展演、学校、村社和广场等更多场域得到了生存和普及,成为政府组织比赛、省外国外文化团体交流出访活动、学校课间操和广场健身舞的主要内容。霸王鞭舞一个重要特征是能适用于各种目的、各种人群、各种场域的。在从农村走向都市的过程中,文化功能得以强化,外延更为扩展,内容和形式更为灵活。这一方面是由于霸王鞭舞承载了白族丰富的文化因子和审美情趣,本身又具备较强包容性、适应性,容易满足各种目的和需求,因而得到广泛运用;另一方面,对民族艺术符号的多方需要,也促使各种力量以各种不同方式共同推动其符号化的发展。"传统"很多时候是以另一个"面相""永远活跃"于我们的身边,它以再建构的形式存活于后人的生活演练中。① 霸王鞭舞的符号化发展,是通过特殊情境下的舞蹈形象来体现本民族本地区共同的审美特征和民族特点,通过舞蹈的参与和观赏,增强本民族身份的认同感和归属感。

二 经济因素

经济发展能够加速城市化进程,同时城市化进程也能促进经济社会进一步的发展。昆明市散居民族地区城市化进程的推进,在一定程度上加速了当地经济社会的发展。昆明西郊白族地区的民族乡改镇、改办之后,经济发展已经从依靠单一产业逐步转向发展二、三产业。以太平镇为例,2001 年改镇当年地方财政收入、工业总产值、农业总产值、招商引资总额、固定资产投资额、农民人均收入分别为 449、22241、1547、1000、980、0.2843 万元;2009 年分别为 9622、103592、5029、69434、114950、0.5398 万元。城市化水平也从 2001 年的 49.1% 上升为 71.7%。到 2014 年 9 月,居民人均可支配纯收入比 2013 年增加 11.8%,农民人均纯收入已经达到 0.98 万元。2005 年团结镇成立当年,农民人均纯收入为 0.2135 万元,2009 年改办当年,农民人均纯收入为 0.4785 万元,到 2013 年,团结街道办事处农民人均纯收入已经突破万元。② 截至 2017 年

---

① 张曙光:《蒙古族那达慕的符号化发展与族群认同》,《内蒙古大学艺术学院学报》2015 年第 2 期。

② 王俊:《民族乡撤乡建镇、改办的思考——基于昆明市 6 个民族乡的案例研究》,《云南民族大学学报》(哲学社会科学版) 2015 年第 4 期。

8月，城镇常住居民人均可支配收入1.7619万元，农村常住居民人均可支配收入1.1345万元。①

经济社会发展为民族艺术活动的开展提供了更好的物质条件和经费支撑。从2006年起，昆明市级财政每年安排1200万元少数民族发展资金，其中安排给嵩明、富民、东川三个县区和民族乡的散居民族地区发展资金达450万元；每年安排100万元散居民族资金，全部用于除三个自治县以外的散居民族地区。除三个自治县外，其余十一个县（市）区每年都按不低于30万元的标准安排民族机动金。2006年、2007年，这十一个县（市）区安排用于散居民族地区的机动金均为330万元。昆明市民委每年为昆明市散居民族地区争取省民族专项扶持资金达250万元，扶持项目20多个。省、市、县三级民族工作部门每年在昆明市散居民族地区的直接投入达1000多万元，扶持项目80多个。2011—2015年，在确保少数民族文化发展专项资金市财政投入不变的基础上，市级民族机动金、少数民族发展资金、散居民族工作经费在2010年投入基础上按10%的比例增加。②

太平新城街道办2012年完成财政一般预算收入、农民人均纯收入分别较2011年增长了47.4%和33.48%；2013年这两项收入较2012年分别增长31.7%和21%。③ 办事处2013年市级配套公共文化服务经费50.36万元，太平街道配套到公共文化服务工作上的经费已达148.58万元。街道户籍人口16651人按人均4元配套资金标准为6.66万元，远远超过市级要求街道配备标准。2013年街道党工委已拨付市民文化学校教工作开展经费16.76万元，主要用于市民学校教师、学员、班委开展教学活动的

---

① 团结街道办事处：《经济、社会、民族文化基本情况》，2017年12月。
② 杜仲莹：《促进民族地区共同繁荣发展》，《昆明日报》2013年4月26日。
③ 太平新城2012年完成财政一般预算收入20708万元，较2011年增长47.4%，全年完成规模以上工业企业增加值80091万元，固定资产投资项累计完成344634万元，较2011年增长45.5%，辖区内社会消费品零售总额达38065万元，较2011年度增长20.9%，农业总产值5756万元，较2011年增长7%，农民人均纯收入达9137元，比2011年同期增长33.48%。2013年完成地方公共财政预算收入27112万元，较2012年增长31.7%，全年完成规模以上工业企业总产值346200万元，固定资产投资项累计完成411699万元，较2012年增长19.5%，辖区内社会消费品零售总额达44721万元，较2012年度增长15.5%，农业总产值6010万元，农民人均纯收入达10737元，比2012年同期增长21%。

补助。经费开支严格执行财务管理规定进行层级审批，专款专用。

2005年，昆明市文化局和昆明市财政局以昆文联发〔2005〕1号文转发了《关于实施中国民族民间文化保护工程的通知》的通知，并下发了《昆明市民族民间文化保护工程实施方案》，使昆明市的民族民间文化保护工程工作在行政领导和经费两方面得到进一步落实。同年，昆明市在完成县级普查的基础上形成各县（市）区级民族民间传统文化名录11类790项。昆明市人民政府以昆政复〔2005〕57号《昆明市人民政府关于昆明市民族民间文化保护名录项目的批复》批准11类318项民族民间文化保护项目，列为"昆明市第一批民族民间文化保护名录"，五华区沙朗白族霸王鞭舞列入该名录舞蹈类。

昆明经济社会发展对民族艺术事业的带动作用是较为明显的，从市级到区县级，甚至到乡镇办事处，由于经济发展的支撑，文化经费的投入上都有了明显的增长。一些在白族地区生活的当地文艺骨干也深刻体会到了这样的变化：

西翥办事处东村社区"沙朗白族艺术团"团长ZLX："这些年村民的生活日益富裕起来了，人们的闲暇时间也多一点，不像那些年天天只想着挣钱养家，所以没有时间和条件来开展艺术活动。"

LYZ从旅游发展对霸王鞭舞"回归"影响的角度，讲述了经济发展、生计模式转变对白族艺术发展的推动："龙潭白族地区在刚刚开始办农家乐的时候，限于当时的接待条件，尤其是住宿条件，农家乐的推广很费力，政府就在党员和干部中做动员，带头搞了15家示范农家乐，一家可以补助5000元钱。我当时是分管旅游的副乡长，由于手机不普及，来旅游的人一般是用我们公布的政府和村上的座机进行联系，由我们安排入住农户家。来的人太多，每天接电话都忙不过来，生意很火爆。那时候打麻将的人少得很，农家乐也没有放置麻将机，游客入住之后晚上就没有好玩的项目。政府主导从文艺方面来发展，当时棋盘山、大河果园、龙潭千亩林园，每个地方只要有吃有玩的地方就要安排一个文艺队，吃饭的时候或者晚上表演给客人看，最后坚持下来的只有白眉、明朗、大兴和大河村果园休闲园。大河村果园休闲园是发展得最好的，那里的坝子比较大，白天搞采摘，晚上文艺队有打击乐和跳舞队，搞得很好。我们去外面学了些舞蹈，在篝火晚会的时候表演，气氛还是很热闹的，但那时还没有跳霸王鞭舞。我们大家讨论说，龙潭这个地方是白族地方，老一辈的白族舞蹈只有'挖荞地'等，动作简单也不太欢快，没有其他白族舞蹈，只是跳大众的'好日子'，体现不出来我们白族地方的特色。我主持节目的时候已经有意识地穿了大理白族服装，唱歌的时候我也开始唱'蝴蝶泉边'这些白族歌曲。当时花泽飞等领导来龙潭大河村开云南省旅游工作会，30多家新闻记者来采访，建议我们应该增加体现当地特色的民族舞蹈，不能只是跳汉族舞蹈。原西山区团结街道党工委书记杨正山积极支持开展白族文化建设，建议白族地区应有能代表白族的典型舞蹈。白族和彝族分别增加'霸王鞭舞''弦子弹到你面前'这两种舞蹈。就这样霸王鞭舞进入了我们的艺术生活。从那时开始我们就着手霸王鞭舞、小手鼓的创编。霸王鞭舞跳起来很欢快，只要外出表演我们就跳这个舞，人家马上就问我们是不是白族。后来我们就要求文艺队要普及这个舞蹈。我的艺术团是在2010年正式挂牌成立的，当时我就买了300多根鞭子。霸王鞭舞有健身的动作，又很欢快，一般是作为开场的第一个节目出场的。我认为我们的祖先是从大理迁来的，我们的霸王鞭舞也是从大理学来的。作为白族，我们喜欢霸王鞭舞的欢快音乐和舞蹈节奏。谁也说不清到底我们团结的白族祖辈们跳不跳霸王鞭舞，我们也没有见过或者听过这方面的事情。改革开放后农民分了土地，日子好过起来了，才有时间出来搞搞文化活动。以前是像上班一样的，天天要出工，就算磨洋工也要去，以前我背着我儿子都要去上工，所以没有文化娱乐活动。后来政策好了，自己土地里的活计做完了，有闲时出来活动才开始排练节目。"

团结文化站站长LYF："过去那些年大家为了温饱忙碌，文艺活动比较少，例如白族的龙头三弦是典型的手工艺，但是过去也没有时间做。以前有个唱'对对鸡'的老人，其实是以做豆腐为生的，生活很忙很辛苦，但是只要知道我们搞活动都愿意来参加。手工刺绣也是费工，都是田间地头才能抽时间绣一下。现在时间多了，经济发展了，开展活动的条件是更好了，活动也多了，只是和过去相比的话，活动形式有些不同而已。霸王鞭舞是得益于白族群众生活水平提高才能逐渐发展起来。随着经济发展，人民的生计方式也大为不同了，在旅游发展的过程中，也促使了霸王鞭舞作为典型白族元素运用。"

沙朗东村BSJ："我们就想着要把霸王鞭恢复起来，人员规模灵活组合，可多可少。如果能够从区级财政上给予一点财政专项经费，用于购置道具、服装等就更好。我们有一个'文化搭台,经济唱戏'的想法,就是想要发展经济,吸引游客,带动地方经济发展,餐饮、住宿、农家乐、卖农家菜等都可以带动。石林的'远方的客人请你留下来'就是这个道理,楚雄的彝人古镇天天晚上都在跳火把。沙朗办事处只要搞好旅游就可以带动经济,只要建设一个民族文化广场,只要把白族霸王鞭舞和火把跳起来后,就可以把客人留到晚上过夜,就可以增加晚上的娱乐消费项目,带动住宿等。"

以上事件表明,正是由于近年昆明经济社会的发展和昆明西郊白族地区发展旅游的需要,与之带来的是城镇常住居民人均可支配收入的增加,为昆明西郊白族社区建设发展打下了良好的物质基础。由于生活水平的提高,人们得以拥有更多的时间、财力投入社区文化活动,以此丰富自身精神世界和提升生活质量,霸王鞭舞也逐渐融入昆明白族地区的文化生活之中,成为重要的文化符号。

随着昆明西郊白族民族地区旅游开发的影响辐射到当地社区、群众社会生活的方方面面,民族文化的传承与保护对于发展旅游的重要性凸显。旅游可以促进了各民族的交流交往交融,可以促进民族特征的恢复、传承和民族文化的再造。旅游作为推动各种少数民族之间互动和交流最有效的途径之一,作为对外来的文化的回应和抗争,少数民族传统的文化独特性在和旅游浪潮的碰撞和冲击中得到恢复和重建,[①] 霸王鞭舞也就应运而生。当地基层政府在"民族牌"和旅游开发的特定场景中,在与旅游发展的互动中,为民族艺术的复兴、再造提供了前所未有的场景和舞台,并不断传承、延续、发展。

三 技术因素

现代信息与媒体的介入成为其族群认同在现代化的背景下重构的重要手段。[②] 以网络媒体介入为特征的现代性为族群认同的构建带来了便利条件。这一现代性不仅使得族群认同的构建方式复杂化,而且也使族群认同具有现代性的特点。网络媒体也提供了发挥想象与创造身份的空间,

---

① 陈东旭、唐莉:《民族旅游、民族认同与民族性的构建——基于人类学的视角》,《贵州民族研究》2014 年第 6 期。

② 王铭铭:《漂泊的洞察》,生活·读书·新知三联书店 2003 年版,第 214 页。

民族身份在这一空间得到极大的塑造。① 安德森认为"强调一个民族的想象（image）在创造一个民族的真实性时所扮演的中心角色"，而这种想象并不是一种虚构。② 因此，这种"想象"的方式已经成为现代各民族构建其认同的基本手段。对于一个民族来说，所有同胞间面对面的交流任何时候都是不可能的，"然而，他们相互联结的意向（image）却活在每一位成员的心中"。③

利用网络技术，白族的族群性变得具有"想象的共同体"的特质，从地方政府的公众网页，到白族学者的博客甚至是民间的、有一定学术素养的白族文化爱好者网站，如"大理文化"、"在大理 www.indali.cn"网站，"在大理"电子杂志等，使那些居住在各地，尚未谋面的白族及后代在想象白族共同体的存在，更加确信自己作为这一族体中的一员，获得了跨越地域的、最广泛的群体归属。④ 现实生活中大理白族自治州的白族群众和昆明西郊白族群众之间的交集并不多，在这种情况下，通过电视、网络了解大理白族地区的情况，成为昆明西郊白族认识大理白族的重要方式。昆明西郊白族通过建立白族微信群或者白族文化艺术圈，分享各种有关昆明白族历史文化的片段资料，或者上传大理白族调、白族舞蹈视频，并通过与白族学会的工作关系，和李宝妹等大理歌唱舞蹈艺术家建立联系，通过伴奏带和歌唱录音在当地自发学习。他们也在集市上购买 VCD，主要录制的是剑川地区的白族调，也有一部分录制的是洱海区域的白族调。通过 VCD 不仅可以听白族调，且从中也了解大理白族的生活场景，这也是昆明西郊白族认识大理白族的重要途径。昆明西郊白族借助现代媒介认识大理白族，学习大理白族的歌舞艺术，寻找与大理白族的共性，构建起自己对白族的认同观。这些传媒工具主要包括电视、电影、电台、印刷刊物、网络以及广告牌等，都是平时生活中能够轻易获得的。个体对民族身份的认识、感知，除国家法律、优待政策、

---

① ［美］麦克尔·赫兹菲尔德：《什么是人类常识社会和文化领域中的人类学理论与实践》，刘珩、石毅、李昌银译，华夏出版社2006年版，第322页。

② ［美］本尼迪克特·安德森：《想象的共同体——民族主义的起源与散布》，吴叡人译，上海人民出版社2005年版，第4页。

③ ［美］本尼迪克特·安德森：《想象的共同体——民族主义的起源与散布》，吴叡人译，上海人民出版社2005年版，第7页。

④ 沈海梅：《白族人的族性与白族研究学术史》，《学术探索》2010年第1期。

身份填写、社会化过程等影响外，很多有关本族与他族的对照以及本族认同的形成都是媒体传播的结果。

四 心理因素

在昆明白族社区，村的建制随着城市化进程的推进而逐渐被打破，代之以社区建制，人们的身份由过去的村民转为社区居民。过去村民之间因为农事活动或婚丧嫁娶等常常要互相帮助，来往频繁，也因为共同关心的村社利益而进行经常性联系。在城市化过程中，因为拆迁或工作等原因，村民集中居住的方式被城市社区单元楼聚落逐渐分开，朝夕相处的熟人之间联系逐渐变得松散，彼此紧密的联系和依赖性都会减弱，联结人们的往往是共同的爱好、性格、经济关系。① 在社区形态转型时期，伴随着农民转为市民，城外人转为城里人的过程，村民通过勤劳耕种土地实现自给自足型转为多种生计模式并存，如土地出租收取回报，或从事小本生意，或外出工作，等等。村社成员在满足了生活所需的经济收入后，有闲暇时间用于寻求精神满足要求，传统的社交网络和交流方式发生也会随之而变化。

村民之间以往通过互帮互助和经济协作建立的经常性联系，随着频繁的接触逐渐减少，互助性、协作性也减弱。处于同一城市社区中的白族，他们在基本解决了生计问题之后，也需要寻求精神认同，共同的娱乐和爱好也会成为凝聚人们的主要方式之一，以此来弥补村社解构和社区分散后的心灵空白。在这一社区认同重新建构的过程中，以霸王鞭舞等为文化符号的健身娱乐活动在社区文化建设中愈加显示出生命力，使不同职业和身份的人们重新被纳入社区文化建构的视域内，白族文化成为民族认同中的边界，精神诉求也可以整合部分分散的白族，组成相对松散的组织。村社中闲暇时人们之间促膝长谈、相互娱乐、调解纠纷、改善关系等丰富的生活场景随着居住格局的变化逐渐消失，反而出现很多人无所事事，整日看电视、打麻将、闲逛等进行消遣。② 在这一背景之下，社区中一些有工作经验、艺术特长和管理能力的人，通过组建文艺

---

① 马强、王丹：《乡村都市化与回族精神社区的文化建构——银川市民乐社区的民族志研究》，《西北第二民族学院学报》（哲学社会科学版）2008 年第 5 期。

② 麻国庆：《文化生产与民族认同》，社会科学文献出版社 2012 年版，第 118—120 页。

队或者艺术团，组织凝结村社中的个体参与霸王鞭舞等文体娱乐活动，建立和维护精神社区的意识应时而生。

昆明市西山区龙潭民族艺术团于 2011 年正式成立，团长由 LYZ 担任，副团长由 LCC 担任，是专门从事歌舞表演的白族民间组织团体。现有 300 余名成员，分为大河、小村、乐居 3 个队，共 16 个小组。龙潭民族艺术团以"弘扬传统民族优秀文化、挖掘具有团结白族特色的民间歌舞为追求"，有规范的管理制度、完善的入会申请制度，表演的节目深受老百姓欢迎，是团结辖区内发展得比较成熟的艺术团之一。龙潭民族艺术团擅长于表演具有白族特色的民族歌舞、舞龙、耍狮，以及花灯歌舞、广场舞、健身操、排舞、独唱等，每逢节假日或是村子里有人乔迁、满月、婚宴、寿宴等都要请客，艺术团都进行演出。

团长 LYZ 说："现在的老年人闲着没有事情做，但是又有钱，除了旅游外，平时空虚，除了做些少数民族的刺绣外，没有事情做，年轻的人就是去打麻将。我工作的时候是管老龄的，也是分管全乡文化。我退休了，我们村子里面的好多人就说，来带着我们玩玩儿嘛。开始 2001 年、2002 年有几个队，20 多个人，后来发展到 300 多个人，从 20 多岁到 80 多岁。人太多了就不好管理，不好排练。龙潭社区有三个村，有两个白族村，一个彝族村。彝族村有四个组，编成第一队，小村有五个组，编成第二队，大河村有八个组，为第三队。"

西翥民族民间文艺队是以当地白族村寨沙朗东村的白族文艺骨干为主组建的，组建以来，每年为当地群众演出几十场。这支文艺队在几个文艺活动积极分子的带动下，自发组织排练与演出，平均每周坚持排练 2—3 场，除了本身具有优势的民族歌舞、小曲小调外，他们还聘请了专业老师，把民族文艺与现代歌舞、乐器等结合起来，形成了自己既具有浓郁民族民间特点又富有现代都市气息的表演特色。许多 20 岁左右的年轻人也加入到演出队伍，文艺队队员已成为了当地群众非常熟悉的"演艺明星"。如今的西翥民族民间文艺队在当地和周边已经小有名气，一些机关、企业、部队等已纷纷前来邀请他们表演。

ZLX 作为白族艺术团的团长，同时兼任白族研究会副会长，带领团队成员编排、展演了不少白族的歌舞节目："我们现在成立了白族研究会，我和 ZGQ 分任会长、副会长。今年研究会已经满五年了，省市区的民宗局还是给予我们一些支持。西翥成立了文联，研究会需要一支文艺队进行文艺节目的编排，后来就找到我们。研究会会长负责文字宣传和对外联络，我们艺术团负责文艺节目编排演出。最近五年来都是在传承白族文化，政府的支持加上我们自己也喜欢，由当时零散的活动发展成为一只固定的队伍。我们小时候感觉大理还是很远的，现在交通方便，交流也很多了，所以白族艺术才发展起来，传承队伍稳定化，活动常规化。"

ZGQ："我们研究会给文艺队的经费都要主要用于复兴白族文化，其他的也可以搞，但是也要有个主次，主要是在中华文化认同的前提下，以白族文化为主，重点打造几个白族精品舞蹈节目。2012年我就给他们统一配置了一些用品和民族服装，我主张要把霸王鞭舞恢复发展下去，学校里面的推广最好，包括了男生和女生。我作为政协委员，明年要写个提案，就是把霸王鞭舞作为沙朗民族中学的大课间进行坚持和完善。"

本章小结

近年来，昆明西郊白族在文化变迁中有意识地保留了部分白族文化，通过语言、建筑、服饰等进行与其他民族的区别，并积极开展了一系列文化寻根、文化研究和文化恢复的实践，表达了散居在边缘的白族群体想要主动和积极融入"白族圈"的态度。在多元的社会互动中，"白族乡"和"白族"被基层政府和民族精英作为一种潜在的社会资源来争取。正是基于对本民族传统文化逐渐丧失的担忧，昆明西郊白族也开始了文化再造活动——恢复和发展霸王鞭舞。

白族霸王鞭舞是广泛流传于大理市、洱源县、云龙县、宾川县、剑川县等地，活跃于白族"绕三灵""田家乐"和"闹春王正月"等民俗活动中及建房娶嫁和喜庆佳节中的典型白族舞蹈艺术，也是白族舞蹈中参与人数最多的群众性民间舞蹈。由于是承载白族群众民族个性、审美特征及情感方式表达的艺术形式，因而成为白族认同的典型艺术符号。

然而，由于与汉族和彝族等其他少数民族的交错杂居，长期以来，昆明西郊白族社区一直以花灯、滇戏、山歌调子为主流的艺术形式，而鲜有霸王鞭舞的舞台。白族群众说起"花灯""滇戏"都津津乐道，对霸王鞭舞却只存有遥远、模糊的印象。

霸王鞭舞作为白族舞蹈艺术的典型进入西郊白族社区，客观上是经济和旅游发展的促进，加之网络媒体的普及易得，为其兴起和发展提供了物质上的保障和技术上的便利。随着昆明西郊白族审美文化的变迁，霸王鞭舞的兴起也在基层文化部门、民间精英的共同推动和白族群众的参与及寻求精神纽带的主观选择下完成。

第四章

霸王鞭舞的发展：昆明西郊白族认同表述的符号、场合与主体

近年，昆明西郊白族霸王鞭舞得到较为广泛的推广和传播。在田野调查中，可以观察到霸王鞭舞在现代发展中，音乐、舞蹈动作、服饰和道具等符号体系既有对传统霸王鞭舞符号元素的保留，又有为了适应性所做的简化。霸王鞭舞及演练场合的符号体系和表述机制，把政治话语、经济发展、艺术审美等多种要素融为一体。文化部门、中小学、老年大学、老体协、企业、村社组织、村民等不同身份、不同角色的主体在不同地域借用霸王鞭舞这一舞蹈艺术形态，服务于各自不同的目的。不仅有模式化的政府组织的霸王鞭舞，有服务于农家乐和旅游开发的霸王鞭舞，有街坊邻里庆祝场合的霸王鞭舞，还有学校操场作为课间操的霸王鞭舞，等等。现代霸王鞭舞及其演练场合，逐渐演变成为昆明西郊白族文化符号集中表现的舞台，而其本身也被塑造成为表述白族认同的艺术表述形式，体现出各民族交流交往交融的生动实践。

第一节 表述符号：音乐、动作、服饰和道具

昆明西郊白族的霸王鞭舞和大理白族地区相比，无论音乐、道具、服饰、动作、队形均有不同，已经较为简化，但是都采用了突出白族特点的元素。下面就昆明西郊白族霸王鞭舞的音乐、舞蹈动作、主要队形、服饰和道具进行分析说明。

一 音乐

大理白族霸王鞭舞主要用传统的白族唢呐曲伴奏，中间插入民间打

击乐，用以突出节奏，烘托舞蹈气氛。常用的舞曲有"大摆队伍""耍龙调""耍虎调""将军令"，此外部分白族乡村还有用于霸王鞭舞的舞曲"霸王鞭调"。各地的舞曲旋律和唱词也不大相同，各具特色。①

表 4-1　　　　　　　　大理白族霸王鞭舞音乐简况表

名称及流行地区	音乐	乐器
大理霸王鞭舞 大理市喜洲、挖色、海东、凤仪、下关、银桥等乡村	"花柳曲""白族调" "大白曲""汉调"	
洱源霸王鞭舞 洱源县各乡镇	"霸王鞭" "正月十五元宵会"	唢呐或笛子
剑川石龙霸王鞭舞 石龙村	"今天来跳霸王鞭" 石龙霸王鞭舞曲	
云龙霸王鞭舞 云龙县白石乡	"霸王鞭舞曲"	不用乐器 自唱自舞
宾川霸王鞭舞 宾川县平川乡罗九村	"农家乐"	

资料来源：此表根据大理白族自治州文化局、中国民族民间舞蹈集成云南卷编辑部：《白族民间舞蹈》，云南民族出版社 1994 年版，第 21—113 页整理而成。

根据田野调查，在昆明西郊白族进行霸王鞭舞表演的时候主要是有三种音乐伴奏，②分别运用在团结龙潭、沙朗东村、太平桥头三个不同的地区。

（一）团结霸王鞭舞音乐

王俊　田野录制
韩啸　李佳锬　记谱

1=F 2/4 小快板

(6　　6　|6　　6　|6 3 3 6　|3　3 6 3　|

6 6 1 2 1 6 5 | 6　　6　| 6　　5　| 6 6 1 2 1 6 5 | 6　6　0)

---

① 大理白族自治州文化局、中国民族民间舞蹈集成云南卷编辑部：《白族民间舞蹈》，云南民族出版社 1994 年版，第 22 页。

② 笔者在田野中进行录制，云南艺术学院韩啸、云南大学李佳锬协助记谱。

第四章　霸王鞭舞的发展：昆明西郊白族认同表述的符号、场合与主体　　129

音乐本体分析：

此曲为 f 宫 d 羽六声调式。

结构上：此曲开头连续出现 4 个羽音 "2"，强调主音，固定节奏加上 "羽" 音和 "角音" 的重复，确定调性的同时又展现出此曲欢悦的特点。八度跳进以及多数纯四度进行，使得整曲富有特点。

内容上：全曲由 6 个音组成，前一结束段落于羽音 "2" 上，具有终止感，其后八度下行又紧接着纯五度上行，此跳进音程进行属于此曲特色进行，贯穿整曲，之后出现短时值的七度音程跳进，继而级进于主音 "2" 上，形成稳定感，切分节奏继承之前节奏感的同时又打破固有节奏型。由 "6-2" 的纯五跳进下行呼应之前纯五跳进上行，并以重复此句为手法将第一部分结束于主音 "2" 上，形成收拢性结尾。

第二部分出现了偏音 "3"，情绪明显发生变化，具有强烈 "歌唱性质",结尾处的"3"出现在下一句的开头,音音相扣,有"顶针"的意味,此处"动力性"大减,而多一些"叙事"感,情感起伏较大,形成对比。

第三部分出现反复记号,是间插部分,具有过渡作用,第一句落尾在"6"上,第二句落尾在"2"上,五度关系,具有和声性质"属—主"的感觉,属于尾部呼应,第三句由"6"开头,并落尾在"3"上,感情有变化,最后一句落尾在"6"上,具有和声性质"下属—属"的感觉,没有强烈终止感,属于半终止。

第四部分属于完全再现部分,最后收尾在"2"上,具有终止感,收拢性结尾。

感情上:整曲的感情都通过动静结合来体现,朗朗上口的旋律继而重复,叙事性十足,给人留下不尽的余味。

(二) 沙朗白族霸王鞭舞音乐

王俊　田野录制
韩啸　李佳锁　记谱

第四章 霸王鞭舞的发展：昆明西郊白族认同表述的符号、场合与主体

[五线谱/简谱记谱，略]

嗨！

音乐本体分析：

此曲为沙朗白族鞭舞，f宫五声调式。

结构上：此曲开头引子部分，自由节奏加上涵盖f宫五声调式内所有音"4、5、6、1、2"，确定调性的同时又展现出此曲开阔自由的特点。少量八度跳进以及多数及进关系音程，使得整曲流畅、自然，符合民族音乐朗朗上口的特点。

内容上：全曲由5个音和鞭舞节奏型组成，引子部分结束之后，出现反复记号，内部节奏动力展开，着重强调徵音"1"，同时"1"还是属音，产生无终止，不可停止的感觉。之后并没有结束在宫音"4"上，而是以连续两个"5-2"的四度下行，于商音"2"上结束反复段落，形成"无正格终止"感，继而在下一个小节处重新在"非动力型"段落上从宫音"4"进行新的段落。新的段落材料来自于引子部分，具有"歌唱"性质，其间大片重复段落阐述着欢悦的继续，第一处长音落尾在羽音"2"上，却无终止感，故调式依旧没变，之后以一个下行音级短暂收尾在宫

音"4"上，形成终止，却又在后面多加重复，并以"宫—徵"的连接方式收尾。

曲子进行到节奏部分，节奏动力且密集，每一处开头都加重音，属于此曲特色部分。之后的段落都是第一部分的重复，没有任何改变。

感情上：整曲的感情都通过"舞蹈"性质和"歌唱"性质的对比来体现，朗朗上口的旋律继而重复，场景性十足，给人以"身临其境"之感，灵韵融合民族，沙朗白族劳动人民的欢乐生活跃然于谱面上。

（三）太平白族霸王鞭舞音乐①

王俊 田野录制
韩啸 李佳锬 记谱

（乐谱：1=G 4/4，含唱词"金花花哟遍地开 遍地开哟 遍地开 开哟开哟 开哟开哟 遍地开"）

---

① 太平白族霸王鞭舞音乐选用的是万里、成洪平谱曲、蒋明初作词的《金花花哟遍地开》，这首歌曲是电视剧《五朵金花的儿女们》的插曲，见蒋明初、万里、成洪平《音乐世界》1991年第2期。此文中的曲谱为笔者在田野工作中现场录制，云南艺术学院韩啸和云南大学李佳锬记谱。

第四章 霸王鞭舞的发展：昆明西郊白族认同表述的符号、场合与主体

```
♩=F
(6 6 5 35 3 5  2 1 | 3 6̣ 1 3 2 2  2 | 6 6 5 35 3 5  2 6̣1 | 3 1̣6̣ 1 0  6 6̣ 6̣) |

 0  0  0  0  | 0  0  0  0  | 0  0  0  0  | 0  0  0  0  |

(3  6̣   2 1 6̣ | 3. 5 2 1  6̣  - | 3  1̣  6̣  i | 3. 1̣6 5  6 6  i |

 3 6̣ 1 6̣ 2 2 2 | 0  0  0  0  | 3 5 2 1  6̣ 6̣ | 0  0  0  0  |
 金花 花哟 遍地 开              花香 香哟 人人 爱

 5. 6 5 2  3 2 1 6̣ | 3²̇3  5 2 3 2 1 | 6̣ - 2 1 | 6̣ - - -)‖

 3 1̣ 6̣ 1̣ 3 i i | 0  0  0  0  | 1̣6 5 1 2 3 3 | 0  0  0  0  ‖
 阿哥 不用 多浇 水              春风 不到 花不 开
```

音乐本体分析：

此曲为紧缩再现单三部曲式，e 羽六声调式。

结构上：此曲为紧缩再现单三部曲式，第一部分在 e 羽调式上展开，第二部分在 a 羽调式展开，第三部分材料回归第一部分，但却在 d 羽调式上终止，形成收拢性结尾。

内容上：全曲由 6 个音组成，开头引子部分出现偏音"4"，并由主音"6"到"4"形成以商音开头的小六度，此音程为特色音程，最后落于主音上。同度音程加重感觉并重复，至此引子部分结束。

第一部分重唱于 e 羽调式上，带有"支声复调"性质的第二声部补充节奏，加强连贯和韵律，重复级进则体现出歌词所表达出来的淳朴。第二遍重复处，第二声部音程翻高纯五度，本是偏音"4"却改成"3"，形成纯四度，则是民族调式所带有的特点，最后落于主音"3"上，形成结束感。

第二部分重唱于 a 羽调式上，歌词承接的是上一句"春风不到花不开"的解答上，材料内由纯四度构成旋律，来自第一部分"金花花哟遍地开"的开头"3-6"，故此为旧材料，由于调式的改变，所以带来音高上的差异，第二部分前三句皆落尾于"3"，在第四句处落尾在主音"6"上，具有和声性质"属—主"的终止感。其后属于重复材料部分。

第三部分重唱于 d 羽调式，材料来自于第一部分"金花花哟遍地开"，只是其中的节奏型发生小变化，但是节奏韵律保持一致，没有变化，而第二声部的材料来自于第二部分句子的结尾，主干部分依旧是以纯四度为支撑，贯穿全曲，最后以"5-4-2"的进行，具有和声性质"属—主"的感觉，以收拢性结尾形成终止感，全曲结束。

感情上：整曲的感情都通过三个部分之间的调性色彩对比和歌词的延续性来体现的，旋律朗朗上口，以重唱的形式展现出太平白族劳动人民的热情。

总体来说，昆明西郊白族在跳霸王鞭舞时，没有"花柳曲""白族调""大白曲""汉调"等曲调，没有现场唱词，没有唢呐、笛子、叶子等伴奏，一般用上述三种演奏曲谱。其中，太平霸王鞭舞的音乐旋律主要选用的是《五朵金花的儿女》中的插曲《金花花哟遍地开》。歌曲《金花花哟遍地开》影片播出之后受到了极大的追捧和欢迎，是影片中传唱度最高的主题曲。歌曲采用了白族男女一问一答的对歌演唱形式。对歌是大理白族地区十分盛行的演唱形式，特别在盛大的节日和活动中最为常用。[①] 在昆明西郊白族地区的霸王鞭舞中选用《金花花哟遍地开》等音乐伴奏，旋律轻快、跳跃、欢愉，通过歌曲的情绪表达、音乐风格可以勾勒出大理美好的生活景象，更能让人通过旋律联想到影片中的和"白族"有关的场景，可以说是经典的白族音乐代表之一。

二 舞蹈动作和队形

大理白族霸王鞭舞比较突出的是"承""旋""拧""甩"等动作特点，各地区的打法和套路略有差别。

---

① 赵赛前：《电影〈五朵金花〉与电视剧〈五朵金花的儿女〉主要唱段的对比研究》，硕士学位论文，云南艺术学院，2015 年。

表 4-2　　　　　　　　大理白族霸王鞭舞舞蹈简况表

大理地区	舞蹈动作	舞蹈队形	动作特点
大理霸王鞭舞	周城八下、金河十一下、大关邑十九下、大理十一下、"心合心"、"背靠背"、"脚勾脚"、"青蛙蹦"	辟四门、龙摆尾、蛇蜕皮、一条街、四门兜底、过天桥、三插花、三木杉	注重"旋",主要表现在胸、肩,手臂三大部位。胸部的旋绕以胸椎为轴,形成横绕圆运动,肩部的旋绕以胸部动作带动,作纵向立面圆运动,上下臂的旋绕方向和弧度的变化支配和牵动舞者全身的动势。① 白族霸王鞭舞在体态上始终保持着一种特殊的"拧倾"运动,即以上身的胸椎部分为主动点,与下肢的屈伸转扭呼应,造成一种"仰俯屈伸、辗转反侧"的视觉效果。② "颤"和"沉"也是霸王鞭舞的动作特点,"颤"即按节奏,膝关节面直上下运动,一般每拍一次,前半拍向下,后半拍往上反复形成富有弹性的颤动。"沉"是往下而带有的沉重感觉,在白族"霸王鞭"舞的运动中基本姿态为:稍屈膝、坐胯、贯穿在舞蹈中的"颤"动,以至于整个舞蹈动作就显得较为"沉"重感。③ 剑川石龙霸王鞭舞为综合性的三人舞,表演者皆为男性,且以独舞居多,另外二人为伴奏和伴唱。④ 向外发力的动作多,触击身体的动作少,产生了以"甩"为主,兼有"承""旋"的舞蹈动作特征。以大理、洱源、宾川为代表的白族霸王鞭舞讲"承"。所谓"承"就是舞蹈时用霸王鞭或金钱鼓道具在舞者身体各部位做点,擦、拍、敲、击、碰、撩、拖、夹、涮、扣、划、翻、旋的同时,这些部位必须主动与霸王鞭相迎。⑤
洱源霸王鞭舞	白米三十六下、八梅花、西湖十七下、凤翔一条街	一条龙、滚地龙、过街龙、打四门、背花、面花	
剑川石龙霸王鞭舞	观音扫地、双肩奉送、八步梅花、左右插花、左右抬轿、仿莲花、双飞蝴蝶、童子拜佛		
云龙霸王鞭舞		半圆台、打圆台、一条街、二龙抢宝、金鸡打架、五梅花、打四角	
宾川霸王鞭舞			

资料来源：此表根据大理白族自治州文化局、中国民族民间舞蹈集成云南卷编辑部《白族民间舞蹈》（云南民族出版社 1994 年版）第 21—113 页整理而成。

随着时代的变迁，昆明西郊白族霸王鞭舞现在无论是老年队，还是中青年队霸王鞭舞的套路已经依据自身的特点与兴趣进行了新的编排，演练者的性别由昔日的男性或者男女共舞转换为以女性为主，动作和队形也和大理州各地的霸王鞭舞有所差别。根据昆明西郊白族三个社区的

---

① 石裕祖：《简论白族霸王鞭舞》，《民族艺术研究》1989 年第 6 期。
② 石裕祖：《简论白族霸王鞭舞》，《民族艺术研究》1989 年第 6 期。
③ 杨雪：《浅谈大理白族霸王鞭的特色和传承保护》，《民族音乐》2013 年第 1 期。
④ 杨晓勤：《石龙霸王鞭舞探源》，《民族艺术研究》2013 年第 5 期。
⑤ 石裕祖：《简论白族霸王鞭舞》，《民族艺术研究》1989 年第 6 期。

田野调查，霸王鞭舞的舞蹈动作和队形特点如下。①

（一）团结霸王鞭舞的主要舞蹈动作和队形

1. 握鞭方式：右手握鞭中央，大拇指指向方向为鞭头，另一端为鞭尾。

2. 套路动作

（1）套路动作 1

第一至二拍从左脚开始左右跳踢步，右手握鞭置于胸前，鞭垂直于地面；第一拍左手拍鞭头，第二拍左手拍鞭尾。

第三至四拍左脚做前勾脚点地，右腿微曲；右手持鞭位于右旁斜上45度，左手位于山膀位。

第五至八拍重复第一至四拍动作。

图 4-1 套路动作 1 示意图

（2）套路动作 2

第一至四拍左腿十字步开始一拍一步；右手持鞭，第一拍用左手手背挑起鞭头；第二拍鞭头敲至左肩，第三拍鞭尾敲左肩，第四拍鞭头敲右肩。

第五至八拍重复第一至四拍动作。

---

① 笔者进行田野录制，张梦璇、万永强协助套路动作记录。

图 4-2　套路动作 2 示意图

（3）套路动作 3

第一至四拍上身右手心向上握鞭，左手拍鞭逆时针立圆旋转。第一拍左手拍鞭尾，第二拍左手手背拍鞭头，第三至四拍左手拍鞭头两次；下身始终为小八字步上下屈伸动律，一拍一动。

第五至八拍，第五拍左手手背拍鞭尾，第六拍左手手背挑起鞭头顺时针旋转左手手掌拍鞭头，第七拍左手手掌拍鞭头，第八拍左手手掌拍鞭尾；下身始终为小八字步上下屈伸动律，一拍一动。

图 4-3　套路动作 3 示意图

（4）套路动作 4

第一至四拍身体面向 3 点钟方向，下身左腿屈膝右脚前点地，上身左手背手右手持鞭八字绕圆。

第五至八拍，第五拍左腿向 3 点钟上步成左前踏步位，同时将霸王鞭扛至右肩鞭头向下；上身做前后动律，下身做屈伸动律一拍一动。

图 4-4　套路动作 4 示意图

（5）套路动作 5

第一至二拍上身双手握鞭位于胃前，下身正步双脚跳。

第三至四拍上身不变，下身做双起单落跳，落地成左脚落地右脚斜下 45 度。

第五至八拍重复第一至四拍。

第九至十拍从左脚开始踏步走，一拍一步；鞭尾依次敲打左、右腿。

第十一至十二拍从左脚开始踏步走，一拍一步；第十一拍左手手背拍鞭头，第十二拍左手手掌拍鞭尾。

第十三至十四拍重复第十一至十二拍动作。

图 4-5　套路动作 5 示意图

（6）套路动作 6

第一至二拍身体面向 7 点钟方向左前踏步蹲。第一拍左右曲肘拍肩，右手持霸王鞭鞭头敲击地面。下身踏步蹲上做上下屈伸动律。

第三至四拍做第一至二相反动作。

第五至八拍重复第一至四拍动作。

图 4-6　套路动作 6 示意图

3. 队形调度图

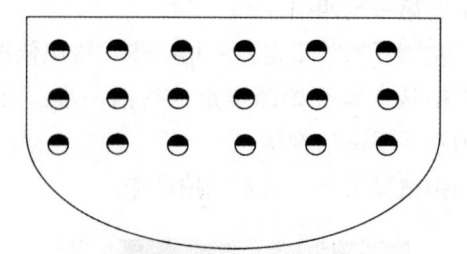

图 4-7　调度图 1

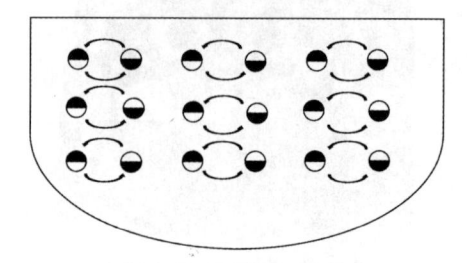

图 4-8　调度图 2

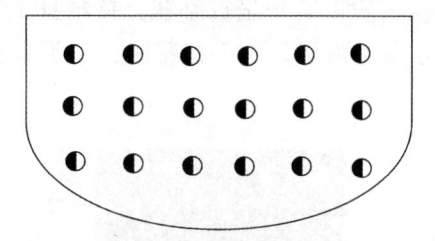

第四章 霸王鞭舞的发展：昆明西郊白族认同表述的符号、场合与主体　　143

图 4-9　调度图 3

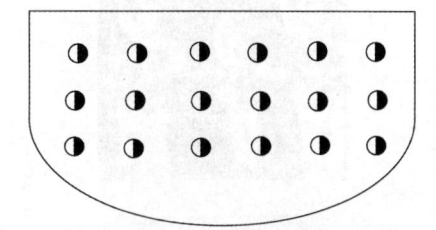

图 4-10　调度图 4

说明：参考对象全部为女性，因而全部用圆形图形进行符号标识，其中黑色为身体背面，白色为身体正面，队形调度中黑白朝向代表面对不同方向，运动大致路线及方向用方向箭头进行标识。

（二）沙朗霸王鞭舞的主要舞蹈动作和队形

1. 握鞭方式

（1）双手持鞭：把鞭平均大致分为四等分，左右手各持鞭身 1/3 和 2/3 节点处。双手掌心向上（或下），抬至胸前，大小手臂自然弯曲，使鞭离身体 50 厘米左右距离。

图 4-11　双手持鞭示意图

（2）单手持鞭：一般以右手呈握拳状，持鞭身1/2节点处。虎口方向视为鞭头，反之方向为鞭尾。单手持鞭时，左手呈自然状态下五指并拢状态。

图 4-12 单手持鞭示意图

2. 套路动作

（1）套路动作1

第一至二拍身体向八点钟方向前伏倾，右手单手持鞭，鞭头向八点，鞭身与地面平行，送出，同时，左手配合向同一方向呈基本掌型，最后击打鞭身紧靠右手持鞭处后，收回。

第三至四拍二点钟方向重复一次。

第五至六拍双手手臂运动路径为身前小风火轮。左手从身体右侧胯部为起点从右手内侧从下至上至头顶处，大臂距耳朵一拳多距离，手为托掌式，同时，右手持鞭，从身体右侧为起点，鞭头朝下，由下至上，划一大立圆，由鞭头带领，最后落回身体右侧并鞭头点地。

第七至八拍左手回落至体侧，右手收鞭由鞭头为动力点做带领回到胸前呈横睡状，而后，用鞭尾击打主动前送的左肩外侧，随之用鞭头击打主动前送右肩外侧。

（2）套路动作2

第一至二拍右手单手持鞭，主动发力，使鞭头直击地面，同时，左手自然向左耳侧方向收小臂至个人极限，犹如用手摸耳垂，大臂紧贴体侧不动。同时，左脚脚尖通过小腿吸跳伸出前点地，而后，同时收鞭，收脚。

第四章　霸王鞭舞的发展：昆明西郊白族认同表述的符号、场合与主体　　145

图 4-13　套路动作 1 示意图

第三至四拍重复一次。

第五至六拍右手单手持鞭，双手同时通过体侧高举过头顶，至左手击打到鞭身，鞭头保持朝上，而后，双手同时回落至体侧，双脚轮流后踢小腿配合。

第七至八拍重复一次。

图 4-14　套路动作 2 示意图

（3）套路动作 3

第一至四拍双脚十字步，左手从右手鞭尾方向，用手掌击打鞭身，使鞭身顺势而动进行翻转运动，右手转动手腕使鞭至肩膀高低，鞭头鞭尾向一点钟和五点钟方向，尔后左手回体侧，鞭身回胸前呈横卧状先左后右击打左右肩膀。

第五至八拍身体体态略微前倾，右手掌心向握鞭，左手依次击鞭尾、鞭头，右手手腕翻转呈掌背朝上后，继续击拍鞭头，左手掌呈接鞭尾止。

图 4-15　套路动作 3 示意图

（4）套路动作 4

第一至二拍左侧身对一点方向，面向三点，右手单手持鞭，左手曲肘通过胸前回肘至右肩胛处，同时收左脚至吸脚靠于右脚上，右手持鞭从身侧跨前划圆至鞭头击打左胯，结束后，鞭、手回原位，左脚回点地。

第三至八拍重复上述动作。

图 4-16　套路动作 4 示意图

（5）套路动作 5

第一至四拍面对一点方向，右脚为主力腿，左脚为动力腿点前、旁、后、回原点，同时，左手身前拍鞭尾、鞭头、鞭头后向旁平拉出成山膀手位，鞭至胸前。

第五至八拍双脚重心互换，左脚点前、旁、前、旁，同时，左手回收身前抬拍鞭头、鞭尾后回斜上山膀手位，同时，持鞭手顺势将鞭身前转180度（其中，脚步动作除点地外，可改为悬空踢小腿）。

图 4-17　套路动作 5 示意图

（6）套路动作 6

第一至二拍双手从身侧，通过微提肘后，顺势下推，至双抬手，同时向二点钟方向提 15 度前腿。

第三至四拍左手高抬托掌位，右手持鞭，拳心向下，先左后右用鞭头击左胯后用鞭尾击右胯。

第五至八拍身体右侧前微前倾斜，双膝盖微曲，微蹲走路状，左手依旧上托掌手型、手位，右手持鞭，先用鞭头后鞭尾依次击打地面（身体方向可转圈变换）。

图 4-18　套路动作 6 示意图

(7) 套路动作 7

第一至四拍双脚外八字站立，右手持鞭，鞭头向上，左手高举外托掌，右手持鞭迅速从身前去击打左手，依次用鞭头方向的鞭身击打，左手掌、左肩头、右肩胛，底面。从高到低，身体重心从身体中间转移到右脚上。

第五至八拍重复上述动作

图 4-19　套路动作 7 示意图

3. 队形调度图

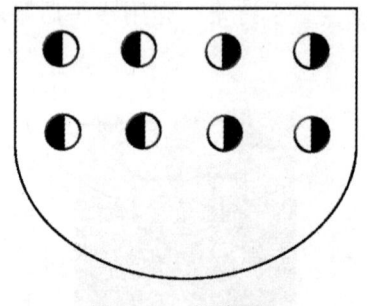

图 4-20　调度图 1

（三）太平霸王鞭舞的主要舞蹈动作和队形

1. 握鞭方式

（1）双手持鞭：鞭头与鞭尾左右交替平行向前点送，肩膀随鞭随动。双手持鞭竖立而舞，基本动率与平行一致，一般按照舞台展示而言，朝

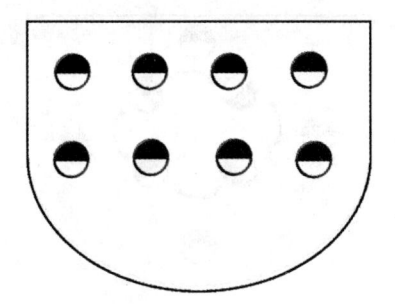

图 4-21　调度图 2

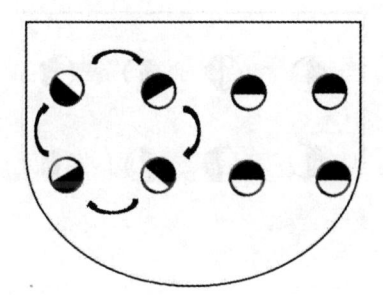

图 4-22　调度图 3

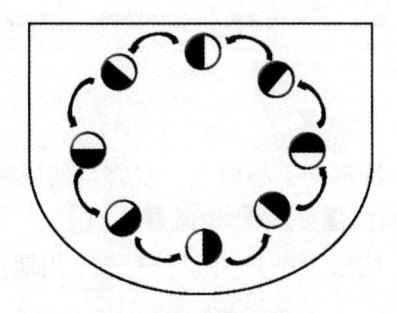

图 4-23　调度图 4

舞台内侧方向的鞭头在竖立鞭的上方，舞台外侧的鞭头在竖立鞭头的下方即可。身体可站立，下蹲而舞。

（2）单手持鞭：一般以右手呈握拳状，持鞭身 1/2 节点处。虎口方向视为鞭头，相反方向为鞭尾。单手持鞭时，左手呈自然状态下五指并拢状态。

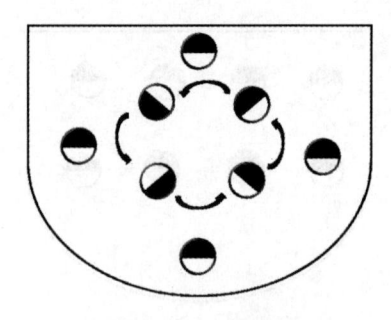

图 4-24 调度图 5

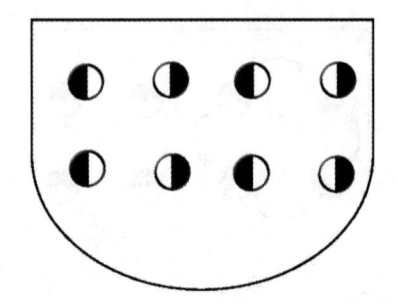

图 4-25 调度图 6

说明：黑色为身体背面，白色为身体正面，队形调度中黑白朝向代表面对不同方向，在舞蹈队形的调度中通常大多数会运用到逆时针的运动路线。

2. 套路动作

（1）套路动作 1

第一至四拍双手持鞭，手心向上，双脚自然原地踏步。鞭头、鞭尾依次向身前点送，左右肩配合依次轮流点送。

第五至八拍重复上述动作（4 拍动作完成一周期）

（2）套路动作 2

第一至四拍右脚先前走一步，左脚随之跟上，而后右脚先后退一步，左脚随之。右手持鞭在身侧呈竖立状，依次配合脚步前进后退，做打肩动作而后做身侧平行地面点鞭头动作。

第五至八拍重复上述动作（4 拍动作完成一周期）。

（3）套路动作 3

第一至四拍左脚在前，站立，身体做前倾、回正动作，霸王鞭一直由右手持鞭，与地面保持大致平行，点鞭头。

第四章　霸王鞭舞的发展：昆明西郊白族认同表述的符号、场合与主体　　151

图 4-26　套路动作 1 示意图

图 4-27　套路动作 2 示意图

第五至八拍重复上述动作（4 拍动作完成一周期）。

(4) 套路动作 4

第一至四拍霸王鞭基础动率动作，先左脚通过前踏落地，同时右脚向后抬小腿，身体前倾，鞭头身前平行地面状击打左手掌心，以上动作一拍完成。尔后重心回右脚，左脚前抬，勾脚，蹭跳三次，左脚小腿随之向前弹踢三次，手部，鞭尾由下向上击打左手掌心（掌心向地面），双手同时高举头顶呈 45 度夹角，小臂通过微微回缩撑出（左手托掌式，右

图 4-28 套路动作 3 示意图

手持鞭)。

第五至八拍重复上述动作（4 拍动作完成一周期）。

图 4-29 套路动作 4 示意图

(5) 套路动作 5

第一至四拍双手掌心向下双手持鞭，身前左右平点送鞭头、鞭尾，双脚，右脚在前，左脚在后，随着点送鞭头、鞭尾前后转换重心。

第五至八拍重复上述动作（4 拍动作完成一周期）。

(6) 套路动作 6

第一至四拍双手掌心向下双手持鞭，左脚先左移一步，右脚随之移

图 4-30　套路动作 5 示意图

动一步于左脚前呈交叉站立后，左脚再横移一步，右脚随之横移于左脚后方，成交叉状站立（左脚尾主力腿，右脚前半脚掌后支撑），鞭身前三步随步伐平移，第四拍，右手持鞭通过身前下弧线高举过头顶，定住，左手手背撑腰。

第一至四拍重复上述动作（8 拍动作完成一周期）。

图 4-31　套路动作 6 示意图

3. 队形调度说明

关于队形调度，太平霸王鞭舞经过创编，已经形成了广场舞的形式，所有参舞者都是原地起舞，没有位置交换和变化，因此此处不再用图示表达队形调度。整齐划一是这一舞蹈的主要形式感,强身健体是它的价值所在,传播民族文化和表述民族认同是其社会文化意义。相较而言,职业化的舞台作品和原生形态中的舞蹈才有相应的队形调度的说明必要,因为其中包含很多文化符号意义和个人叙事表达,需要队形调度进行辅助说明。这一类的广场舞蹈除去动作外,更多强调的是全民娱乐和强身健体,以及民族文化符号传播、表述作用。

昆明西郊白族霸王鞭舞体现了"承""旋""拧""颤""沉"等动作特点。但是总体而言,昆明西郊白族的霸王鞭舞已经没有固定套路,如大理"打八下""跳十二下""二十四下",或洱源"过街龙""一条龙""滚地龙""打四门""背花""面花"等,且动作为适应广大人群参与已经简化,尤其在团结和太平两地,因为参与人数较多、年龄层次差异大,需要照顾不一的学习者和舞蹈者,所以动作简化明显,重复动作较多;而沙朗白族艺术团的成员人数不多,一般10—20人参加演出,舞蹈动作根据视频学习编排而成,所以动作相对复杂,变化较多,动作优美、到位。但是三地的表演时间一般都在十分钟以内。法国社会学家皮埃尔·布迪厄曾提出"文化再生产"的概念,以此解释社会文化的动态过程。文化通过不断"再生产"维持自身平衡,使社会得以延续;同时,又包含着反抗和背离。它表明的不是从现在到未来不存在矛盾的直线式发展,而是一个充满矛盾和冲突的个人和制度的关系网络。① 无论是编舞者还是学习、参与者,在岁月的变迁中,他们用自己的方式进行文化的再生产,不管是化繁为简还是锦上添花,都是适应社会变化的方式。表演者是霸王鞭舞推广和传承中最具生命力的一部分。重构文化,并不是文化的简单重复,而是在不断积累中,实现文化的常在常新。① 此刻,原本属于大理白族民间舞蹈的霸王鞭舞逐步向昆明西郊白族群体津津乐道的地方文化展示转向。

三 服饰和道具

大理地区各地白族霸王鞭舞在服饰、道具和造型上也有差异。

---

① 刘姝曼:《从艺术人类学视角探讨地方性文化符号建构——以济南堤口庄四蟹灯为例》,《民族艺林》2015年第4期。

表 4-3　　　　　　　大理白族霸王鞭舞服饰、道具和造型简况表

舞蹈名称	服饰	道具	造型
大理霸王鞭舞	男服饰：头戴八角巾，上穿紧身衣、外罩短褂、下穿长裤，脚穿麻线凉鞋或布筋凉鞋，戴眼镜；女有帽饰，上穿大襟衣，系围腰，脚穿绣花鞋	霸王鞭①、金钱鼓②、双飞燕③、草帽、柳枝④、扇子、蚊帚、手帕	鼓男、鞭女、燕女、扇男、帽女、执树老人
洱源霸王鞭舞	女青年戴抽须白包头、鱼尾帽、瓜皮小帽		女青年
剑川石龙霸王鞭舞	男青年戴白土布大包头，对襟衣、短褂、大裆裤，脚穿白布筋或白棉线编织的凉鞋	霸王鞭、龙头三弦⑤	
云龙霸王鞭舞	跳霸王鞭舞的扮成老者，打腰台的扮成丑角	霸王鞭和腰台⑥	银须老者、丑角、执霸王鞭者、执腰台男青年

---

① 霸王鞭的制作用直径约 3 厘米，长 100 厘米，四个节的空心竹竿为原料，在其头尾两处错位凿穿约 12 厘米长的两个长形大槽，每个槽内固定有 2—3 个三小串铜钱。霸王鞭染成全绿色，并在一端上一个彩球，执霸王鞭时，与彩球方在虎口前。用扁方形木条约 100 厘米长，头尾端各凿约 20 厘米长的两条槽，每槽内装五组铜钱，每组三枚用铁钉固定。

② 金钱鼓的制作是用八片长方形扁木条拼成鼓框，每片木条中间凿约 5 厘米长方孔，内嵌铜钱二至三枚，用铁钉固定，用羊皮蒙其一面为鼓面（此鼓已经失传）。或直径 20 厘米，仍以木条围边成六角，制作法与"八角鼓"相同。

③ 双飞燕用龙竹约 10 厘米长、4 厘米宽的四片，每片龙竹的内面中段固定上两根胶线用于套在指头上，双手的无名指上勾一块白族挑花帕或者扎染手巾。

④ 柳枝上挂红彩带结一绣球，中间挂一葫芦，在挖色地区还系一大铜铃。

⑤ 龙头三弦是剑川地区白族特有的一种乐器，它既是演奏乐器，也是一件精巧的民间工艺品。琴杆一般长 66 厘米，琴杆的长度等于琴箱的周长，龙头雕刻十分精致，式样各异，形象逼真，称"金龙腾空""神龙戏水"，嘴里刻有运转自如的龙珠，真是活灵活现，被称为"活龙含宝"。音箱面常用三至五层白棉纸裱糊在一起蒙上，弹拨工具用牛角或杂木削制成的锥形空心指套，使用时套在食指上，一般用左手食指和中指按弦。琴身使用彩漆，龙头以金色打底，各部位以彩漆绘描，龙珠为朱红色，龙头上饰有两根用铁丝扭成弹簧，状为胡须，上端系两个红色小彩球。一条彩带一头系在琴杆上端，一头系在箱后，使用时斜挂在身上。

⑥ 霸王鞭用山竹制成，长约 133 厘米，竹上凿开四个长约 20 厘米的长孔，每个孔内用铁丝串有 4 枚铜币，鞭头上系两条小飘带；腰台（也称"交板"）用楸木制作，长 26.6 厘米，一头 0.33 厘米，细头直径 0.23 厘米，在腰台上凿通四个长方形小孔，敲击时发出"嗒嗒"响声。

续表

舞蹈名称	服饰	道具	造型
宾川霸王鞭舞	女青年戴抽须白包头、鱼尾帽、瓜皮小帽	霸王鞭、四方桌、长凳、大土碗（碗内装满水）15—20个、竹筷若干双	

资料来源：此表根据大理白族自治州文化局、中国民族民间舞蹈集成云南卷编辑部《白族民间舞蹈》（云南民族出版社1994年版）第21—113页整理而成。

（一）服饰

表演霸王鞭舞时，昆明西郊白族地区一般选用两种服饰，一种是团结当地的白族服饰，一种是大理地区定做或购买的金花阿鹏白族服饰。太平、沙朗在演出时，基本上均采用金花阿鹏服饰；而团结白族在演出时，大部分时候穿着本地白族服饰，到外地演出时也穿着金花阿鹏服饰。平时排练时，也穿着当地便装。

沙朗白族艺术团的团长介绍演出服装的情况："过去我们穿的白族服装也不是现在这种样子的，黑色的褂子蓝色的衣服，系个围腰，像官渡那边的老人。演出节目以白族的为主，比如霸王鞭舞、草帽舞、八角舞等，草帽舞还在编排中。我们想把丢失的舞蹈重新学习起来。本来也想把女子舞龙也好好排练一下，但是资源不足，经费有限，还没有搞起来。我们演出用的白族服装是去大理的服装厂定做的，男式服装也是大理那边买来的白族服装，大家还很喜欢穿这种鞋子。我媳妇他们去城里面办事也穿着白族服装，回头率很高的。其实我们对大理对白族还是有较深的认同感的。你看现在大理古城里面只有导游才穿白族服装，那些开店的人都不穿，可是我觉得我都想建议那些开店的应该穿民族服装。政府的支持力度比以前还是要多点，服装这些也给我们解决。白族服装有七套，颜色和款式不同。别的民族服装有四套，苗族、佤族、彝族、瑶族等都有。"

为了更好地适应当地的旅游发展，昆明西郊白族需要有一套能代表白族的标志性服饰。过去老一辈穿着的适用于劳作生产的传统服饰显然满足不了这种需要，而金花阿鹏服饰不单符合通行的审美情趣，更与大理州白族人的尚白习俗相符合，是美和善的象征。以白为美，以白为善，崇尚白色，是白族人民的普遍风尚。可以说，昆明西郊白族地区旅游业的发展和舞蹈表演的需要对金花阿鹏服饰的引入起到了推动作用。由于大理州政府在举办许多大型庆祝活动上，在盛大节日、重要会议和重要外事活动中都会身穿这种金花阿鹏服饰，金花阿鹏服饰几乎成为整个大理白族自治州白族人民的标志服饰，成为白族人身份和文化的标志。受到对外宣传的影响，大理人包括外界都逐渐地相信和形成一种认识，即金花阿鹏服饰是白族标志性符号，穿着金花阿鹏服饰即认同于白族和归属为白族群体。①

昆明西郊白族地区的艺术团和文艺队的队员都有这种金花阿鹏服饰，沙朗的文艺队一个人有七套不同颜色的金花服，只要遇到演出场合，例如参加演出、举行活动、接待时都会选择穿金花阿鹏服饰，即便团队中的男性不直接上台跳舞，也是身穿白族扎染小褂给团队做报幕员或者参与音响设备和其他道具的搬运、维护等。这种白族服无论从颜色还是款式方面都更鲜艳夺目，更具有观赏性。自昆明西郊白族地区霸王鞭舞成为一种白族典型代表性舞蹈得到推广以来，民间穿着金花阿鹏服饰的人明显比以前更多了。有些白族群众请文艺队在购买的时候一起代购。例如太平市民文化学校开班仪式演出当天，千人白族霸王鞭舞盛况中最显眼的就是各色金花服饰同时出现，同跳霸王鞭舞。这种服饰穿戴的改变不仅体现了对金花阿鹏服饰的审美认同，也体现了他们对白族群体的认同，对大理州的认同。

昆明团结白族在演出时也穿着当地的白族服装，在外地演出时还穿着大理白族金花服。"我们这边的白族是几百年前从大理迁移过来，后来发展成为鸡冠帽的那种服装，这里的白族和彝族相互杂居，相互学习，哪种好看就学习做哪种。演出时穿着民族服装，这里的白族服装和彝族的有点像，但是我们自己是分得清楚的。十年前我们这里的领导去大理买了大理的金花白族服装才开始有新式的白族服装，演节目的时候才穿。"②

（二）道具

昆明西郊白族演出霸王鞭舞的时候，只有女性舞蹈演员，没有鼓男、鞭女、燕女、扇男、帽女、执树老人等人物造型分类。没有大理白族地

---

① 陶琳、杨洁：《大理剑川沙溪白族服饰变迁中的文化认同》，《西南边疆民族研究》第8辑。

② 团结民族艺术团团长 LYZ 介绍的情况。

区的道具唢呐、道金钱鼓、双飞燕、柳枝、扇子、草帽、蚊帚等,主要使用道具为霸王鞭,霸王鞭的制作一般是采用中空的塑料管,100厘米长,两头系有毛线制成的彩色绒球和小铃铛多个,敲击身体时能发出悦耳响亮的声音。霸王鞭的中间不开孔,只是用红色和绿色的彩色单面胶纸斜纹相间缠绕作为装饰。沙朗白族在参与正式演出的时候,使用专门从大理购买的竹制霸王鞭,形制和大理的霸王鞭基本相同。

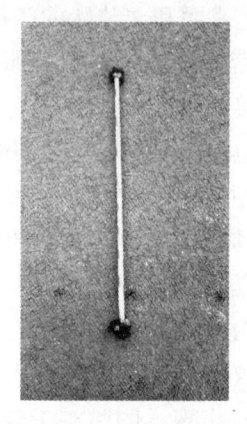

图 4-32　道具霸王鞭

昆明西郊白族跳霸王鞭舞还需要一种类似"小蜜蜂"的放音机,这是一种跳广场舞时常见、便携的音乐播放器,在较大规模的演出中,由于场地空旷,还需要准备音响等扩音设备。昆明西郊白族霸王鞭舞的舞蹈中常见的伴奏音乐不过两三种,利用"小蜜蜂"等现代设备播放舞蹈伴奏音乐,舞蹈的形式跟着伴奏的旋律也就变得整齐划一,在任何场合都可以方便起舞。这种由白族传统舞蹈改编而来的广场舞蹈也成了一种规范性的民族表演,尤其是对学校里的孩子和年轻人而言。一旦有机会,人们就在村社中、广场上、学校里等各种场合对外来的客人表演。

第二节　表述场合与主体

大理白族霸王鞭舞在绕三灵、三月街、田家乐、石宝山歌会、火把节、海灯会、本主节上都是最主要并广泛普及的群众性民间舞蹈。[①] 当

---

① 张明曾:《霸王鞭舞是白族最大的民间舞种》,《大理文化》2005年第6期。

前，大理白族霸王鞭舞仍主要是岁时节庆农村民族民间传统表演内容和自娱节目，为保护白族民族文化遗产，适应新时期群众文化活动的需求，白族文艺工作者在霸王鞭舞中加入体育元素，编排成大众健身操和群众广场舞，加以推广和创新，是霸王鞭舞蹈传承发展的重要途径之一。大理白族霸王鞭舞进一步得到普及，规模不断扩大，参与者不仅局限于老年人，许多的年轻人也开始跳白族霸王鞭广场舞。① 经过精心编排和创作的霸王鞭舞现已成为大理地区旅游部门展示白族传统文化的一个固定表演项目之一。同时，由于霸王鞭舞集娱乐性、健身性为一体，且简捷易学，在引入中小学体育课和高校体育课程体系方面具有可操作性，在校园文化建设中开展以霸王鞭舞为特色的教育，在学校内部形成传统文化熏陶的良好氛围，对大理白族霸王鞭舞的保护和传承也起到积极的推动作用。

昆明西郊白族霸王鞭舞的发展和大理白族霸王鞭舞既有差异性，也有相似性。虽然没有绕三灵、三月街、田家乐、歌会、海灯会、本主节等场合可以表演，但团结、沙朗、太平白族社区，霸王鞭舞的学习和表演依托艺术团或者文艺队主要分为以下场合：政府部门组织的培训和选调演出、老年大学或者老体协组织的学习和演出、自发性学习和演出以及昆明西郊白族地区学校大课间活动、教育系统内部因临时考察接待任务而进行的学习、表演和观摩比赛，在安宁太平新城办事处创新的市民文化学校中，将霸王鞭舞作为主要学习课程之一进行排练和演出。白族群众则在艺术团或者文艺队的指导下，将霸王鞭舞作为日常生活中的一种广场健身和娱乐活动，也在传统节庆期间和邻里喜宴上演出。在多种场合的训练学习和演出，霸王鞭舞的发展空间得以拓展，以更多的形式出现在昆明西郊白族的生活中。

正如几位积极投身白族舞蹈艺术恢复发展的组织者所说：

"逢年过节时，村民、企业和政府都会请我们去表演节目。村民请我们去一般是结婚的时候，主要在沙朗、厂口。企业也请，比如振峰庄园。另外五华区在每年一月份都要搞海鸥节和文艺文体活动，我们每年都参加，还拿奖回来。我们代表西翥外出演出参加的最多，都能拿名次。我们多次代表出去管委会、社区、研究会参加活动。我们这个队伍固定每

---

① 杨雪：《浅谈大理白族霸王鞭的特色和传承保护》，《民族音乐》2013年第1期。

周一、二晚上都要排练，为演出做准备。"①

LSP 和 YDM 介绍了太平霸王鞭舞表演的情况："我们这里的文艺队活动积极性很高，企业有来请的，政府也有组织的。一般企业提供水、糕点和化妆品就能调动组织他们去参加活动了。政府邀请的也会安排一点劳务费。文艺队自己也会去联系参加各种比赛，没有报酬也喜欢去，愿意去。"

一 表述场合

（一）政府文化系统的培训和演出

政府文化部门组织的培训和演出活动形成了一定的体系。昆明市文化体育广播电视局及其下属的文化馆，在基层有对应的区级文化体育广播电视局、文化馆，到乡镇办事处一级对应文化站。政府文化部门职责之一就是开展社会教育，提高群众文化素质；指导群众业余文艺团队建设，辅导和培训群众文艺骨干；组织并指导群众文艺创作；开展非物质文化遗产的普查、展示、宣传活动；指导下一级文化馆（文化站、社区文化中心）工作，为下一级文化馆（文化站、社区文化中心）培训人员，并向下一级文化馆（文化站、社区文化中心）配送文化资源和文化服务等。目前，昆明市文化馆负责对 12 个区县、5 个开发区、12 个文化馆、120 个文化站、1439 个文化室的基础设施进行业务辅导、指导工作。②

昆明市西郊白族社区文艺活动在开展过程中，也同样是根据省、市、区文化体育广播电视局开展公共文化活动的安排，由团结办事处文化站将上级政策下发并进行通知宣传，组织社区群众广泛参与，并对选派的社区文化骨干进行培训。本书所选的三个白族社区的霸王鞭舞等文艺活动的培训工作方式之一就是由政府文化部门领导、管理和组织的。培训方式有两种，一是文化馆派出指导教师进社区，直接对社区居民进行艺术培训，提高艺术水平；二是由文化馆集中对社区文艺骨干进行培训指导，文艺骨干完成学习之后回到社区指导社区居民开展文艺活动。③

龙潭民族艺术团的舞蹈是在省市区的培训班学习，主要是文化馆和

---

① 沙朗白族艺术团团长 ZLX 的访谈。
② 徐兴兴：《昆明市城市社区音乐教育考察研究》，硕士学位论文，云南艺术学院，2016 年。
③ 徐兴兴：《昆明市城市社区音乐教育考察研究》，硕士学位论文，云南艺术学院，2016 年。

老体协组织，学回来再推广到村组文艺队；另外一种方式是请老师在团结办培训班授课。舞龙、舞狮、腰鼓、霸王鞭舞都曾在团结办过培训班。参加培训时乐居、小村的学员路远，当地团结公社农家乐每天准备20—30桌饭菜解决学员吃饭问题，大约300人参加。培训班开班的时候要求全部人一起学习霸王鞭舞。平常除了农忙两季外，要求队员自己排练，一开始没有排练的地方都是在家里排练，后来在社区的楼顶上加盖了一层，隔开后分给每个队进行排练。

LYZ介绍了培训班的情况："如果我们请老师来教舞龙、舞狮、打腰鼓、跳霸王鞭舞，我们还要出钱给老师，办事处上也给一些补贴，但是不够的时候自己要贴补一些。上次在我家这里培训的时候办事处的就支持了我们2万元的经费，虽然还是不够，但是也没有关系。因为是爱好，所以自己贴补一点也愿意。"

2016年3月5日，昆明市文化广播电视体育局主办，昆明市文化馆、14个县（市）区文广体（旅）局及5个开发（度假）园区社会事业局承办的"中国梦·春舞大地"——2016年春城文化节系列活动在昆明南屏街步行广场正式启动。春城文化节在开始之前，由文化部门，从主城区、郊县区开始，分门别类、逐步免费为业余团队提供培训。政府文化部门在活动组织、资金投入、教育培训等方面推动了城市公共文化活动开展，发挥了主导作用。昆明市还有省群艺馆、昆明工人文化宫等单位，作为政府文化部门，也以多样的方式组织开展社区文艺活动，是社区文化建设的重要组成部分。①

图4-33 沙朗白族艺术团春城文化节官渡广场赛场演出《霸王鞭舞》及观众

团结街道办事处文化站LYF："我们一般会给社区上的艺术团提供些

---

① 徐兴兴：《昆明市城市社区音乐教育考察研究》，硕士学位论文，云南艺术学院，2016年。

图 4-34　沙朗白族艺术团春城文化节南屏广场赛场演出《霸王鞭舞》及观众

图 4-35　沙朗白族艺术团代表领奖及演员在南屏广场合影

文化馆的培训，每年有两三次机会，回来的时候又一起学习。因为每次文艺活动都有人数限制，不可能全部都参加，大家积极性很高，不能参加的还会有意见。文化站对民间文艺团体的支持，是每个社区安排一个文化专干，在老体协和文化馆举办文化活动之前就要发培训通知，我们会轮着给文艺队一些表演机会，外出的时候给每个人每天 80 元的误工费。我们在接到活动通知后，会根据上面老体协或文化馆的要求派出 4—5 人学习，学习回来后又教给文艺队，等到正式演出或者比赛的时候就安排车辆送文艺队外出参加活动，同时也保证文艺队的餐费。但是临时调演就没有办法安排，或者上面的来调研就没有安排误工费。我们建立了一个社区专干参加的 QQ 群和微信群，把各种报名信息放进去，区上也有一个'西山掌上文化'的平台，要求分管副主任、文化专干和熟悉手机操作的人员参加，建立双向联系的通道。我们每年都在正月十五的前后搭建文艺演出平台让各个社区参与和展示，还请市群艺馆的人来参加，以'请进来'的方式进行提升。如果代表龙潭、代表团结出去比赛的话，一般会选几个舞蹈出去，上面指定的话，就根据上面的要求选送，不指定的情况下艺术团首先会考虑选送代表白族的霸王鞭舞，或者其他跳得好的舞蹈。"

沙朗白族艺术团团长 ZLX："沙朗各个社区之间由街道办事处组织的舞蹈比赛，一年一次，连续办了两年。2013 年是健身操，2014 年是民族舞蹈。这个平台搞起来后就把下面的小队伍拉起来了。过去只有我们一支队伍，现在人家看着我们搞得有声有色，后来就成立了 9 个文艺队。政府给个平台，重点打造，带动发展的效果很明显。"

团结民族艺术团 LYZ："我们艺术团经常到省里、市里和区里参加活动和比赛，区上的特别多。如九九重阳节、苹果节、民族艺术节、三下乡、省、市、区的视察等我们都接待演出。如果是由政府组织出演的，就会给一定的务工补贴。"

图 4-36 龙潭社区"苹果节"的霸王鞭舞表演

政府选调的演出、比赛和接待一般都由政府文化部门组织，逐级下发通知，最后由街道办根据要求选送节目，组织方一般都由政府各相关单位组成，制定工作方案，有经费和人员安排等。

例如，2015 年春城文化节"昆广网络杯"广场舞大赛就是昆明市文化广播电视体育局主办，市文化馆、昆明广播网络有限责任公司承办，由昆明十二县（区）文广体（旅）局、五个开发（度假）园区社会事业局协办，由昆明佳鼎文化传播有限公司执行，昆广网络公司提供专项资金组织的。贯穿全年的"中国梦·春舞大地"2015 年春城文化节系列活动"昆广网络杯"广场舞大赛于 2015 年 11 月 23 日正式启动。至 2016 年 1 月 30 日，参赛队范围为昆明市 17 县区，经复赛评选出 21 个节目将在电视台演播厅进行决赛会演，[1] 优胜者还将获得现金奖励。在这次活动

---

[1] 昆明掀全民健身热潮"昆广网络杯"广场舞大赛 http://roll.sohu.com/20151123/n427693717.shtml。

中，团结办事处在初赛时选择了"吉祥霸王鞭舞"等四个节目参赛，复赛时选择的是"吉祥霸王鞭舞"。

表4-4　2015年春城文化节"昆广网络杯"广场舞大赛复赛参赛名单
2016年1月9日上午9：00—12：00西山赛区复赛

序号	领队姓名	队伍名称	复赛节目	赛区
1	LYC	西苑永乐文艺队	美丽富饶的怒江坝	
2	GLY	红旗鞋艺术团	地道战	
3	CSQ	莎琪国际艺术舞蹈队	欢乐的跳吧	
4	YZF	轻舞飞扬健身队	欢乐的苗岭	
5	QYH	红袖艺术二团	盼红军	
6	LJY	昆明热浪艺术团	情满草原	
7	THY	俏鹤艺术团	崴花灯	
8	HRF	红土情艺术团	俏花腰	西山赛区
9	LSM	昆明秋苑艺术团第二队	索玛花开遇上你	
10	WY	梦之缘艺术团	美丽翠湖	
11	LYZ	团结民族艺术团	吉祥霸王鞭舞	
12	LZK	西矗街道办厂口社区	乐作啊悠悠	
13	STL	猫猫箐社区文艺队	母亲	
14	QMQ	快乐袋鼠队	健美操	
15	DSH	红枫艺术团	多彩的哈达	

说明：节目内容和节目顺序为笔者现场调研时记录整理。

如果是代表办事处、代表社区承担政府接待任务或者参加政府组织的比赛、调演等活动，昆明西郊白族地区一般都会将霸王鞭舞作为优先选择，在这样的场合中，一般有经费保障、有人员安排、有组织领导，呈现出从上到下逐级通知，兼顾各个社区平衡和力推优秀、典型节目的特点，受众是主办方相关部门的人员、主办地点群众、各个演出单位的参演人员，如果电视转播的赛事还有电视观众。这种演出一般宣传力度大，受众比较广泛，影响较大。

（二）学校教育系统的学习和演练

2007年3月20日教育部、国家体育总局制定了新的《国家学生体质健康标准》，云南省委、云南省人民政府制定了《关于加强青少年体育增强青少年体质的实施意见》（云发〔2009〕14号）。云南省教育厅下发了

图 4-37 安宁太平镇 2011 年春节文艺汇报演出《霸王鞭舞》
(安宁太平新城街道办提供)

《关于开展学校体育舞蹈系列活动的通知》(云教函〔2009〕318号),文件以促进学生积极参加体育锻炼,养成良好的锻炼习惯,提高体质健康水平为导向,改变了以往"大课间"都是做课间操的形式,力推阳光体育活动,将民族舞蹈融入课间操时间,达到吸引学生的注意力,提高健身效果,弘扬民族文化的目的。昆明西郊白族地区顺应国家和省政府的倡导,将霸王鞭舞引入"大课间",沙朗实验学校曾请文化馆的舞蹈老师和沙朗白族艺术团的骨干到校进行舞蹈动作的培训,龙潭小学请龙潭民族艺术团的骨干到校进行部分老师和学生的培训后,再由已经掌握动作技术的师生教授其他学生。目前,沙朗民族中学、太平九年一贯学校和龙潭小学都已经成功实施霸王鞭舞进校园的实践活动,推广效果较好。最近,在西翥一幼和金花幼儿园也开始了霸王鞭舞的教学实践。因考虑到幼儿和低年级学生使用霸王鞭的安全性,因此在幼儿和龙潭小学低年级学生中,将霸王鞭改为手鼓,霸王鞭舞的动作和音乐不变。

昆明西郊白族地区的三个学校——太平实验学校、沙朗民族中学和龙潭小学都已经将霸王鞭舞引进大课间,充分发挥民族舞蹈的优势,结合课间操的锻炼要求,将锻炼健身和民族文化进行有机结合,形成了霸王鞭舞演练的又一重要场合。所不同的是,这样的演练更具有时间上的规律性,每周进行,男女生同跳,在少年儿童中进行普及训练。

LYZ:"龙潭小学的校长想叫我们艺术团把霸王鞭舞推广了作为课间操,学校有580个学生,我们结合本地主要有彝族和白族的实际,选教了

图 4-38　2013 年 7 月 8 日省电视台为市民文化学员录制节目《霸王鞭舞》

一个白族舞，一个彝族舞。艺术团现在有五六个老师，平时送出去学习，回来再教。小学校长担心霸王鞭舞用鞭子不安全，选用白族小手鼓代替鞭子，但是动作、舞步、音乐不变。区上的关工委认为学校推广民族舞是个好事情，叫我写个材料宣传下。有的老人家在艺术团里面跳霸王鞭舞，自己家的小孩子在学校学习霸王鞭，回家还愿意在家也教一下孩子。"

龙潭小学的 BSJ 说："我们学校的民族舞是社区的民间艺术团来教的，教育局对民族地区的大课间有要求，办事处和社区居委会也支持我们的想法，我们就和艺术团联系派了几个老师来教，后面就规定每周五早上课间操来跳小手鼓和烟盒舞，其实小手鼓就是把鞭子更换成了小手鼓。我们现在一共有三套广播体操，所以就换着来跳。学生还是很非常喜欢跳民族舞。我观察下来，有的学生做广播操还有不到位的情况，但是跳民族舞的时候还是比较到位的。我们学校应教育局的要求，发展特色大课间，民族地方的大课间就选用白族和彝族的民族舞蹈，分别选了白族和彝族的舞蹈各一个。时间上要和课间时间相吻合，体现民族特色，音乐欢快，节奏感强。我们感觉家长也还是喜欢的，支持的，路边上也有好多人跟着学生跳起来了，旁边开小卖铺的也会跟着跳，一般群众也是很喜欢的。舞蹈的道具都是放在教室里面的，到周五的时候由两个学生搬下来后跳舞，结束之后又收上去。霸王鞭舞推广了差不多两年的时间，教育局专门有人来看过，还专门颁发了奖状。学习的过程是老师先教乡村少年宫舞蹈班的学生，再来教其他的学生，是学生教学生。学校在校生一共只能买两套校服，民族服装穿着有点不方便，不便于运动，白色的裤子也不耐穿，所以就不要求在平时穿戴。在接待上级领导检查或校际间观摩学习时，学生们一般都会穿着民族服装表演霸王鞭舞。学校里面的学生都会跳，都已经普及了。"

图 4-39　龙潭小学的"阳光体育大课间"活动及一等奖奖牌

除了中小学校，安宁市民文化学校也加强建设，充分利用市民文化，学校带动业余文艺队 27 支 544 人大力宣传文化活动，至 2017 年 8 月，已开设舞蹈、花灯、二胡、健美操、太极等共 42 个教学班，现有学员 1600 余名，13 名特聘教师，覆盖 6 个村（社区）及辖区内所有新建住宅小区。

为规范管理，市民文化学校制定了《基层文化活动队的相关办法（试行）》《太平新城街道市民学校相关管理办法》，一是对参加学习的学员（只针对失地农民）每次给予 5 元车旅费补助；二是实行班委负责制进行班级管理，每班根据学员人数设 2 人组成班委会（通过演讲、答辩后按成绩确定，班委由学员选举产生），班委会在年度内组织活动不少于 2 次，完成工作任务的班干部给予每月 100 元或 90 元的工作补贴；三是实行学籍管理，在市民文化学习的每个学员都有一本《学籍管理手册》记录学习、就业、保障奖励情况，年末进行优秀学员、优秀班委、优秀班级的评选活动，树立典型；四是鼓励学员以村小组为单位成立基层文化活动队，对自主成立的文化队实行星级管理，经验收合格后，给予每支文艺队 2000 元以上补贴；五是市民学校授课的教师，按每节课 200 元发放，教师的考勤由各班班长负责，年终按照考勤制度发放授课补贴。五项经费保障从太平新城街道地方一般预算收入中列支，每年投入在 40 万元以上。

学校要求在校的学员全部学习霸王鞭舞，所有班级无论学什么课程都要加入霸王鞭舞作为主要课程之一，学校让拿锄头耕作的手脚"舞起乐器，跳起舞"，霸王鞭舞就这样走进了市民文化学校学员的生活中，学校也就成为霸王鞭舞演练的主要场所之一。2014年10月16日，太平新城市民文化学校举行"发现太平之美"白族文化传习暨市民文化学校千人开班文艺展演活动。活动凸显白族文化，市民学校的1300余学员及教师全体穿着白族的传统服饰，手持"霸王鞭"，以集体舞的方式向全体到场的嘉宾展示了如今太平白族人民的新生活，新面貌。[①] 2018年1月1日元旦，1600多名学员集体起舞，霸王鞭舞在轻快的节奏中整齐亮相，作为太平新城办事处迎接新年到来组织的元旦庆典活动的开场舞。

图 4-40 "发现太平之美"《霸王鞭舞》表演

图 4-41 白族情景剧
（太平新城街道办提供）

[①] 太平新城街道办文广中心：《太平新城文化广播电视服务中心2014年工作总结》，2014年10月30日。

(三) 老年大学和老体协的学习和演出

随着我国进入老龄社会，老年人日益成为庞大而特殊的社会群体，而老年人的生活养老、精神关怀也日益成为突出的社会问题。在这种社会背景下，老年大学这一教育形式广泛建立，并在推动开展社区艺术活动方面发挥积极作用。目前，昆明市14个县区均已建立了老年大学，学校、分校达114所，教学点846个，招生人数突破8万人，占全市人口的8.7%。老年大学形成相对完善的教育体系，教师或专职或外聘，在各市、区、县老年大学对学员进行授课指导。[①]

老年人体育协会为非营利性社会组织，与老龄工作委员会等有关部门共同开展为老年人服务的工作，是联系、团结广大老年人的群众性体育社会团体，是为老年人开展体育健身活动、增进老年人健康服务的非营利性社会组织，为老年人开展体育健身活动、增进老年人健康服务。以团结为例，老体协成立于2010年，设有委员16人，主席1人，副主席2人，秘书长1人。街道文化站为老体协免费提供了726平方米的活动场所，内设图书室、电子阅览室、多功能活动室、陈列室、展览室、舞蹈排练室，其中大河村老年活动中心、大乐居老年活动中心共占地1500平方米，为辖区老年人开展体育活动提供了场地保障。为加强老年人体育队伍建设，街道办事处通过老体协对龙潭艺术团等28支具有民族特色的老年体育队伍开展了健康有益的培训活动，实施"请进来"，为的是要"走出去"。2011年到2015年期间，老体协为辖区内的800多名老年人开展了培训活动，如，2013年8月举办了文艺培训班，2013年12月举办腰鼓、舞龙耍狮表演培训；2014年6月举办健康舞培训班，在这个具有交流、学习功能的平台上，霸王鞭舞由于具有典型的艺术性、民族性和健身性，成为培训的主要内容之一。

团结办事处各村老体协利用节假日、农闲和早晚时间，排练有益身心健康的民族舞、太极拳、太极剑、功夫扇等，多次组织文艺队和艺术团参加省、市、区组织的一些比赛活动，均获得较好的评价，曾荣获一、二等奖的好成绩。老年人都认为参加这些文体活动，"家庭和睦了，婆媳关系搞好了；看医生的人少了，打麻将、赌博的人少了，身体健康了，心情舒畅了，生理和心理都得到了治疗，真是：自己少受罪、儿女少受

---

① 徐兴兴：《昆明市城市社区音乐教育考察研究》，硕士学位论文，云南艺术学院，2016年。

图 4-42　龙潭街道办事处龙潭社区民族歌舞培训班开学典礼及霸王鞭舞培训

累、节约医药费、造福全社会"，老年人开展霸王鞭舞等文体活动，受到了千家万户的欢迎。

2013年12月，团结老体协组织老年文艺队在"中国美·夕阳美"中国老年人艺术大赛海南公开赛中表演的《霸王鞭舞》和《大脚老奶卖花鞋》分别获得银奖和金奖，在2013年敬老节老年人体育舞蹈和民族舞蹈表演赛中获得优秀奖。龙潭民族艺术团参加2014年市、区广场舞比赛获得优秀奖，真正做到敬老节"年年有慰问，年年有演出"。

西山区老年大学也经常组织辖区内各教学点、校外班进行文艺会演。例如2016年1月12日该校组织校外班在2016年1月19日上午9：00在区老年大学大厅举行"展现阳光心态　体验美好生活　畅谈发展变化"文艺会演。此次演出有演出补贴，演出当天由学校的杨凤仙老师负责全场督导安排。参赛队伍共有27支，团结龙潭艺术团在此次文艺会演中也选择了《吉祥霸王鞭舞》作为参赛节目。

图 4-43　团结民族艺术以《吉祥霸王鞭舞》参加老年大学校外班文艺会演

除了上述两种方式外，团结龙潭民族艺术团和云南银潮老龄服务中心，即云南省老龄工作委员会办公室老年服务中心合作，开展了一些省内、省外、国外的旅游演出活动。该中心是云南省民政厅批准成立的省级为老服务公益机构，以积极开展健康的中老年活动和服务为主。团结民族艺术团通过与中心合作，带领艺术团的团员参加了韩国等地的国内外交流合作，把团结白族的霸王鞭舞带到旅游目的地与旅游地游客共享。

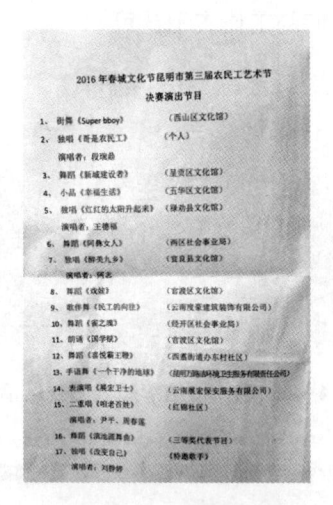

图 4-44 农民工艺术节节目单

图 4-45 团结民族艺术团赴韩演出奖杯

LYZ："我们也参加老体协组织的到省外、国外演出的活动，价格优惠些，但是要自己自费，对我们艺术团的人传播民族艺术和开阔视野都有很大的好处。成立这个团的时候我就承诺过，一年要出一次国，出一次省，现在基本都能做到。云南银潮老年中心经常邀请云南少数民族出国演出，我们去过了好几个国家，都是带着演出的任务去的，还拿了奖牌回来。去的近的地方一般交一两百就可以去了，这样就可以参加的人多。省老体协的也对我们的工作表示认可。"

图 4-46　老体协组织的龙潭社区活动

图 4-47　龙潭社区白族外出交流获奖

在这样的演出中，受众除了主办方相关部门的人员，各个演出单位的参演者和观看者大多是中老年人。

(四) 自发参与的学习和演出

经济发展促使人们生活水平提高的同时，对文化活动和精神活动的需求也在不断提高。而当政府文化单位在教学活动空间、师资力量等方面不能满足人们的需求时，群众自发组织的艺术活动也就成为一种重要的力量活跃在社区中，成为社区文艺活动的重要组成。① 昆明西郊白族社区群众自发学习霸王鞭舞主要是在文艺队或者艺术团内部进行。文艺队和艺术团是群众自发性组织，具有相对稳定关系的团体。沙朗白族艺术

---

① 徐兴兴：《昆明市城市社区音乐教育考察研究》，硕士学位论文，云南艺术学院，2016年。

团现在有 17 个文艺骨干成员，全部都是白族，有的是打工的、有的是搞养殖的、有的是家庭妇女。沙朗白族艺术团是街道办开展活动最多的一支艺术团。代表东村社区参加演出或活动，一般叫东村社区文艺队；代表街道办参加演出或活动，一般叫沙朗白族艺术团。仅仅东村社区就有文艺队 7 支，西翥街道办有 30 支队伍，大部分都是白族。白族的活动参与群体多半是中年有闲时的人群，其中霸王鞭舞的参与者多半为中年女性。沙朗白族艺术团每周有两天晚上是固定学习练习时间，一方面是教授学习到的新舞蹈，一方面是复习提高已经会的舞蹈，打造精品节目。沙朗白族艺术团的团员和相关的活动联络人还建立了"舞动青春"微信群，在微信群上发布活动通知、排练时间地点和服装要求，参加比赛的照片，等等。艺术团或者文艺队中团长、队长等热爱舞蹈活动的带头人，一般会自己先从网络视频上下载学习视频，研究分解动作后，再教给艺术团和文艺队的成员。

团结办事处共有 1 个业余民族艺术团，86 支业余文艺队，文化志愿者 360 余名，社区文艺骨干积极性高，社区文化活动异彩纷呈。龙潭民族艺术团在参加艺术团的时候签署入团协议，形成相对固定的组织，排练节目。团员一般入团自由，签署入团申请书的目的在于进行团队成员的管理约束和承诺安全事项等。如申请中明确规定："龙潭民族艺术团是所有成员的自发组织，团员自愿参加并自觉遵守艺术团的规章制度，服从指挥，团结友爱，互帮互助，刻苦排练，认真演出，有事请假，没有特殊的事情不缺席迟到，积极参加团队开展的一切活动。在参加艺术团任何活动中，所发生的人身损害均由团员及家庭成员自行承担，因第三方给团员造成的人身损害均由团员及家庭成员自行依法处理。在排练演出等一切活动中，如出现意外的安全事故与团、组无关，一切责任自负。"最后还需要本人和家属签署姓名、身份证号码和联系电话。申请签署之后，团员正式获得入团资格。

LYZ："自己参加比赛就自己自费。如果有名次就有奖金，没有名次就没有奖金。邀请我们去演出的比较多，企业的也有。企业有本地的，如农家乐，也有外地的。还有农村里面结婚、乔迁、满月等喜事都会请，一般一年有 100 多场。我们当地人请的话，我们也不收钱，请我们的人提供两餐。如果企业请的话，比如是开年会、三八节等企业组织活动，一般支付一点演出误工费。有一次有两家企业来我家订餐开年会，一家有

50多个人,一家有100多个人,启创科技这家要求我们要演出,也给了我们餐费和演出费,另外50多人的那家就只是吃饭不要求演出,正好是一天吃饭,50多人的那家就问他们能不能看演出。我们当然是说可以的,最后两家一起看,一起玩,非常开心,他们表示在城里面没有这种气氛。我们这里这个艺术团还是小有名气的,陆良皮革城当时请了我们280多个人去,来了六辆大巴车,包车包吃住。一年光是开年会、三八节等等的,来我家这里吃饭演出的也有十多次,还有些时候还要去别的农家乐表演。在龙潭龙润那里演出,老板每个人给50元,要求20个人出演,去了好几次。我们过年的时候还要去政府、村委会、村小组、赞助企业拜年,元宵节的时候还搞了元宵晚会。我们也喜欢去参加昆明白族三月节的,只要能够提供我们一点车费和解决用餐,我们都还是很愿意去参加表演的。村里结婚等喜事我们也是常去,不但有了气氛,又有了档次和高度。农村人一家看着一家,好多都觉得请了艺术团来了,有了表演和说辞这些更有档次。"

图4-48　团结民族艺术团参加第27届昆明白族三月节活动

自发性演出可以大致分为四种情况:(1)村社活动;(2)企业邀请;(3)个人邀请;(4)社会演出。其中,企业邀请的演出有团结本地企业也有外地企业。个人演出也有本村本社区或者外地的。邀请方多半与艺术团或者文艺队成员认识或者是亲戚、朋友关系。村社活动一般集中在年节庆祝场合中;企业邀请有年会、客户答谢会、产品推广会等各种时间和场合;个人邀请集中在春节前后结婚喜宴高峰期,或遇到做寿、庆生、乔迁等场合;社会演出一般是自发报名参与各种社会上的文艺活动。

在自发性的演出中,虽然没有选定节目或者以一个节目参加比赛的要求,但是霸王鞭舞一般还是会作为主要舞蹈,并且会安排在第一个或者最后一个节目。但是在一些外出表演的时候,受限于服装携带的限制,

图 4-49　2016 年东村文艺会演主持人

图 4-50　东村白族演出《霸王鞭舞》

图 4-51　东村白族演出苗族舞《赶花山》

图 4-52　东村观众

或者场合的特殊气氛和要求，也会在节目出场的顺序上做一些调整。自发性演出的观众是因演出场地的变化而变化的，具有较大的随机性。笔者跟随艺术团和文艺队参加过一些自发演出活动，霸王鞭舞都是必跳舞蹈。在以下三个场景中的受众就包括了游客、企业职工和婚礼亲朋等。

案例1：旅游节庆演出

团结办事处是昆明有名的"农家乐之乡"。昆明西北绕城高速的通车，更方便了自驾者，"昆虫"们不必再担心自驾游团结农家乐要穿越玉案山，行驶狭窄山道陡坡急弯的惊险；从昆明二环高速就可以上西北绕城高速，方便快捷安全地驶入团结，吃遍团结乡的农家乐美食，还可以到谷律农家乐吃花椒鸡。都市农庄"龙润大龙潭"生态休闲园占地约487亩，其中山地380余亩，旱地35亩，水面80亩。园区依山傍水，景色宜人，是集会议接待、休闲垂钓、生态餐饮、度假娱乐、自助烧烤、星级住宿、生态沙滩等一体化的生态休闲园。2014年国庆节期间，入住"龙润大龙潭"的游客比平时多了起来，团结民族艺术团受邀为游客演出民族歌舞，以增加节庆期间的入住率，提高入住客户的入住体验。

演出时间：2014年10月2日11:30—2:00
演出地点："龙润大龙潭"休闲园
演出目的：企业为吸引国庆期间的游客入住
演出人数：26位团员
费用情况：1300元（每人50元）
观众：入住"龙润大龙潭"休闲园的国庆旅游游客
演出准备过程：10月1日晚艺术团内部开展联谊活动，同时排练2日早上的节目。2日9:30民族艺术团的26位参加演出的团员身着团结白族服装，在团乐路边的"一心堂"门口集合，年龄都在40岁上下，相见时全部用白语交流，后集体步行前往龙润大龙潭休闲园。到达后，简单桌餐之后化妆，等待开演。
演出节目及出场顺序：见表4-5。

表 4-5　　　　　　　　　　演出节目及顺序表

演出节目出场顺序	演出节目内容
1	白族舞蹈"霸王鞭"（穿着团结白族服饰）
2	舞蹈"最炫民族风"（穿着团结白族服饰）
3	花灯剧选段
4	舞蹈"阿佤人民唱新歌"（穿着佤族服饰）
5	花灯歌舞"崴花灯"
6	蒙古族舞蹈"火火的日子火火的爱"
7	纳西族舞蹈"纳西三部曲"
8	现代舞"小苹果"

说明：演出节目及顺序表为笔者现场调研时记录整理。

图 4-53　在龙润大龙潭表演《霸王鞭舞》

图 4-54　龙润大龙潭的促销点

图 4-55　LYZ 和 LCC 主持节目

图 4-56　龙润大龙潭的游客观看节目

案例 2：企业答谢演出

云南世达色彩商贸有限公司简称"世达色彩"，创办于 1997 年，隶属于广州市福田实业有限公司的股东及云南分支机构——福田纳路（中国）工业涂料事业部，同时也是美国杜邦高性能汽车漆云南代理商及服务商，是一家定位并服务于为成长型和实力汽车销售企业、4S 店、综合汽修厂和汽车漆专卖公司（店）提供贴身促长服务的"汽车漆销售公司"，其前身是成立于 1995 年的"高原联益工贸有限公司"，是云南省内乃至全国成立较早，成长迅速的专业汽车漆供应商。公司严总是团结人，凡公司有答谢、庆祝、年会等活动，都会邀请团结民族艺术团参加表演，为公司活动增添气氛。

演出时间：2016 年 5 月 1 日 17：00—19：30

演出地点：宣威

演出目的：世达企业产品上市暨质量万里行品质博引会（宣威站）客户答谢会助兴

演出人数：14 人

费用情况：车费 2500，住宿费 1600，餐费和劳务费另计

观众：企业职工和相关合作方代表 200 人

演出准备过程：艺术团出行的 16 名队员在 5 月 1 日 11∶30 到达昆明火车站候车室，乘坐 5 月 1 日 11∶53 昆明—宣威的城际列车去往宣威参加演出。候车间人流如织，但是团结白族穿着整齐的民族服装，在人流中异常显眼，虽然"回头率"很高，但她们并未觉得有任何不适。车厢内她们穿着的白族服装和交流时使用白族语言，同样引起很多人好奇或者欣赏的目光。每个人都带了一件行李箱，主要是演出用的大理白族服装和其他服装，演出道具霸王鞭等。以一个外地人的眼光看，当地的彝族和白族服装比较相像，分不出来，但是他们却说，有些元素是不同的，他们自己是可以分得清的。服装作为外显的一个物质的元素，从过去到现在，从本地到大理的采借、混用和流动，并没有干扰他们对自己的自识和对他们的他识。为了减少行李，她们出门前已经穿着团结白族服装了，而当时在火车上 LYZ 考虑当天晚上演出的节目顺序的时候，要把顺序和服装的穿、换结合起来。

到了宣威后，企业的车子来接到艺术团成员一行 14 人到酒店入住，安排了当地最好的酒店的 7 个标间。入住之后，他们开始换衣服，化妆，简单休息了下，就按照约定的时间五点钟去了中餐厅和企业的人员对接等候演出。演出节目开始之前，LYZ 把舞蹈伴奏带拷贝给企业方的人备用。

表 4-6　　　　　　　　演出节目及出场顺序表

节目出场顺序	演出节目内容
1	民族舞"最炫民族风"
2	彝族舞"阿哥阿妹来跳乐"
3	现代舞"小苹果"
4	昆明小调"耍耍昆明的呈贡和西山"
5	舞蹈"吉祥霸王鞭"（穿着大理白族服饰）

续表

节目出场顺序	演出节目内容
6	白族舞蹈"心肝票"（穿着大理白族服饰）
7	企业职工穿插表演"最苗乡"
8	"军歌声声"
9	企业和艺术团合影，介绍团结办事处的民族风情，抽奖
10	"乐作阿悠悠"
11	佤族舞蹈"加林加林赛"

说明：演出节目及顺序表为笔者调研时记录整理。

演出结束之后：晚上饭后，企业方的几位员工陪同民族艺术团的演员们去宣威购买当地的土特产黄豆腐，途中笔者和司机等几位宣威员工聊天，问他们对演出中的感受，几位都说："挺热闹的，气氛很好，不然光吃饭显得有点冷场，这样就开心多了。"当问及对哪个节目印象深刻，他们都表示："白族霸王鞭舞，跳起来就知道是白族了，和大理那边一样的嘛。"

演出人员当天晚上住酒店，第二天早点后离店返回昆明。

案例3：婚礼宴请演出
演出时间：2016年5月8日17：30—19：00
演出地点：宜良县南大云村客堂
演出目的：婚礼助兴
演出人数：12人
费用情况：支付劳务费
观众：参加婚礼的双方亲朋和村社邻里1000人
演出准备过程：2016年5月7日因为人员变动和队形变化的缘故，晚19：00—22：00艺术团在村子里面排练节目。2016年5月8日9：00艺术团从沙朗包一辆依维柯出发，带着12个成员及演出需要的行李、音响设备和道具等。有4个成员因为工作原因未能参加当天的演出。11：30分车子到达目的地，正赶上村民们到新人家吃喜酒。新人家长正好是艺术团成员洪梅的妹妹。艺术团的成员也先落座吃饭，饭后有的成员在车上简单休息，有的在田间地头闲聊。

第四章　霸王鞭舞的发展：昆明西郊白族认同表述的符号、场合与主体　　181

艺术团团长则忙着将村里客堂的舞台做简单的布置。舞台上需要一个更衣的地方，团长请村民准备两块很大的塑料布和一根很长的铁线，先把铁线一头拴在窗子的栏杆上，另一头拴在墙面的钉子上，然后把塑料布挂在上面，中间位置有30厘米的重合留作进出的门，用夹子把塑料布夹在铁线上，下面用凳子和行李箱固定住，简单的更衣间就布置完毕了。清扫客堂的师傅把舞蹈的地面打扫干净，把中午吃饭的桌椅全部收拾起来后，留出正面靠前的位置供演员跳舞使用。

　　下午的客人在16:30左右陆续到来，先到的客人都在聊天打牌，艺术团的演员们开始化妆、换演出服。接近18:00的时候100桌左右的宴席开始上菜，演出也正式开始。为了腾出换衣服的时间，演出时舞蹈、独唱和独奏等一些节目共同登台完成的。

表 4-7　　　　　　　　　　演出节目及出场顺序

演出节目出场顺序	演出节目内容
1	舞蹈"好日子"
2	葫芦丝独奏
3	舞蹈"花腰傣"
4	闽南语独唱"酒干倘卖无"
5	舞蹈"阿瓦人民唱新歌"
6	独唱"幸福万年长"
7	舞蹈"歌儿比星星多"
8	白族舞蹈"喜悦霸王鞭舞"

说明：演出节目及顺序表为笔者调研时记录整理。

图 4-57　演出前准备的临时更衣间

图 4-58 婚宴演出白族舞蹈《霸王鞭舞》

图 4-59 婚宴演出花腰傣舞蹈

图 4-60 亲朋好友参加婚宴观看演出

演出结束之后：新人先给艺术团敬酒后，依次敬酒，艺术团的成员都说，这次演出算是比较轻松的，时间不太长。她们表示，在这些舞蹈中就数霸王鞭舞的动作最费力，艺术团虽然排了三四种霸王鞭舞的不同跳法，但是一般演出最多就是跳两个常常排练的，因为接着跳霸王鞭是比较辛苦的。有几个成员表示她们参加霸王鞭舞等的排练和演出，一方面是由于自己喜欢，另一方面是想传承自己的民族文化。她们越来越感觉到，除了白族同胞之间还在讲白族话，其他生活方面的习俗，包括服装这些，都已经和汉族差别不大了，越来越趋同。随着这几年生活水平的提高，她们想通过跳舞把自己的民族舞蹈传下去。跳霸王鞭舞确实增强了他们的民族自豪感。

上述案例只是自发参与学校与演出的几种典型场合，为综合分析四种学习和参与演出的方式，笔者将2012年5月至2016年10月在团结街道办事处所参与的42场演出活动（不完全统计）情况详细登记后制表（见附录），用于分析演出性质、演出经费和演出成员和观众以及在各种演出场合中，霸王鞭舞作为单一演出节目或者演出场合中一个节目的特殊位置，并分析其与民族认同的关系。

表4-8　　　　　　　　　霸王鞭舞演出性质表

主办或承办方		演出事由	地点	参与方式	演出场数	比例
政府		节庆演出、群艺活动	龙潭社区	政府组织	3	7.14%
老体协、老年协会		企业活动、外出交流	西山区、宣威市、蒙自市等县市区；北京等省外城市；韩国、越南等国家	报名和邀请	5	11.90%
自发	村社	春节、敬老节、重阳节等	龙潭社区各村	自发组织和参与	7	16.67%
	企业	企业活动	本社区、谷律、新平、宣威、陆良等地	邀请	10	23.80%
	个人	婚宴、生日宴、满月宴等	龙潭社区各村民家	邀请	17	40.48%
合计					42	

资料来源：根据笔者2012年5月至2016年10月参与观察的霸王鞭舞演出情况统计。

表4-9　　　　　　　　　霸王鞭舞演出经费表

组织性质		劳务费（单位：场）		餐补（单位：场）		车补（单位：场）		备注
政府组织		有 2	无 1	有 1	无 2	有 0	无 3	
老年协会		有 0	无 5	有 0	无 5	有 0	无 5	
自发	企业	有 3	无 7	有 4	无 6	有 2	无 8	一般外地企业邀请有车补；本地无
	个人	有 0	无 17	有 17	无 0	有 0	无 17	
	村社	有 0	无 7	有 7	无 0	有 0	无 7	
合计及比例（%）		5	11.90	37	88.10	29	69.05	13	30.95	2	4.76	40	95.24	

资料来源：根据笔者2012年5月至2016年10月参与观察的霸王鞭舞演出情况统计。

表 4-10　　　　　　　　　　霸王鞭舞的出场顺序及频次表

演出性质		演出场数	作为第一节目出场场数及比例	作为单一节目演出及比例	多节目演出场数及比例	其他位置出场场数及出场位置	其他出场节目
政府		3	3 100%	2 66.67%	1 33.33%	0	南泥湾 健身操 红红的日子 在希望的田野上
老年大学老年协会		5	4 80%	4 80%	1 20%	1 末位	最炫民族风 迎酒欢歌
自发参与	村社	7	3 42.86%	0 0%	7 100%	4 第二位 （注：第一位为龙狮表演）	白族舞 欢天喜地 远方的客人请你留下来 弦子弹到你门前 纳西情歌等
	企业	10	8 80%	0 0%	10 100%	2 第二位 （注：第一位为龙狮表演等开场舞）	开场舞 小苹果 各民族舞蹈等
	个人	17	17 100%	0 0%	17 100%	0	好日子 阿里山新歌 烟盒舞 阿佤人民唱新歌 红红的日子等

资料来源：根据笔者 2012 年 5 月至 2016 年 10 月参与观察的霸王鞭舞演出情况统计。

通过观察在霸王鞭舞演出的过程，可以看出，霸王鞭舞在各种演出中均处于特殊的地位：在所参与的演出中，自发性演出所占比例最高，合计为 80.95%，自发性演出中参与的主体除了演出人员外，在村社组织的演出中还包括村社基层工作部分的工作人员，村社成员；在个人邀请的婚庆、生日、诞辰、祝寿等场合中，更多的是村社成员的参与；而企业邀请的活动则有较大的向外传播霸王鞭舞的作用。自发性演出所占比例大，位于第一位的演出事由是村民婚宴、生日宴、满月宴等个人宴请需要，占比为 40.48%，说明霸王鞭舞有较好的群众基础和社会需求，和群众生活需要的联系较为紧密。

但是从经费情况看，目前的霸王鞭舞演出还不能产生经济效益。在

42场演出中,没有劳务补贴的占比为88.10%;没有餐饮补贴的占比为69.05%;没有交通补贴的占比为95.24%。

从霸王鞭舞演出的出场顺序和频次,可以看出,在政府组织的演出和比赛中,霸王鞭舞无论是作为单一节目或多节目的演出,都是100%作为代表本地白族的典型舞蹈在第一个节目出场。在老年大学或老年协会组织的演出和比赛中,霸王鞭舞作为第一节目出场的比例也高达80%,另外20%是最后一个节目出场。在自发参与的演出中,第一种情况是村社组织的活动中作为第一出场节目的比例是42.86%;参与企业邀请的活动中,作为第一出场节目的比例是80%;在个人邀请的活动中作为第一出场节目的比例是100%。

正如几位组织者所考虑的:"我们培训的时候要求是全部人一起学习霸王鞭舞。我们编排的霸王鞭舞等白族舞多一点,还有排舞,有时装表演,现在跟着形势走的多一点,如小苹果,最炫民族风等。我们是白族,所以一般演出的时候霸王鞭舞放在第一个节目。在我们所有的演出中,我们是想体现我们当地少数民族的风采,白族霸王鞭舞是我们的主打节目,其他民族的也有。在舞蹈方面,去台湾的时候他们点名要我们跳霸王鞭,后来也主要是跳霸王鞭舞。"①

沙朗白族艺术团ZLX:"演出节目以白族的为主,前些年我们出去参加比赛,基本跳霸王鞭等白族舞。但是也排练其他民族的舞蹈,因为别的民族的舞蹈也很好看,另外节目丰富、热闹些也能吸引观众。但是我们一般是把白族的舞蹈放在前面,因为我们是白族,主要是要展示本民族的文化艺术。我们下一步还想用白族语言把民歌唱出来。白族酒歌用白族话唱,人家都说好听,不管是领导还是老百姓都很喜欢。政府请我们去,有领导在我们就唱酒歌,老乡家请结婚婚宴的时候,我们也唱酒歌,把白族语言和歌舞融合在一起,有的白族感觉唱出来和说出来还是不一样,要更好听。我们这个队伍可以跳一个小时的白族舞蹈,霸王鞭舞、迎宾曲、采春等,加上其他佤族、彝族、瑶族等民族的舞蹈,又可以演出两个小时,如果需要三小时的演出,我们又可以加上点乐器演出,帮助演员换换服装。我们是根据需要来调剂安排,主要以白族为主。本来我们就是白族,我们不仅喜欢自己的舞蹈,还喜欢别的民族的舞蹈。"

---

① 团结民族艺术团LYZ访谈。

安宁太平市民文化学校 YDM："我们的教学班级也在太平各个小区内开展霸王鞭舞传承。六一节、运动会上等我们会安排霸王鞭舞表演。我们先推广霸王鞭舞，之后还想再推其他的。我们把霸王鞭舞和八角鼓等白族舞蹈拿来跳我们的开场舞。这几年我们的民族民间艺术传承，正在探索和摸索，市民文化学校也是一种创新方式，2014 年就有 1300 多个学员会跳霸王鞭舞了。虽然说现在我们在建制上改成了城市的建制，但是其实我们的群众生活方式还没有完全市民化。所以在民族民间艺术的传承上，既有以前的特点又要结合现在的趋势，需要不断的探索。"

通过引进和发展白族霸王鞭舞等文化艺术活动，昆明西郊白族的民族自豪感增强，沙朗白族自信地说："我们这里的白族比较有文化自信。从每个村社的文艺队发展来看，文艺队是沙朗白族文化艺术复兴的一个重要依托。"团结白族表示："我们还把霸王鞭舞改编成广场舞、健身舞，300 人一起跳，这样就很壮观有气势。我们这里的白族民族民间艺术有借用，有创新，有发展。"太平白族更希望在创新基础上推动白族霸王鞭舞艺术："这些年我们推动了以后，我们去大理请霸王鞭舞老师来教，学习霸王鞭舞和喜欢霸王鞭舞的人就更多了，形式也更为广泛了。我们是把太平的东西和白族的文化结合起来编排节目，我们不一定要照搬大理的形式，可以创新。"

从上述调研可以看出，霸王鞭舞在昆明西郊白族社会的文化和社会生活中，处于一个特殊和重要的位置，在反复的演练过程中，扮演着西郊白族的代表性舞蹈节目的角色，以演练中的音乐、舞蹈动作、服饰、道具等艺术元素综合构成了白族民族认同的艺术表述符号。在不同场域的演练中，不仅有认同伟大祖国、中华民族、中华文化、中国共产党、中国特色社会主义的节目内容，也有呈现出本地域、本民族的艺术形式，还有呈现其他地域、其他民族的艺术节目，构成了更加多元的艺术图景，表达出散居民族在中华文化认同基础上认同的多层次性和多样性，展现出其各美其美，美人之美、美美与共的文化自觉和文化自信，同时，其自我认同与对中华民族的认同是可以并行不悖的。

二 表述主体

在霸王鞭舞的推广中，通过具体的舞蹈活动实践，政府、民间精英和白族群众都推动了霸王鞭舞的发展，使得其成为民族认同的艺术表述方式。在舞蹈活动的过程中,具体的表述主体是随着表述场合的移动而变化的,既包括表演者,也包括组织者、参与者及观众等相关人群。在由政府主导、组织的活动中,表述主体主要是政府部门的组织者、参与者,艺术团或文艺队的表演者和对应场合下的观众群体;在中小学或者市民文化学习中排练演出的霸王鞭舞活动,表述主体主要是学校的老师、学员、学生,或者观摩比赛时的文化、教育部门的组织、参与者;在由老体协、老年协会组织的舞蹈活动中,表述主体主要是老体协的组织、参与者,艺术团或者文艺队的演出者和相对应场合的观众;自发参与的演出,受到具体的演出类别的影响,参与者、组织者、观众群体都更为多样化,影响也不同。在村社之间的演出,主要是村社成员参与,受邀到外地的演出,则把昆明西郊白族的霸王鞭舞也带到了外地。艺术团和文艺队是最具有活力、带动能力、发展潜力的表述主体,也是连接政府部门和基层群众的桥梁。

除了在校学生男女比例基本持平参与霸王鞭舞外,观察昆明西郊白族地区参与霸王鞭舞学习和表演的人群发现,几乎都是40岁以上的中老年妇女,由于现在跳舞时都是使用伴奏音乐,所以传统上一些懂乐器善伴奏的男性也并不直接参与到霸王鞭舞的学习和表演中。传统的鼓男、扇男、执树老人等一些由男性扮演的角色也都没有。即便是在安宁市民文化学校中,虽然要求每个学习班都要学习霸王鞭舞,但是实际上在平时的训练和表演中也几乎都是女性参与。由于青年女性要兼顾参与工作、操持家庭、照顾孩子等各个方面的事情,所以参与度比较低,只有能够调剂出时间的中老年女性在农闲或者下班后参与训练。根据笔者在团结民族艺术团选择了第二和第三两个队的八个组共计156人做统计,其中队员全部为女性,主体成员的年龄结构为:40—50岁的占比为43.59%,50—60岁的占比为36.54%,两个部分的合计为80.13%,而30—40岁区间的成员仅为3.84%。由于年轻队员少,成员呈现中老年构成比例高,年轻队员补充少,短期之内仍有继续老化的趋势。

表4-11　团结民族艺术团演出成员年龄阶段表(第二队、第三队)

组队	30—40岁	40—50岁	50—60岁	60岁以上
第二队第一组 (14人)	0人	12人 占本组85.71%	2人 占本组14.29%	0人

续表

组队	30—40 岁	40—50 岁	50—60 岁	60 岁以上
第二队第二组 （22 人）	0 人	15 人 占本组 68.19%	7 人 占本组 31.81%	0 人
第二队第三组 （11 人）	0 人	0 人	1 人 占本组 9.09%	10 人 占本组 90.91%
第二队第四组 （19 人）	6 人 占本组 31.58%	8 人 占本组 42.11%	0 人	5 人 占本组 26.32%
第三队第一组 （22 人）	0 人	0 人	13 人 占本组 59.10%	9 人 占本组 40.91%
第三队第二组 （25 人）	0 人	0 人	24 人 占本组 96.00%	1 人 占本组 4%
第三队第三组 （24 人）	0 人	15 人 占本组 62.5%	9 人 占本组 37.5%	0 人
第三队第四组 （19 人）	0 人	18 人 占本组 94.74%	1 人 占本组 5.26%	0 人
合计 156 人	6 人 占全部 3.84%	68 人 占全部 43.59%	57 人 占全部 36.54%	25 人 占全部 16.03%

资料来源：根据笔者对团结龙潭艺术团第二队、第三队人员进行调研的数据整理、统计而成。

但是通过文献和实地走访都可以发现，大理白族霸王鞭舞实际上无论男女的认知度、接触度和参与度均较高。在特定的场合中，男性的接触度和参与度甚至优于女性。然而，随着文化环境的变迁，由于昆明西郊白族霸王鞭舞是作为自上的公共文化培训和自下的自发学习结合出现的，脱离大理白族文化生态环境，不同年龄和性别的白族群众对舞蹈的认知、接触和参与发生了明显的变化。中老年白族女性成为霸王鞭舞蹈的主要学习和演出力量，一部分受访成员表示通过参加霸王鞭舞的演出，对白族的认同感有所增强。男性则在很大程度上退出了这个舞台，只是在演出现场作为观看者参与。

LHY:"男的在农村里面宁愿打麻将也不愿意跳舞，旧社会的时候是女的不出来跳舞，男扮女装的很多，现在是男的不好意思去跳舞，觉得害羞。男的有的心里面也喜欢，但是就是不愿意自己亲自参加。有的男的是家庭困难，事情多，负担重，时间少。原来我们年轻人时候的反对我们唱花灯的女人现在都是舞蹈队的积极分子。"

表 4-12　　　　　组织者、演出成员和观众表

不同演出人数的场数		组织者	演出成员	观众性质	备注
1—50 人	16 场	村组、个人、企业、老年协会、老年大学	民族艺术团	社区、村组群众、村民亲友、企业职工、组织方人员、各参与团队成员、到访地游客	
51—100 人	6 场	村组、企业、老年协会		社区、村组群众、组织方人员、企业职工、到访地游客	
101—150 人	14 场	政府		主办、组织方领导、社区、村组群众、媒体工作人员、各参加团队成员	
151—200 人	1 场	村组		社区、村组群众	
201—250 人	1 场	企业		企业职工	
250 人以上	4 场	村组		社区、村组群众	

资料来源：根据笔者 2012 年 5 月至 2016 年 10 月参与观察的霸王鞭舞演出情况统计。

传统环境下，善舞男性往往也显示出身强体健、脑体协调的体征，更易获得女子的青睐。彼时男性对于舞蹈的认知、接触以及参与程度高。伴随着工业化、信息化的进程，白族男性职业特征已发生翻天覆地的变化，多外出务工、求学，更多承担着家庭的经济负担，所以业余时间相对较少。白族妇女及老人多在家务农，且在教授女孩生活生产技能时，最重要的就是家务，以及刺绣等传统艺术，这些往往会被认为与心灵手巧相关。跳舞给人带来的身心健康也会被视作"美"。所以中老年白族女性参与霸王鞭舞的程度也就高于男性，最终出现男性客体化，女性主位化的现实境遇。新时代下男女白族群众在民族认同、审美意识和传承角色的差异，导致了两者在舞蹈认知、接触和参与度上的不同。[①]

本章小结

霸王鞭舞在昆明西郊白族社区中以多样化的面相融入生活的实践中，

---

① 叶笛：《认同、审美与角色：性别因素影响下的羌民族舞蹈》，《贵州民族研究》2013 年第 2 期。

虽然对个体而言，不是每个人都能说得清楚当地白族的来源和历史，也不是每个人都能清楚地认识霸王鞭舞蕴含的文化意义，但是它所以成为构成民族认同的重要因素，是因为艺术具有感性、具体、审美的优势，能够调动人们的情感，并通过想象性的共同意象使接受者趋于共同的心理指向。① 也就是说，"艺术创作的作品能够以它们所唤起的观念的体验的共同性把人们联合起来，这些作品本身作为交际的动因，在某种程度上象征着人们的某种共同体的统一"②。霸王鞭舞体现出来的这种民族认同，具有一定的民众基础，一是白族群众能够普遍参与的集体行为，不只是少数精英所独享的沉思；二是立足于日常生活，而又不局限于日常生活，具有一个精神内核；三是对白族和其他民族来说，有不一样的象征意义；四是有传承性，唯有可以传承，才能延续民族的集体记忆。

昆明西郊白族霸王鞭舞充分运用了各种彰显白族的文化元素，如服饰、音乐、舞蹈动作，等等。这种集体性的霸王鞭舞艺术，把音乐、服饰等彰显民族身份的"符号"结合在一起。白族在对中华民族的认同基础上，通过舞蹈更加清楚地认识自己的民族身份。霸王鞭舞是社会文化生产和再生产的一部分，是散居民族认同表述的艺术形式。民族认同心理的确认可以通过民族音乐、服饰、舞蹈动作直观、具体地进行感知。白族音乐、服饰等承载着民族的集体记忆，记录着民族的演进历史，在民族认同中有着不可替代的作用，对传达民族信息、确认民族身份、促进群体成员的文化认同和民族认同起到重要的作用。通过白族典型、最活跃的艺术形式——霸王鞭舞，作为标志符号体现民族认同，不仅对于它所归属的民族极为重要，而且对于他者理解这个民族的文化也非常重要。

霸王鞭舞的兴起和发展，是城市化过程中白族作为一个散居族群为适应民族杂处共居的地域特点而进行的有益尝试，这一尝试或许能够为城市散居民族社区的文化发展和民族认同的艺术表述给予一定的启示。在散居民族家庭较少进行白族艺术传承的社会环境中，民间自发的组织机构应运而生。城市化过程中民族艺术将如何继续保持，这一切都处于调适过程之中。

---

① 张红飞：《民族认同视阈中的现代民俗艺术》，《江淮论坛》2013年第6期。
② [爱]斯托洛维奇：《艺术活动的功能》，凌继尧译，学林出版社2008年版，第190页。

昆明西郊白族艺术的呈现不仅包括了体现"五个认同"的艺术节目，包括了传统上体现地域文化认同的花灯、滇戏，也包括了表述民族认同的霸王鞭舞，还包括本地其他民族的艺术形式、他地他族的艺术形式和现代流行艺术元素。各种不同气质的艺术在同一个舞台登场，不断交织。昆明西郊白族在与其他民族交往过程中表现出良好的文化互动，能够主动地学习其他民族的文化，又能保持自己的文化特征，体现出"你中有我、我中有你"的互动。在这样一个杂糅的艺术呈现过程中，充分体现出当地各个民族交流交往交融与和谐相处的特点。各民族群众虽然没有很高的理论水平，但他们却有代代相传的实践经验和身体记忆。当地白族和周围其他民族一起跳霸王鞭舞，也跳其他民族的舞蹈。在各种各样的互动中维持着身份认同和民族认同，而这些互动的空间范围和样式，大大超过以往任何一个时代。[①]

霸王鞭舞虽然是白族的典型舞蹈，却融入了当地彝族的服饰特色，又接纳了大量的其他民族成员的参与。看上去是平时排演的众多节目中普通的一个，但是仔细分析，却发现霸王鞭舞所处的位置又比较特殊。其已经以更加多面的形象呈现：代表当地政府的身份；代表当地白族的身份；学校大课间和文化提升的普及课程；外出交流的身份；企业邀请活动和个人家庭重要活动的重要节目，因其喜庆欢快的气氛，适用众多场合。"我们是白族，所以一般演出的时候霸王鞭舞放在第一个节目。"霸王鞭舞常常被放置在第一个节目出场。这些看似"不经意"的后面，实际上是"有意识"的安排。

首先，昆明西郊白族对本民族文化的认同是民族认同的核心内容，民族成员是民族文化的创造者、持有者，也是霸王鞭舞发展的最重要主体。霸王鞭舞兴起和发展的过程，事实上也是昆明白族寻找身份归属或文化归属的过程。少数民族成员对本民族艺术的认同，也是文化的自觉生产实践过程，也是传承和发展民族艺术的前提和关键。

其次，对他族文化的认同能为西郊白族文化发展创造良好的软环境。在霸王鞭舞发展的过程中，同一展演空间内还存在着其他民族的艺术形态。在民族散居地区，一个少数民族自然而然地会与周边的其他民族有频繁的交流、互动。在这种多民族共居环境下，任何一个民族的艺术都

---

① 纳日碧力戈：《全球场景下的"族群"对话》，《世界民族》2001年第1期。

不可能处于一个封闭的体系中。对他族艺术的认同,并不意味着对本民族艺术的背离。在认同本民族艺术的基础上认同他族艺术,并博采众长,可以不断地丰富本民族的艺术。①

最后,西郊白族文化的创新中也包含了对中华文化和现代文化的认同、接纳。民族文化要发展,不能仅仅对传统文化进行简单的保存,更重要的是文化的适应和发展,创新本民族的传统文化,才能不断繁荣发展。②

可以说,在霸王鞭舞符号体系的构成和表述机制中,把政治话语的需求,经济发展的要求、少数民族艺术的审美等多种要素融为一体,传统舞蹈的兴起和发展具有了不同于以往的价值与意义,传统、现代、民族、时尚的混搭和拼贴,实现了霸王鞭舞的"改造"或者"重写",最终达到表述民族认同的目的。

---

① 黄淑萍:《建构多元文化认同:对少数民族散居地区民族文化保护的思考》,《福建广播电视大学学报》2015年第6期。

② 黄淑萍:《建构多元文化认同:对少数民族散居地区民族文化保护的思考》,《福建广播电视大学学报》2015年第6期。

第五章

霸王鞭舞的传承：昆明西郊白族认同表述的前景与困境

各个民族都有属于自己的艺术，体现着这一民族的民族性，蕴含着整个民族的历史和集体记忆，是整个民族和每个民族成员的文化身份，在界定民族边界的同时也加强了民族凝聚力，在传承中促进了民族成员之间和民族成员对整个民族的认同。[①] 昆明西郊白族的霸王鞭舞就是如此，在其兴起、发展中表述了民族认同，同时发挥出文化传承、健身娱乐、人际沟通等多种功能，符合政府、社会、白族群众的需要，人们在参与霸王鞭舞、创作霸王鞭舞中释放情感、表达思想，将白族文化融入生活，并随时代的发展不断注入新的血液，为其传承提供了可能。但是，作为小规模、低层级非遗参与市场，霸王鞭舞传承中面临着年青一代参与意愿较低，以及文化资源转化为经济资本等种种困难，在广大群众中推广还有较多限制因素，这些问题的存在又制约着霸王鞭舞的传承，其表述民族认同作用也因此受到影响。

第一节 表述前景：霸王鞭舞传承的可能

霸王鞭舞在昆明西郊白族地区兴起和发展的过程中，充分体现出了"文化传承""娱乐健身""人际沟通"三大功能，使其在昆明西郊白族地区的传承成为可能。

[①] 申莉、邱舒：《民族艺术与民族认同的相关性研究——以鄂西南地区土家族艺术为例》，《湖北民族学院学报》（哲学社会科学版）2016年第1期。

一 文化传承

法国美学家巴特说:"衣着是规则和符号的系统化状态,它是处于纯粹状态的语言……时装是在衣服信息层次上的语言。"① 作为一个民族最简易的识别方式就是观其服饰,在其中可以查找到该民族的民族审美与进化历史,以及与其他族群的区别与联系,可以说民族服饰是一个民族"族群认同"的标识之一。② 穿上民族服饰,很容易让人找到这个民族的感觉,感觉到自己成为这个民族的一员,激发舞蹈学习和表演的兴趣及热情。服饰在霸王鞭舞中起着显而易见的重要作用,昆明西郊白族地区霸王鞭舞的兴起和推广,加之旅游和民俗的共同作用,在一定程度上给民族服饰和刺绣的生存提供了条件。

图 5-1 团结办事处龙潭社区集市上的刺绣产品

一些在团结龙潭社区从事"农家乐"的经营户,要求接待客人的服务人员要穿着白族服装,由于采摘等观光生态旅游的发展,早期游客的晚间活动中增加了歌舞表演,霸王鞭舞随即应运而生。舞蹈活动的排演一般都需要穿着民族服装,因此,在旅游的推动下,舞蹈活动进一步推动了民族服饰的本地市场需求。昆明城市居民通过周边游进入到龙潭的游客,在观看霸王鞭舞的表演后,也会形成一定的外部市场需求,购买一定数量的民族服饰。

正如 LYZ 说的:"旅游、霸王鞭舞和刺绣、服饰有着密切的关系,旅游和舞蹈表演带动了民族服饰和刺绣的传承。我们艺术团里面的年轻人要跳舞也需要穿戴民族服装,但是好多人自己不会做了,只有去找老一

---

① [法] 罗兰·巴特:《流行体系——符号学与服饰符码》,敖军译,上海人民出版社2000年版,第72—75页。

② 仪虹:《舞蹈教学中民族服饰的重要作用》,《中国艺术报》2008年10月24日。

辈的人买。这样，60岁以上的人就有一些市场可以出售自己的手工艺品，民族服饰就慢慢坚持和传承下来了。现在除了本地人在做外，外地人也有几百人在这里上鞋子。现在能做绣花鞋的家庭都有几百双鞋子的存量，随时都有人会找上门来买。团结乡这里周末来玩的人还是多的，从开办农家乐开始，我就规定来玩的人要穿民族服装，我发现游客除了吃饭外，看见民族服装、绣花鞋子也有喜欢的，然后就会买回去。可以说，农家乐带动了民族歌舞，民族歌舞表演在一定程度上也带动了白族服饰和绣花鞋产业。没有外地人来欣赏和购买，民族歌舞和民族服装也没有经济效益，也就没有办法传承。"

龙潭社区的 YLF 也深有同感："我们的刺绣和旅游、民俗、跳舞都有关系，以前我们的刺绣基本上没有了，现在会做刺绣的人又多起来了。我们这里嫁女儿的时候都要做嫁妆，叫'装柜子'。首先是父母，然后是父亲这边的亲戚，然后是母亲这边的亲戚，都需要做绣花鞋、花围腰、花裙子，嫁妆放在舅舅买的柜子里面。新郎来迎亲的时候，就连着女子和柜子一起接走。所以我们的刺绣还和民俗有关。2000年的时候我们搞旅游，需要突出民族特色。我们刘主任要求我们在企业上班的人个个都要穿民族服装，每个月还补助60元的民族服装费。从那个时候开始第二次掀起了民族服装的热潮。后来文艺队推广霸王鞭舞等民族舞蹈，跳舞表演的时候也要穿民族服装和绣花鞋，这样民族服装不仅仅在生活中用得上，更需要在舞台上展示我们白族的审美文化，民族服饰和刺绣的使用范围也就更加扩大了。我们好多人都会刺绣的。农贸市场上老人会做绣花鞋，能卖出去不少的。本地人和外地人都有人买的。"

ZLX 等一些在沙朗推动白族艺术传承的民间精英，也感受到过去已经不穿白族服装的沙朗白族，渐渐对自己的民族文化和民族艺术感到自信，有一些人主动要求艺术团代为购买白族服装："我们这里以前白族服装也很不穿了，这几年从搞了文化艺术活动后，白族服装穿的人又多了起来，大多都是从大理买来的。这些年随着地方之间的交流活动增加，沙朗这里的寻根意识也有所增强，和大理开展的活动也多了起来。现在通过这些民族民间艺术活动的恢复开展，村里喜欢白族霸王鞭舞和白族服装的人多了，打麻将的少了，还有些人看见别人穿白族服装好看也请我们代为购买。"

安宁桥头的城市化进程是三个社区最快的，很多当地白族都说："我们基本都不穿民族服装了。"但是经过文化站的工作人员依托市民文化学校和民间文艺队推动霸王鞭舞,随后有推动白族情景剧的编演,在对大理购买的白族服装进行了一些适宜生活穿着的改变,一些年轻人又开始在平时生活中穿起了白族服装。文化站的 LSP 说:"参加跳舞的人就经济效益而言并不明显。可是从心里面还是有一种优越感。太平的文艺队跳了霸王鞭舞后,很多人看到白族服装很好看,就请我们帮忙买来穿,白族中思考自己白族身份的人可能就会更多了。"太平有 28% 的居民是白族,市民学校将把白族传统文化融入教学当中,全体学霸王鞭舞,开设白族语言班,让年轻人也学习自己民族的传统文化,2014 年就已经把校服做成了白族样式。①

二 健身娱乐

霸王鞭舞编排选用"承""旋""拧""颤""沉"等动作都刚劲有力、热情奔放,能使舞蹈者在轻松优美的节奏中享受到艺术美和体育锻炼的欢畅,对增强体质,提升民族凝聚力和认同感都有显著的作用。在学校中推广的霸王鞭舞"大课间"活动,能纠正学生肩、胸、背、腿等身体不良姿势,使学生的形体姿态更好地向端正、挺拔以及健美的方向发展。参加者的速度、力量、耐力、柔韧性、协调性、灵活性及肌肉韧带弹性都能得到一定的提高,心、肺系统能得到全面的锻炼。舞蹈对学生气质的形成也是有益的。同时,在学生进行舞蹈训练和演出的时候,还可以受到民族文化的熏陶,增强民族自信心,有利于学生思想和心理健康的发展。

LYZ 说:"跳舞的好处多,以前打针吃药的现在都好了,胖的瘦下来了,一般农村里不去跳舞就在家烤火,或者打麻将,都不利于身体健康,甚至于有的在麻将桌上就脑梗和心梗去世。"

ZLX 也表示:"我们通过编舞及组织比赛,身体也好了,心情也好了。村子里面好多闲时只会打麻将的人,后来参加文艺队,白天上班,晚上跳舞,不打麻将了。通过这些民族民间艺术活动的恢复开展,村里的风气好多了,参加活动的村民精神和身体都更加健康了,对社会风气的转好还是有一个有益的推动。"

---

① 陆橙:《太平新城街道免费为市民开办文化学校》,《春城晚报》2014 年 12 月 15 日。

娱乐功能是昆明西郊白族霸王鞭舞主要的功能之一，通过有规律的肢体动作和节奏所表演的丰富内容，能使人产生联想，给人们带来愉快和欢乐。舞蹈者衣着色彩鲜艳、图案漂亮，所表现出来体态美、节奏美、服饰美以及意境美，通过心理情感的释放，表演方和观赏方都能获得审美愉悦，起到很好的健心养生的作用。所以说，参与舞蹈的人既能通过展示自己的舞蹈才华而从中得到自娱，又能给别人带来美的享受。[①]

霸王鞭舞可以使舞蹈者接触、认识到更多的朋友，形成和谐的人际关系，改善因长期繁重的家庭、工作和学习任务形成的闭塞心理以及由感情矛盾造成的心理压力，培养良好的健康情绪。白族群众在村里跳、镇上跳、区上跳、市里跳，不仅深受百姓喜欢，也以独有的方式诠释民族性格和审美追求，既丰富了精神文化生活，传承民族文化，又能增强体质，陶冶身心。

昆明西郊白族各村的亲朋好友通过霸王鞭舞相聚在一起，在轻松、喜庆的氛围中各民族学习经验、切磋技艺，相互欣赏。民族文化因民族情感而相互交融，民族情感又因文化的交融而增进、传递。从他们挂着笑容的脸上可以看到轻松、愉悦的心情，看到满足感、自豪感。

图 5-2 安宁太平运动会的霸王鞭舞

LYZ 对舞蹈的发挥的正向作用体会深刻："出来跳舞可以见识新鲜事物，可以开阔视野。褚时健也请我们去褚橙山庄跳过，是王海燕（海燕孃孃）介绍的。当时对方用大巴车拉着我们去，管吃管住，然后还发给我们的队员一天 50 元，我们队员觉得自己出去玩还要自己负责吃住，现

---

① 宋忠洋：《简析民间舞蹈的功能》，《大众文艺》2009 年第 13 期。

图 5-3　广场舞赛场中的霸王鞭舞

在人家请我们去两天还给 100 元，还是很开心的，这样就有活动的积极性。我们还去参加昆交会、婚庆博览会、农博会、白族三月节，甚至出国。因为我们排练完了就可以参加活动，且参加活动都负责车费、伙食费，有的还发误工费。我们去参加活动给人家添加气氛和快乐，人家也高兴。我们跳舞的人通过参加活动，有的以前汉语都讲得很不流利，后来敢于跟领导握手了，敢于跟领导讲话了，汉语也流利了，各个方面的素质都有所提高。有的人家有两代、三代人或者全家都参加。"

太平街道文教群团办主任 LSP 表示，自己家的各种亲戚也都是学校学员，都在参与学校霸王鞭舞，"我妈每天晚上吃完饭，都来不及洗碗就要赶紧去上课。"为了带动村民参加，自己也上去带头跳舞，到现在连不属于他们街道管辖的社区或者小区都来申请帮他们开班，太平新城市民学校已经在安宁颇有名气，参加市民学校也成为这里居民的一种潮流。"好好地活，好好地乐，好好地享受生活，不然这一生就白活。"这句话是一位学员在演讲时说出来的，后来变成了学校的一句口号。一些中年妇女表示，学校每年进行大型表演，她们跳霸王鞭舞的都舍不得卸妆，觉得自己这辈子还能有些盼头。霸王鞭舞的确在一定程度上悄悄改变着昆明西郊白族的生活和精神面貌。通过市民学校这个平台，为群众提供了学习和自我展示的舞台，同时也为群众创造了就业创业的机会，真正做到了在太平新城发展进程中群众失地不失业，失地不失乐。

三　人际沟通

跳霸王鞭舞的文艺队，不仅在本地本村跳，还参加乡镇、县市组织的各种表演和比赛，素不相识、不同村寨的白族群众因为霸王鞭舞会很快认识，他们协调的舞步和悠扬清脆的乐调是人与人之间和睦相处的桥梁，是社区与社区之间、人与人之间和谐共处的纽带。每逢春节辞旧迎新、元宵节、庙会、火把节、婚庆、乔迁、祝寿及庆生等都是霸王鞭舞与民俗活动充分结合的场合。村社中的白族群众因为参加霸王鞭舞的排练和比赛，扩大了视野，增长了见识，一个家庭中的母女、婆媳、妯娌等一起参加跳舞，家庭关系因此更加和睦；邻里之间过去因为田地水源等闹矛盾的，也因为跳舞提供的交流平台而更加容易和解；村社中的参与者多了，对净化社会风气，形成良好的健身娱乐氛围，减少黄、赌、毒等不良文化的侵蚀也有积极作用。一些和白族相互杂居的汉族和其他少数民族，也因为喜欢霸王鞭舞而加入到学习、表演的行列，对促进各民族交流交往交融和增进和谐民族关系也有一定的协调整合作用。

安宁太平桥头社区以市民学校为载体，组织开展群众喜闻乐见的霸王鞭舞等一系列文艺表演活动，展现太平新城的发展与变化，宣传党和政府的新政策、新法规。学校自2009年9月成立，结合太平新城实际，注重学、乐、为相结合设置课程，通过文艺培训等形式，为太平新城广大的失地农民群众提供了一个学习和展示自己的平台，丰富了失地农民的精神文化生活。同时，借助市民学校这个载体，街道广泛宣传太平新城的新政策、新路线，提高失地农民的综合素质，提高群众对太平新城开发建设支持力度，有效维护社会稳定，推动幸福太平、和谐太平、平安太平、魅力太平、生态太平的建设。太平新城市民学校对整个桥头社区的影响是多方面的，最核心的是群众思想观念上的影响，让每个人都变得求知、上进，市民意识进一步增强。其次是有效提升了居民的综合素质。以前，由于素质普遍不高，沉溺于麻将桌、乱扔垃圾、邻里争吵等不文明现象比较普遍，但通过学习后，居民的法律意识和思想道德意识明显提高，推动了人与人之间和睦相处，社区文明、和谐发展。①

"在学习中快乐，在快乐中传播文明。"居民们称赞这所市民学校就像开启了一扇邻里和睦、家庭和美的文明之窗，增进居民间的联系与彼此了解。社区里有些居民曾因一些小事产生了矛盾，彼此间有意回避对方，甚至大半年不说话，霸王鞭舞学习班成了最好的沟通桥梁，使这些

---

① 达娃·梅朵、李永萍：《安宁首个市民学校华丽亮相》，《昆明日报》2010年10月27日。

有相同爱好的人再次走到一起，化矛盾为友谊。

　　LYZ也说："这些年，一方面民族文化流失了一些，但是另一方面，白族的民间艺术又有些复兴，而且因为文化艺术的复兴和群众的参与，改善了邻里的关系、社区关系、民族关系。我们要求穿民族服装和绣花鞋，但是有的老人年纪大了，眼睛不好，自己不能做了，就要家里的媳妇或者女儿帮忙做，出去跳舞的时候被别人夸绣品手工好，老人就会当着外人夸奖自己的小辈，家庭关系就改善了。我们艺术团里面有300多个人，其中有20—30个人因为过去有私人恩怨不讲话，但是排练的时候需要按照个子排队伍，我们入艺术团就规定要搞好团结，如果以前有不讲话的人都要讲话，还要把他们安排在一起。还有有些当地人请客演出，有的还和请客人家有不和，但是去请客人家不讲话也很别扭，后来就和好了。很多过去有矛盾的群众，因为参加演出排练，化解了恩怨，搞好了团结。过去好多男同志不赞成家里的女的来跳舞，现在反过来了，请我们做工作想让家里的女的来跳。现在就是男的少了点，才有20来个人。旧社会男的参加的还是很多的，女的不好意思参加演出。现在去演出还有一种有男同志加分的规则，看来男性参与少是一种普遍现象，有的人认为跳舞的男人是'娘娘腔'。出来跳舞还有助于交流，性格可以变得外向。"

　　YLF在社区从事文化工作，在分配舞蹈培训机会的时候，感到村组积极性高，但是机会又比较少，有限的机会面对更多需求的时候，还是能感到民族之间的谦让与和谐："我们会提供社区上的艺术团一些文化馆的培训机会，每年有两三次培训的机会，回来的时候又一起学习。但文艺队是民间组织，每次文艺活动都有人数限制，不可能全部都参加，不能参加的会有意见。霸王鞭舞虽然是白族的舞蹈，但是汉族和彝族也会参加跳，机会不够的时候，白族还是很谦让的，很多时候还把机会让给彝族。"

　　霸王鞭舞在其他民族中的传播是民族之间文化交流的桥梁。在霸王鞭舞场上，来自各村委会的白、彝、汉等民族常常一起起舞，舞者之间用汉语或其他民族语言交流，在多民族、多地域的人群中，不相识的人，是远亲也是近邻。在这样的环境里，人们相处融洽，又有能够沟通的语言和文化，共同达成地域文化认同和民族认同。霸王鞭舞作为白族艺术符号在昆明西郊白族地区得到了白、彝、汉等民族的喜爱，有利于和谐民族关系的构建，霸王鞭舞具有的亲和力也加强了生长或生活于这一带的人们的情感，是维系民族情感、加强交流与合作的重要纽带。

正是由于霸王鞭舞在发展过程中体现出了文化传承、健身娱乐和人际沟通的功能，在昆明西郊白族地区有现实需求，因而有继续传承下去的可能性。霸王鞭舞的反复演练、呈现，使得昆明西郊白族的卷入程度越高，对白族认同的表述作用就越明显。

第二节　表述困境：霸王鞭舞传承面临的问题

政府、民间组织和企业分别属于三种不同的组织类型，具有不同的组织目标和运作逻辑，也是昆明西郊白族霸王鞭舞发展中主要推动力量，且在传承推动模式上呈现明显的差异性，与民族认同发生着不同程度的互动关系。

政府参与的基本方式是通过文化部门组织霸王鞭舞的学习，提供可能的条件，组织演出和比赛，在中小学内通过大课间形式推广霸王鞭舞，间接或直接地推动霸王鞭舞的传承，凸显文化特征的符号性。

参与霸王鞭舞传承发展的民间组织，主要是村民自发组织起来的协会，团结民族艺术团、沙朗白族艺术团、老年文艺队、中年文艺队、青年文艺队，沙朗白族研究会，西矗文联等，这些不同主体、不同目标的民间组织参与霸王鞭舞传承发展的途径各异，作为主要力量，呈现明显的差异性和多样性。

与政府、民间组织相比，作为以盈利为目标的企业参与霸王鞭舞传承发展的目的则显得非常明确而直接，主要把民族文化作为一种经济资源进行资本运作，即使客观上对霸王鞭舞的传承发展起到了一定作用，主观上仍是为了企业创造效益。

从个体层面看，除了上述一些层面的因素，由于现代化进程中的人口流动、娱乐多元、难以通过参与霸王鞭舞等文化艺术活动维持生计等原因，导致年青一代对霸王鞭舞的参与程度和参与意愿较低，是影响霸王鞭舞传承的另一主要制约。

一　基层公共文化部门推广的困难

霸王鞭舞作为昆明西郊白族社区共同推动的一种典型的白族舞蹈艺

术，需要与基层公共文化建设找到合适的平衡。县区和乡镇、办事处文化站是担负着宣传教育，创作文艺作品，组织、辅导群众开展文体活动，普及科学文化知识，并提供活动场所的政府基层公共文化事业机构。为了发挥集书报刊阅读、宣传教育、文艺娱乐、科普培训、信息服务、体育健身等各类文化活动于一体的功能，开展的活动大部分是群众综合性公共文化活动。因此，民族艺术传承发展只是公共文化建设中的一个组成部分。霸王鞭舞作为昆明西郊白族社区民族艺术中一个典型舞蹈，在传承发展中面临着在公共文化建设中争取人、财、物投入的现实困难。

团结办事处文化站的工作人员坦言其在开展文化工作的时候，面临着"面多事杂"的现实困难，要兼顾各种人群的文化需要。虽然最近几年连招商引资项目都有意识地在突出白族元素。但是真正推动白族文化传承的时候，仍然是"人少事多"，要兼顾到喜欢滇戏和花灯的人群，兼顾喜欢传统山歌调子的人群，兼顾到喜欢传承民族乐器的人群，在开展活动的过程中实际上人群参与面小、活动分散。就传承霸王鞭舞而言，只是白族文化中的一个舞蹈，白族文化又只是文化站工作的一个方面。为了使开展的活动取得效果，就要考虑到活动的参与性、互动性等，还要考虑到传承新生力量中青少年的兴趣爱好，兼顾现代、时尚文化活动的开展。相对于大理聚居白族的文化传承，在昆明西郊白族散居地区的舞蹈霸王鞭舞的传承，更多要兼顾与公共建设的平衡。

安宁太平白族乡是昆明市最早进行城市化的民族乡，早已改为太平新城办事处。办事处文化站的 LSP 和 YDM 给笔者也介绍了一些情况："说起来，我们的工作面其实还是宽的，民族民间艺术传承只是其中一个部分，所以投入上来说要兼顾其他工作。我们一方面是打造白族文化、恢复和推动白族艺术的传承，一方面又通过情景剧的形式，把群众生活中的征地、拆迁等这些和艺术结合起来进行编排。太平老年学校的名字改为了太平市民学校，后又改为了太平新城市民文化学校。我们学习的学员有从 18 岁到 80 岁的。从名字的改变上可以看出，我们想把这个学校作为文化，当然也包括民族民间艺术在内的一个传承的机构。随着我们开设班级的增加和课程的丰富，想把更多的人吸引进来，比如年轻人、男性等。"

民族艺术的传承工作是公共文化建设中的重要组成部分，霸王鞭舞是民族艺术中一个具有典型符号意义的舞蹈，在传承发展的过程中，得益于政府文化部门工作的全面统筹，也受到人财物不足的影响。

首先是文化部门工作人员编制十分有限，难以满足群众和现实工作的需要。一些文化站还存在缺编或人员兼职的情况，在按照上级部门要求开展公共文化建设的同时，很难单独抽调人员开展民族民间艺术的保护和传承工作，有时候仅靠工作人员的个人文化自觉来适当地安排一些活动。加之民族艺术传承的参与者还难以以此维持生计，在调动广大民族群众，尤其是年轻人参与时较为困难。机构不顺，管理人员及专业人才的缺乏，极大地影响了民族艺术的保护、传承和发展。民族乡撤乡建镇改办后，虽然主体民族成分和比例没有改变，但管理体制和机制不健全，开展文化工作的机构、体制不顺，人员相对减少，民族艺术传承发展机制脆弱，也是较大的制约因素。

LYF："大家一说到文化站，就认为是唱唱跳跳的事情，很多人不知道文化站要做的事情里面就包括民族文化的传承和非遗的保护，我们文化站的工作一直受到传统观念的影响，我们的人员也一直处于紧缺的状态。我们是希望能够有更多的人来多做一些民族文化的传承、保护和研究。学校里面来推广霸王鞭舞等民族课间操的做法我们是非常认可的。我们民族文化资源的开发利用也是受到人才不足制约，也暂时还没有办法改编和推广。现在文化站的公共文化活动和民族文化的开展在时间、人员协调上有一些矛盾。2012年开始，我们公共文化建设有专项资金，工作上就有一定的保障。我们没有办法和上面的文化部门相比，我们还要参加办事处安排的一些机动性工作，所以有时候的确对民族文化的传承有一定的影响。基层队伍能力建设还是不足的。"

YLF："现在社区转型为服务社区，社区工作人员为村民代办各种事情，其实比起以前来办事还是方便多了。村委会的时期还办养殖场，经营豹子箐的旅游经济实体，现在的社区工作人员的工资还有点财政补贴，不需要办实体，可以专门做好为民服务工作。现在集体企业都已经承包给了私人。社区里面虽然有个文化专干，但是都是兼职的，在推动文化建设和培训方面还是感觉到人力的不足，霸王鞭舞的传承和推广也同样需要依靠文化站和文化专干的投入。社区现在闲时都在打麻将，喜欢看书的人太少了，农家书屋来借阅的太少了，学生也不来，可能是学校里面书也多的。我们这里学习氛围不太浓厚，年轻的爱玩手机电脑。"

二是基层文化事业投入严重不足，文化设施陈旧、落后甚至缺失。

一些文化室需要加强和完善,一些文化站用房面积过小,设备简单,器材简陋。霸王鞭舞已经列为昆明市第一批民族民间文化遗产保护名录和五华区非遗名录,但因层级仅仅是市级和县区级,保护发展工作没有投入过专项经费,得到不到有效传承和发展。

团结办事处所辖的社区属于翻牌社区,而不是城市中心社区,大部分领导干部的工作重点都在经济发展上,文化工作在推动过程中,存在主观因素的制约。一方面是基层要完成上级考核的指标,一方面是要对老百姓要有个交代。团结办事处虽然属于西山区主城区范围,但是没有纳入城市规划,很多中心社区的政策都是享受不到的,所以办事处要想办法抓经济来弥补发展资金的不足。另一方面,开展文化保护传承也要有钱的投入,这个是很现实的。民族宗教局也有过资金投入,但这些以民族的口径进来资金,大部分都用在一些基础设施项目上。文化站的经费主要是来自文旅体局方面的基层文化公共配套经费。但由于文化、旅游结合度不高,各个部门之间的整合推动涉及民族宗教、旅游、文化等多个部门,这些工作在办事处归属不同部门和不同的人负责,在协调工作中合力没有体现。文化传承推动旅游也是当地政府的一个想法,但在实施中却是各吹各打。农家乐、文化传承、旅游要整合实施需要上层构建,需要区政府安排打包项目,安排牵头部门和协调部门。在办事处一级进行整合困难重重,遇到实际问题就会有互相推诿的情况。

由于人财物在文化工作部门的投入有限,难以充分兼顾到民族艺术传承。且受到考核制约,重经济建设轻文化发展还是普遍性存在。文化与旅游结合度低,且需要多个部门参与协调,推进过程中难度较大。正如此,霸王鞭舞传承发展中所能得到的政府支持还是有限的。

二 教育系统传承中的障碍

散居民族地区虽有多个民族共同生活,教学中强调统编课程教学,民族特色、地方特色的教学体现不足,民族艺术难以进入教学课堂,进入程度相对有限。"大课间"是我国中小学体育文化教学的重要组成部分,对学校体育文化的发展起着重要的作用。当前中小学"大课间"一般都是做课间操。近几年,霸王鞭舞以"大课间"形式走进了校园,这与传统的课间操相比,不仅可以达到更好的健身效果,也有利于文化自信的形成。但是霸王鞭舞作为"大课间"在坚持完善方面有时候也会因为认识不同造成短时间中断。

东村 BSJ："2005 年的时候沙朗的霸王鞭舞就列入了昆明市第一批的民族民间文化名录，近十多年来霸王鞭舞是作为非遗项目进校园的，在大课间时段推广，但有段时间在沙朗民族九年一贯制学校也是没有坚持下来。过去是一直在进行的。杨校长调到了王家桥了，所以现在就坚持得有点不太好。后来才又恢复起来。现在霸王鞭的恢复其实还是有条件的，提倡民族歌舞进校园，道具简单，音乐也容易找到。"

ZGQ："我主张要把霸王鞭舞恢复发展下去，学校里面的推广最好，包括了男生和女生，我作为政协委员，明年想提个提案，就是把霸王鞭舞作为沙朗民族中学的大课间进行坚持和完善。我觉得白族霸王鞭舞的传承还是要注意培养年轻人。"

昆明西郊白族地区学校推广霸王鞭舞还存在一些现实问题，有的体育教师不擅长集体舞蹈；一些学校场地狭小，因为要使用道具才能起舞，因此从体育舞蹈技术动作出发，比广播体操的场地要求更高。

三 民间文艺团体发展的局限

目前，民间艺术团和文艺队仍是霸王鞭舞传承发展的主要力量。民间文艺团发展中面临着几个问题：一是活动经费不足，二是人员不固定；三是组织较松散；四是场地难协调；五是活动受农事安排的影响；六是霸王鞭舞受参演人员的年龄体力限制。

LYF："我们霸王鞭舞的队伍男的比较少，可能还是因为男的是主劳力。我们这边的艺术团有个问题，就是人数太多，有时候带团不好带，一个是安全问题，一个是费用问题。所以在我们这里也应该打造一支精品团队，打造一个精品节目。进入文艺队的队员在经济上收益并不明显。现在有的地方一天的劳作收入也比参加演出的劳务费高。还有个问题，农村的活动有季节节令的限制，过了节令就要减产，还有的要领家里的孩子，如果出来跳舞，又会影响家里的关系。"

LYZ："现在有个在民政局注册成协会的形式，注册的时候要交一笔钱，注册后成为正式的协会，会有一个开户账户，需要会计出纳和固定的活动地点，或者是租房合同，大不了我们再挂个牌子出去，问题是这样的做法有点烦，我们几个人都有点忙，精力上有点顾不过来，但是我们还是想要去注册的。国家对文化越来越重视了，还是值得的。以后注册成功了后就不需要把钱打在村委会上了,就可以直接就打到协会账上了。有的村里的人不理解,不知道上级给我们的钱或者奖金要经过繁杂的手续才能到账,还会搞出误会呢。"

沙朗东村白族艺术团现在比较困难的是没有活动练习的固定场地。过去是临时借用东村居委会的院坝或者小学的舞台进行排练。由于东村小学的土地是属于东村的,但是教学用房是教育局建盖的,东村小学已经合并,现在校舍空置,但是使用问题一直没有理顺,至今没有一个定论和归属研判。白族艺术团为了排练霸王鞭等舞蹈,有时候借用小学的舞台,但是由于受到权属争议影响,使用一直不顺利,后来想配一把钥匙也遭到拒绝,这样小学的舞台就仅是在过年过节的时候提供给艺术团演出使用,平时排练基本不能使用。艺术团在东村社区的院坝中进行,不过院坝中也常常用于停车,使用时还要提前请车主把车停顺或者是移开。一些愿意参加霸王鞭舞学习的老年人和妇女也因为没有舞蹈场地只能在私人家院坝中进行,导致学习的人很分散,难以集中教学。有的农家乐有宽敞的院子,但是因为担心管理难度大,加上担心草坪的维护问题,也不乐意接受艺术团在里面练习。过去村里想以艺术团为主要抓手,在各个小组上进行霸王鞭舞教授,后来也没有落实。沙朗当地的农家乐比较多,较大的也有几家,艺术团在与企业合作的过程中,也出现一些问题,比如过去有家农家乐想与艺术团周末定期合作演出,后来因为企业的经济效益并不乐观,无法支付艺术团合理的固定收入而难以形成合作机制。沙朗白族艺术团一年大型的演出有十多次,一周排练两次,因为场地的问题活动间歇性地会做些调整。

一些参与霸王鞭舞演出的队员都是 40 岁以上的中年妇女,且都是在工作之余或者农事安排之余后业余参与演出,晚上固定排练加上节庆期间频繁演出对体力的要求比较高。在参与南大营的婚礼助兴演出前,有个队员说:"昨晚我们去排练比较累,今天六点半就起床,有几个紧张还跳错了。我们一开始学习的舞蹈就是白族舞蹈,迎宾曲、霸王鞭、喜悦霸王鞭、金花花都是霸王鞭舞。一般代表区上和办事处去我们还是多半跳霸王鞭舞的。我们队有三四个霸王鞭舞,但是现在常常练习的有两个,因为连续跳两个以上的霸王鞭就累不得了。霸王鞭舞的话,对体力消耗大,所以老的跳不动。中青年的可以,中学生也可以。"

LCC 也说:"这久是农忙,要点苞谷,晚上要排练,还是很辛苦的。

晚上排练时间不确定，要是有活动的话再辛苦都要排练，要是农闲的话就出来练习锻炼身体，还可以学习新的，学出来的人又来教我们。城里面那些年纪比我们大一点的，排练时间比较固定，我们没有办法和他们相比。我们一个村仅仅舞蹈队就有六个组。"

一位通过参与霸王鞭舞提升了自己对白族文化认同的队员说："对于有些人'白族'和'白族文化'是无所谓的，有些人想着一个人也传承不下去。村子里的没有参加白族艺术团的人，有些没有想到传承民族文化，艺术这种行为通过表演和宣传，让没有参与的人也能够经常性地看到、听到，也可以提高对自己文化的热爱。所以宣传和示范还是很重要的，需要加大宣传和示范力度。如果没有人跳霸王鞭舞，就更没有人知道白族文化，就不会想传承白族文化。我们这些人很想传承。小点的孩子就喜欢手机、电脑，有时还问你参加跳舞累不累。霸王鞭舞的推广，就像要建盖白族民居，政府要引导，要拿钱出来补贴，一般老百姓建房都只考虑经济实用，一般老百姓也不会想什么传承白族文化的责任。"

虽然文艺队和艺术团是霸王鞭舞传承发展的主要推动力量，但是在现实中的确面临着人员、经费、活动场地、活动时间等各个方面的限制。现阶段的活动除了人员比较密集的社区有文艺队的老师进行指导外，其他地方的活动还存在缺乏专业的组织和指导的问题，只要没有人进行组织就难以形成规模。

第一，专业指导老师缺乏。霸王鞭舞作为广场健身舞才能更多地吸引广大社区居民积极参与其中，目前专业指导老师缺乏，恰恰是制约霸王鞭舞以广场健身舞形式推广的重要因素。虽然近些年来，各级文化馆陆续进入社区，帮助社区推广、普及广场健身舞及开展其他文化活动的辅导。但是由于专业性指导老师仍然缺乏，仍不能满足推广、普及广场健身舞以及丰富社区其他文化活动的需求。[①] 中老年人在排练广场舞时，一般都是通过观看网上的视频，自行组织练习，缺乏专业的技术指导，在练习的过程中会遇到很多困难，其中包括技术上的障碍和心理上的阻力。因此，舞姿缺乏力度，舞者的水平也参差不齐。

第二，活动场地紧缺。霸王鞭舞推广为广场健身舞需要有一定数量和规模的活动场地。大部分农民主要在冬季、夏季和节假日进行体育锻

---

① 冯小媛：《广场建设舞与社区文化建设浅论》，《宁夏师范学院学报》2013年第5期。

炼，而春季和秋季体育锻炼的人数较少，这是由农业生产的季节性造成的。在活动场所的选择上，很多社区群众首选是住宅旁边的空地，公路、街道、自家庭院。乡镇所属学校的体育场地，平时通常都不对外开放，仅限于学校自用。机关和企事业单位所有的篮球场等，也仅限于本单位职工及家庭使用，绝大多数都不对外开放。真正供群众使用的体育场地较少。闲暇之余，农民主要以玩牌、看电视度过余暇，锻炼的意识薄弱，参与健身锻炼的仅占少数。①

第三，资金投入不足。以广场舞的形式开展传承，在不同程度上都存在缺乏活动经费及广场健身舞的视频资料、服装、道具、音响等设备方面的困难。由于经费不足，有的社区难以配发必要的道具——霸王鞭，也影响着这项活动的推广。经费上的不足是影响和制约社区霸王鞭舞传承发展的重要因素，导致霸王鞭舞活动缺乏经常性、持续性。虽然文化站或者白族研究会也给予一些资金支持，但只是杯水车薪，目前相当一部分活动场地还都实行有偿服务。②

第四，性别比例失衡。舞者多为女性，男性舞者几乎没有，在艺术团和文艺队中的男性成员也主要是负责组织、联络、协调或者伴奏等工作。在广场舞的推广中也是存在着同样的问题，参与练习的多为女性。事实上，很多男性心理都存在一种误区，即跳舞是女人的事，男性可以通过其他途径进行健身锻炼。这就导致广场舞的舞台上几乎找不到男性的身影。③

四　向经济资本转化的困境

由于昆明西郊白族地区属于散居民族地区，经济基础相对薄弱，市场发育程度较低，加之文化体制改革进程滞后，经营型和公益型单位的企业化步伐缓慢，社会和企业参与民族艺术保护传承的程度不高，加之农家乐发展水平不高、布点分散、规模较小、发展不平衡，旅游业带动

---

① 尹洪刚：《广场舞在农民群众中的健身作用及推广初探》，《当代体育科技》2013年第35期。
② 冯小媛：《广场建设舞与社区文化建设浅论》，《宁夏师范学院学报》2013年第5期。
③ 杨玲：《广场舞对中老年人的健身娱乐作用以及存在的问题》，《大众文艺》2012年第9期。

作用不明显，文化与旅游结合有限。尽管当地有的规模较大的农家乐企业已经有引入霸王鞭舞作为吸引客人眼球的意识和尝试，但实际推进过程不稳定，效果也不理想。霸王鞭舞作为文化资源转化为经济资本的作用非常有限。

沙朗目前的旅游资源特点是小、散、乱，而且还有部分民族文化正在消亡，如白族民居因受土地、资金等的影响，"三房一照壁"等建筑形式已经消失，所能看到的白族民居只剩其表，白族风情旅游小镇的开发，需从外至内的体现其白族风格，对一些手工艺品、三道茶等民族文化应进行抢救性开发，使旅游小镇达到形（外观）与神（灵魂）的高度合一。而官塘、驿道等人文景观、观光农业等自然景观的有机组合则是旅游小镇的魅力所在。通过加强沙朗白族文化保护和发展工作，最终让游客到沙朗白族坝子能够体验到：穿白族服饰，吃白族菜肴，住白族民居，喝白族三道茶，说白族语言，唱白族民歌，跳白族舞蹈的沙朗白族风情。但是在发展过程中受限于多方面的影响，旅游开发的效果还不尽如人意，也影响到霸王鞭舞作为重要符号元素的推广运用。沙朗白族艺术团曾与电力科技园合作，在晚上篝火晚会的场合为游客演出霸王鞭舞。周末到沙朗的游客比较多，当时专门给艺术团一个露天舞台排练。有企业开张艺术团也去参加演出。由于企业的经济效益下行直接影响企业和艺术团的合作。要定期与企业合作并形成机制，主要还是依赖于企业的效益及能否支付演员合理报酬。

东村BSJ："我们现在餐饮生意还是可以呢，但是住宿不行，就是因为晚上没有互动性的活动，距离主城又很近。农家乐的场地有点小，好多没有舞台，另外白天舞蹈队的队员要上班，经常性的参加演出还是不太可能，还不太可能作为谋生的手段，请假太多不现实。现在农家乐受到消费萎缩的影响，只有周末的生意好一点。农家乐生意的营业额低于2万的实际上是不要上税的，这个对于我们减轻负担还是有很大帮助的，解决了很多人的就业问题和社会的安定问题。若是白天晚上都有常规性的活动，让游客形成参与习惯，就能把旅游和文化结合起来发展。若有一个广场就可以把所有的农家乐的游客都集中在一起，又可以发展民族歌舞，定点定时集中展演，一家农家乐是养不起那么多演员的。还可以把一些特色饮食，例如农产品的制作和参与也放到这个产业里面，这样就可以开发出来新的旅游特色。"

龙潭社区拥有丰富的城市周边旅游资源，但是和文艺结合度很低。集体经济时代在大河果园办过的篝火晚会，吸引了不少当时在农家乐游玩的人去观看民族艺术演出。经过三四年时间，已经有一定规模和知名度。后来因为集体经济承包出去后无力支持演出，演出团体随即解散，在篝火晚会上的霸王鞭舞也消失了。

　　旅游和文艺表演结合的这种形式，在散居民族地区推广起来有一定难度。LYZ说："我们云南少数民族多，和聚居区的相比较，我们这里的少数民族人口数量少，文化艺术特色不突出，看起来就只有语言保留还比较好一些。深挖和打造文化艺术比较困难。以前是政府出钱支持艺术团发展，但是村子里面三年换一次领导，在发展的思路上也不一致，大河果园承包给私人后，很难养演职人员，也就没有走下去。我们这里有个当地的老板，就是用东风车跑运输的，知道我们的艺术团队为当地家庭和社区做出了很多贡献，就主动给我们买了一套26000元的音响，方便我们演出使用。很多时候民间艺术传承还是需要政府主导的，特别是我们这种民族分散居住的地方。我们这个艺术团不是专业团体，白天都是在外面挖地，晚上才排练，老年队体力也不行了，主要体现精神和气氛。我有两个年轻队出去教学生。现在艺术学院、花灯团等专业团体都吃不开，我们如果想走资本化的道路也感觉自己的艺术水平达不到要钱的水平，也不好开口。一般来说，来请的多半都给一点误工费的，一般几十元、一百元这样，解决车费、餐费、住宿等。我们这种不能和大理、丽江、新平比，人家那种都是旅游带动，我们这里旅游不集中，形不成规模。我这里生意还算好的，周末有十多桌，平时才一两桌。如果来吃饭的还收点钱跳舞，有的人难说不吃了。农家乐分散但是不集中就很难搞艺术展演。过去我曾经尝试过搞民族民间艺术展演，但是这个路子没有走得下去。我的农家乐盖房子的时候还留了一间民族民间艺术展示室。但是我只有想法，一个人做不到。现在搞文艺只有倒贴钱，晚上都要排练，工时费都要多少。目前，团结农家乐有150—200家，有规模的有40—50家，可以接大的团队。如果搞到可以产业化的程度，那要投入多少人力、物力、财力。如果要是来团结农家乐吃饭的人，吃完饭就可以到指定的一个地方看演出，由政府统一推动，就可以把演出、土特产、工艺品都带动起来。不过游客停留时间短，私家车来回自由也是留不住游客，不好发展住宿和相关产业。所以要是政府支持的话，就可以更快地把产业化搞起来，民族特色的吃、住、购、娱等就一起发展了。"

ZGQ 也说："我们这里的农家乐主要是接待吃饭，住宿消费不行，距离昆明太近了，所以一般过夜的很少。农家乐消费客源也明显萎缩，过去有单位的，有个人及家庭的，现在单位的基本都不来了，只有城市周边的家庭、朋友来玩玩，所以消费滑坡明显。如果要是农家乐发展的好，大一点规模的还是可以搞一点歌舞伴餐，歌舞伴餐的时间也不宜太长，一般就是五六个节目，太长了影响吃饭。我们可以排练霸王鞭舞等几个典型的白族节目，但是受限于企业的经济效益，很难市场化。现在主要还是自娱自乐。企业现在很难常规性地养活文艺队。如果有个大型的休闲娱乐项目能够落地的话，我还想把艺术团的成员发展成为管理和教师队伍，再吸收新的、年轻的队员进来，提升演出的品质，变成常规性的演艺队，可以负责接待。这个大的项目落地比较难，还要有消费者来消费。过去也有企业来开发东村，但是补偿给群众的土地款达不到老百姓的期望值，项目没有落地。文化资源转化成文化资本，变成钱，在民族散居地方真是难。"

虽然昆明西郊白族的霸王鞭舞已经列入"非遗"，通过"非遗"获得了相应的文化资本与象征资本，但是和地处旅游业发达地区的民间艺术的展演化、商业化现象相比，仍然难以从文化资源转化为经济资本，难以通过展演获得经济效益。昆明西郊白族地区的文艺团体多为小规模自发团体，目的以自我娱乐为主，在与企业合作时仅仅能以"误工费"的形式获得少量的经济回报。由于昆明西郊白族地区的农家乐生态旅游，较多的是城市周边的短途游，受限于游客数量和停留时间，更多处于生存与自娱的困境中。

五　年青一代参与度和参与意愿较低

通过上文数据分析可知，在昆明西郊白族地区，年青一代参与霸王鞭舞的比例较低，40 岁以上的年轻人可谓是寥寥无几，男性就几乎没有。年青一代参与度低，主要是受到外出求学和外出工作的影响，近年在本地中小学阶段就读的适龄儿童，都在学校中通过大课间接受过简单的霸王鞭舞的训练，对霸王鞭舞有一定程度的认知和了解。但由于昆明西郊白族地区距离昆明主城区较近，一部分学生选择在主城区就读，因此丧失了在校学习白族舞蹈的机会，几乎没有接触过霸王鞭舞。在霸王鞭舞恢复之前就读于白族地区的适龄儿童,也因后期高中和大学在异地就读,同样没有继续参与霸王鞭舞的客观条件。昆明西郊白族地区城市化进程虽已进行了多年,但除了可以参与家庭经营的农家乐或者继续从事农业、养殖业之外,当地可以提供的服务业岗位有限,就业岗位不能完全满足当地年青一代对就业工种、就业环境、职业前景等的要求,因此,很大一部分年轻人都会选择在毕业之后留在主城区工作或者前往其他城市发展。年青一代流动性的增加,同样给霸王鞭舞的传承带来了困难。

参与霸王鞭舞本身不能带来明显的经济效益,难以维持生计,也是年轻人无法投入其中的主要原因。同时,霸王鞭舞对当地年青一代而言,并不是从小就耳闻目睹的传统艺术,无法如民族自治地方的少数民族一样从小在家庭和村社的环境中自然习得,也不能通过口耳相传的办法进行传承,没有正式参与的训练,一般不会对霸王鞭舞有所认识。加之,由于现代社会中,可供选择的娱乐方式呈现多元化趋势,年青一代更多愿意选择网络、电视等作为主要的娱乐消遣活动,对霸王鞭舞在年青一代的传承中确实形成了比较大的障碍。

本章小结

民族认同的发生不是突发的,也不是瞬间完成的,而是一个逐渐浸润漫延的过程。从族体成员阶层来说,总是知识分子和上层人物最先感悟认同,而后向其他社会阶层浸润。这是因为知识分子和社会上层容易具备形成民族认同所必需的认知能力和经验阅历。随着社会的发展,族际交往的扩大和深入,各族间的利益感悟也会越来越广泛地渗透在认同过程中,民族认同的发生越来越呈现自觉状态,有意识地推进民族认同发生及其扩展的手段也便随之出现。[①]

在此案中,昆明西郊白族的精英阶层通过组织霸王鞭舞的艺术团体,在政府部门的支持和帮助下,带动广大白族群众参与霸王鞭舞的演练,在此过程中,霸王鞭舞的传承与民族认同也形成了相互影响、互动发展的关系。霸王鞭舞的传承会进一步影响族群同胞之间的认同意识,影响民族认同的深度和广度。霸王鞭舞的传承受限于政府、民间组织和企业

---

① 王希恩:《民族认同发生论》,《内蒙古社会科学》(文史哲版) 1995 年第 5 期。

发展等多重因素的影响，也受到民族群众，尤其是年青一代民族认同强弱的影响。民族认同为维系霸王鞭舞的传承提供了强大的心理支持和信念支持，民族认同的强弱能够对霸王鞭舞的传承产生影响。

ZGQ："我们自己的民族认同对于霸王鞭舞等民族艺术的传承发展有推动作用，反之亦然，是互相促进的。我们白族地区是想突出民族风情，和全域旅游挂上钩。白族霸王鞭舞从组织模式上看好像和别的舞蹈也无差异，但是对我们来说，文化意义上却有不同。我们跳舞也是在撤乡建镇后从多个方面来挖掘白族的元素，突出白族的特点而进行的。"

由于霸王鞭舞具有娱乐健身、开阔视野、社会整合和调节民族关系的作用，在昆明西郊白族社会中得以传承发展，尤其是其具备的民族认同作用，使其与大理白族有了关于共同祖先的回忆和共同起源的记忆，成为生活在散居地区白族对聚居地祖先遥远回忆的表达。在其不断反复的演练和各种活动中，为各种目的服务，作为代表白族和白族地区的文化符号出现，同时也有意识或无意识地发挥它在传递历史记忆中和传承民族文化中作用和功能。霸王鞭舞的传承使得其作为文化符号的作用得到凸显，而较强的适应能力使其在民族认同中发挥着重要作用。

尽管近些年来，昆明西郊白族社区在积极推广霸王鞭舞等典型的艺术，进行标志自己的白族身份和进行资源分配的博弈，但是毕竟受当地经济发展水平的限制，受人财物投入不足，需要与自上而下的公共文化建设进行平衡的影响，在有限的资源中争取一杯羹的同时，在学校的推广中也面临着困难，加之作为重要传承力量的民间艺术团体发展困难重重，向更多人群推广霸王鞭广场舞时道具、场地、人员不足，而与农家乐等企业合作时又无法将文化资源成功转化为经济资本，年青一代的流动性强，受到参与娱乐方式多元化影响，均在一定程度上影响其民族认同作用的发挥，影响了白族群众在霸王鞭舞活动中的卷入程度。对于那些未真正关注、参与、观看和喜欢霸王鞭舞的群众来说，民族认同作用的发挥更为有限。

作为白族典型的民族标志符号，霸王鞭舞对解读白族文化内涵，表述民族认同，提升民族凝聚力，促进白族地区社会和谐发展，具有重要意义。针对当前文化基础设施落后、投入不足、人才缺乏、民间文艺组织发展困难、广场舞推广不尽如人意等一系列问题，可从多方面加强霸王鞭舞的传承发展，以进一步提升白族群众的文化自觉和民族认同感。

一是促进基层公共文化建设与民族艺术传承的良性互动。民族艺术是散居民族地区公共文化建设过程中不可分离的部分，在散居民族地区公共文化服务体系构建中吸纳民族艺术的合理资源，进而实现二者的互动是一个紧迫而现实问题。霸王鞭舞等民族艺术需要借助公共文化服务平台导入公共文化的价值理念以实现文化转换与创新，而民族艺术更是公共文化的根基和源泉，公共文化也必须建基于民族艺术的土壤才能获得持久深入的回应和精神共鸣。两者通过对接和互动而形成新的合力，有助于实现散居民族地区民族艺术的繁荣与发展。①

二是增加人、财、物的投入。应加大人才队伍建设力度，逐步加大对散居民族地区民族艺术工作的支持力度，给予必要的经费支持。霸王鞭舞在传承发展中需要完善小广场等基础设施建设，统筹兼顾，统一规划，保障每个村委会或者社区至少有一个小广场可以用于广场舞锻炼。配备基本的体育设施和道具用品，以方便村民就近利用这些条件来开展舞蹈排练。在有一定基础和群众参与意愿较高的社区，可以通过安排领舞、解决大屏幕和音响设备等措施，真正将已有的活动场地用起来，发展群众喜闻乐见的舞蹈活动。

三是坚持和完善培训机构和教育部门传承霸王鞭舞。昆明市安宁太平创办的市民文化学校，将白族舞蹈霸王鞭舞作为全校所有班级的必修课，在上千名学员中进行推广，真正"让拿锄头种地的手舞起乐器、扇子"，将白族民间舞蹈艺术与市民的健身、业余活动紧密结合，不仅使得舞蹈本身有了更多的参与者、爱好者和传承者，还使得白族服饰也有了传承的空间。沙朗民族中学、太平九年一贯制学校和龙潭小学等将白族舞蹈霸王鞭与学校的大课间融合在一起，创新编排，让师生成为白族舞蹈的传承者，也增强了民族认同感。坚持培训机构和学校等教育部门更多参与到霸王鞭舞的传承中，在编排民族舞蹈时，结合学生身心特点，激发学生的兴趣，达到锻炼身体的目的和弘扬民族文化的目的。另外，可根据不同年级学生的年龄特点，选择不同的音乐伴奏。同时，学校应当通过板报、广播及班级日志等多种方式对霸王鞭舞进行积极宣传，结合观看霸王鞭舞视频，使其在体验成功和感受快乐的同时，对霸王鞭舞

---

① 李少惠：《民族传统文化与公共文化建设的互动机理——基于甘南藏区的分析》，《西南民族大学学报》（人文社会科学版）2013年第9期。

产生浓厚的兴趣。对外,学校可以为学生提供一个展示的平台,可以利用家长开放日时,在学校举办民族舞蹈汇报演出,并请领导与相关专业的教师为其进行指导及点评,从而激发学生的学习热情,同时也有利于进一步完善民族课间操。①

四是支持民族艺术团体建设。社团推动民族认同发生的表现之一,是一些最先感悟认同的民族精英分子利用各种社团或是既有的社会机构,或是经他们组建的专门组织,去推动民族认同的发生和扩展。他们的行动和宣传更容易为一般民众所接受。因此,这是一种十分有效的认同扩展形式。②支持民族艺术团体建设,要立足于人才队伍和场地建设,以优惠政策鼓励建立民族民间文艺团体,带动建立更多形式与种类的文体活动,激励民间文艺团体培养舞蹈人才,带动霸王鞭舞的学习和推广,增进团队之间的交流与互动。

五是积极推动霸王鞭舞作为广场舞普及。积极引导文化艺术院团的专业人才参加社区文化建设,鼓励专业文化艺术工作者定期、定点,面对面地开展一些专业性的辅导,不断提高社区霸王鞭舞文化活动品位和水平。通过不同渠道,经常性地组织一些比赛、经验交流等活动,以调动居民参与社区文化活动的热情和积极性。现在不少企业为了拓展自己品牌和客户需求,需要一定的场所来宣传自己的产品,而社区就是一个很好的宣传场所。社区组织可以在制订工作计划的同时主动与企业接洽协商,争取由企业和社区联办广场健身舞或一系列对社区有益的活动比赛项目,努力实现"企业搭台,社区唱戏"互利共赢的大好局面。③ 充分利用网络作为宣传载体,创建民族广场舞 QQ 群或者开通有关民族广场舞的微博,通过网络媒介第一时间发布一些广场舞相关的知识、音乐、视频、培训和比赛动态等,让民族广场舞文化广泛宣传,同时加大对民族广场舞的宣传力度,打造特色鲜明的民族广场舞节目,以民族广场舞为

---

① 田雅梅:《浅谈"大课间"活动中民族舞蹈操的融入》,《学周刊》2014 年第 6 期。
② 王希恩:《民族认同发生论》,《内蒙古社会科学》(文史哲版) 1995 年第 5 期。
③ 冯小媛:《广场健身舞与社区文化建设浅论》,《宁夏师范学院学报》(社会科学版) 2013 年第 5 期。

外在表现形式，使更多的人了解并意识到民族艺术传承发展的重要性，[①]以增强民族自豪感，提高民族凝聚力。

六是积极引导年青一代提高文化自觉，增强民族认同。年青一代是民族艺术实现代际传承的主要人群之一，其对民族艺术符号的接受状况是关键所在。应积极引导年青一代正确认识自己文化的利弊，学习其他文化的优点，在正确认识的基础上，懂得自己的文化，热爱自己的文化，并采取正确的方式来保护它，发展它。要继续发挥学校教育的优势，并创造各种社会参与平台，引导青年学生主动参与，激发其对民族艺术符号多样性创意，重视传媒宣传，推进现代传媒对民族艺术符号的深度阐释，以此增强年青一代的民族认同，为民族艺术传承者储备后继力量。

[①] 郑玲玲：《云南新平县民族广场舞的文化研究》，《云南民族大学学报》（哲学社会科学版）2014年第2期。

结　　语

　　民族认同是民族学和人类学研究中的重要内容。随着社会政治、经济、文化格局的变化和人口流动的加快，民族间的互动更为频繁，民族分布散居化的趋势日渐凸显，散居民族认同研究的学界关注度与日俱增，在整个民族研究工作中也更加重要。本书以昆明西郊散居白族霸王鞭舞为主要研究对象，以民族认同为研究主线，探讨近30年来昆明西郊白族现实生活中的民族认同与历史进程、资源博弈、文化实践、经济发展、审美变迁、时代话语的紧密联系和互动关系，阐释民族艺术在多元发展和现代建构的过程中，如何作为民族认同的有效资源，与民族认同相互影响并进行塑造的问题。

　　本书研究表明，昆明西郊白族认同体现出历史因素与现实利益的相互交织。作为一种重要的集体历史记忆，祖源传说反映了一定社会情境下人们的民族认同。昆明西郊白族在对祖源认识的问题上，大多持有大理白族祖源认同。而白族民歌"远隔千里翩翩飞，飞到龙潭落花台""背起三弦游洱海，游了洱海上苍山""上关花开风飘香，苍山白雪映龙潭""龙潭祖辈上关人，哪有后人不念乡"等对祖源的追忆，表达了昆明西郊白族对祖源地的深厚感情和怀念之情。祖源叙事虽然不能被简单地等同于民族认同，但是在一定程度上确实与民族认同密切相关，反映出白族认同的历史性因素。

　　政府实行的民族乡优惠政策，使得昆明西郊白族能够在政治、文化、经济上获得部分资金和项目的支持，其民族认同也能因此得到加强。事实上，当地大多数白族意识到，他们生产生活水平的提高离不开国家政策的特殊照顾。但在族际通婚日益频繁、生计方式日渐趋同、生活习惯不断"现代化"的过程中，如何保持白族文化特色并得到"重视"，这是政府和白族精英亟须解决的现实问题。随着民族乡建制的"撤、并、改",行政建制上不再被称为"白族乡"或者"彝族白族乡"后,昆明西郊白族地区原有的优惠政策落实困难或逐步失效,使这一问题就变得更为突出。

不同的社会群体和个体,通过民族认同获得的福利或经济利益是有差异的,因此在民族认同上也存在着一定的差别。昆明西郊白族的利益诉求一方面来自官方,其对白族的认同,是通过"白族乡"和"白族"争取社会资源,在政策上和资金上争取更多的支持,希望本民族能够在与周围民族的互动中处于有利的地位。在国家行政事业单位工作的白族,一方面作为国家的"代言人",贯彻和执行国家的民族政策,另一方面,作为双语人或多语人,有较强的沟通协调能力,很容易代表本民族获得各种物质和资源。而白族群众大部分不会站在国家对民族认同的立场上,更多的是以个人的诉求为中心,以维持生计或获得教育、医疗、生育方面的利益为主。所以,精英阶层的民族认同更多的是自觉性的和工具性的,而普通民众的民族情感和民族意识一般是在精英阶层的动员之下被激发出来并加以强化的。① 民间精英的行为会直接影响到普通群众的认同强弱,"过去我们追根溯源都不知道自己的根在哪里,从哪里来的,现在张老师写写本地的文化,我们才思考这个问题,还知道一点了",② 这句话其实就是受到民间精英的影响,普通白族群众的民族认同更为自觉的一个案例。当然,还有一部分白族群众的民族认同,不是为获取现实利益,纯粹是出于对白族的民族自豪感。

昆明西郊白族认同既有"原生的""根基的"因素,也和外界力量的推动和利益的考量有关,有可能成为追求利益或扩大价值的工具③,但这并不完全脱离民族的原生情感,而是在原生情感的基础上进一步衍生并逐渐增强的。可以说,原生性和建构性在昆明西郊白族认同中的双重叠合,正是当今昆明白族为何认同自己为白族的缘起。

文化自觉生产实践是昆明西郊白族认同的主要路径选择。随着昆明白族地区从乡村建制逐步转为城市社区,人际关系网络、生计方式、人口流动变得更为复杂和频繁。由于与外来人员、其他民族等通婚的普遍

---

① 聂迅:《云南蒙古族的民族认同与利益诉求探析》,《昆明学院学报》2015年第1期。
② 2015年4月17日,在沙朗东村与ZLX的谈话记录。
③ 严庆、青觉:《"民族牌"背后的理论透析》,《广西民族研究》2009年第1期。

存在，亲属关系显然不可能作为维持民族边界的手段，依靠文化上的策略来维持其延续性和独立性常常成为散居民族认同的选择。

在现实中，全球化带来的边缘性，会使边缘层不断地从自己的角度表达自身的认同和地方性。昆明西郊白族在文化变迁中仍然有意识地保留了部分白族文化特征，并通过文化寻根、文化研究和文化恢复等方式，在自觉的文化生产中实现白族认同。这表达了散居民族不想永远成为"边缘民族"的诉求，其力图通过文化的生产和再造缩小固有的"中心"与"边缘"之间政治、文化、经济、心理的距离。

城镇化虽然对昆明西郊白族文化的保留造成了一定程度的冲击，但这并不意味着民族认同的淡化。相反，在各民族交往与合作的过程中，每一个民族成员对于自己属于什么民族、自己民族的传统文化、风俗习惯、民族语言文字的自识性都较为强烈。[1] 城镇化推动生活社会化程度日益加深，"使得任何民族的封闭都成为不可能，由此也决定了民族从'自在'走向'自觉'不但是一种趋势，而且正在成为一种完全的现实"。[2] 文化自觉的作用在于使民族成员理性地看待自己的文化，然后创造性地继承和发展自己的文化，最终提升自己的文化素质，增强自由活动的能力。即达到"文化上的每一个进步，都是迈向自由的一步。[3] 随着昆明西郊白族地区从农村转为城市，不同文化的交流和交融更加频繁，白族群众在比较中更加明确自己民族文化的价值，也知道如何更好地保留自己民族的文化特征。因此，昆明西郊白族在文化变迁和文化建构中，通过文化的自觉生产实践，实现白族认同的路径选择。霸王鞭舞作为典型的白族文化元素，也在这一过程中被选择、被运用、被复制，成为民族认同表述的艺术符号。

霸王鞭舞的兴起和发展是昆明西郊白族认同的艺术表述形式。文化的自觉生产实践是昆明白族认同的主要路径选择。运用具有代表性、典型性的白族文化艺术符号表述认同，在新的社会历史条件下更加成为可

---

[1] 谢志俊、初晨洁、郭健：《城市化：民族文化的一元化还是多元化?》，《大连民族学院学报》2006年第4期。

[2] 王希恩：《"现代民族"的特征及形成的一般途径》，《世界民族》2007年第2期。

[3] 任新民、吴莹：《消失与保留：城镇化进程中石林撒尼人文化特征的思考》，《云南社会科学》2014年第3期。《马克思恩格斯选集》（第3卷）人民出版社1995年版。

能。族群边界的重要标志恰恰是各类文化符号标志。语言是第一类标志符号，建筑是标志符号，服饰是标志符号，同样的舞蹈活动自然也是族群边界的标志符号。[①] 即使昆明西郊白族的霸王鞭舞并没有完全按照大理白族的霸王鞭舞进行引进和发展，也并不都是完全有意识地利用，但在客观上强化、再构了传统，凸显了其文化价值功能，固化了白族的共同记忆。作为民族认同的艺术表述形式，霸王鞭舞多以首位出场或唯一节目的特殊地位，反复出现在政府接待、村组活动、对外交流、家庭宴席中。演出中的音乐、舞蹈动作、服饰、道具等艺术元素的运用，集合了白族艺术的多种文化特征。霸王鞭舞在不同场域的演出中，传统、现代、民族、时尚的艺术元素进行着"混搭"和"拼贴"，实现了"改造"或"重写"，构成了更加多元的艺术图景，展现出昆明西郊白族"各美其美、美人之美、美美与共"的文化自觉和文化自信，体现出各民族交流交往交融的生动实践。霸王鞭舞符号体系的构成和表述机制，把政治话语的需求，经济发展的要求，少数民族艺术的审美等多种要素融为一体，传统舞蹈的兴起和发展具有了不同于以往的价值与意义，最终达到表述民族认同的目的。

  霸王鞭舞的传承与昆明西郊白族认同相互影响形成互动。霸王鞭舞在昆明西郊白族地区发挥着重要的文化传承功能、健身娱乐功能和人际沟通功能，有传承的现实需要和可能性，能够进一步增进白族同胞之间的认同意识，影响民族认同的深度和广度，为民族认同的维系提供强大的心理和信念支持。近年来，昆明西郊白族社区积极推广霸王鞭舞这一典型的舞蹈艺术，用于标志自己的白族身份和进行资源分配的博弈。但受限于政府、民间组织和企业发展等多重因素的影响，受当地经济发展水平的限制，在学校的推广中存在着时断时续的问题，作为重要传承力量的民间艺术团体发展困难重重，向更多人群推广霸王鞭广场舞时道具、场地、人员不足，而与农家乐等企业合作时又无法将文化资源成功转化为经济资本，加之年青一代参与度和参与意愿较低，凡此种种，均在一定程度上影响了民族认同作用的发挥。对于那些未曾真正关注、参与霸王鞭舞的白族群众来说，其在霸王鞭舞传承活动中的卷入程度有限，民

---

① 张曙光：《蒙古族那达慕的符号化发展与族群认同》，《内蒙古大学艺术学院学报》2015年第2期。

族认同意识较为淡薄。

　　作为白族典型的民族标志符号，霸王鞭舞对解读白族文化内涵，表述民族认同，提升民族凝聚力，促进各民族交流交往交融和白族地区社会和谐发展，都具有重要意义。针对当前文化基础设施落后，投入不足，人才缺乏、民间文艺组织发展困难，广场舞推广不尽如人意等一系列问题，可从多方面加强霸王鞭舞的传承发展，以进一步提升白族群众的文化自觉和民族认同感，最终达到霸王鞭舞传承与民族认同的良性互动。

　　除了昆明西郊白族通过文化生产和霸王鞭舞的运用表述民族认同之外，其他地区的散居白族和散居民族也有类似的案例。贵州省和湖南省的白族人口分别是22万和15.1万人，是仅次于白族人口最多的云南省之外的散居白族分布大省。贵州散居白族在20世纪80年代中后期进行民族识别时得到认定。政策、法律上的认可使得贵州白族的身份具有了合法性。贵州散居白族非常重视对于白族身份符号的学习。他们通过节日、礼仪、服装、建筑的仪式化表演，成立白族学会，兴办旅游业和主办白族刊物来增强民族认同。① 其中，毕节市梨树镇上小河村将民族风景区作为一种特定的文化叙事工程，展现、演示、体验白族民俗风景超越了日常生活的常规，充当了当代白族身份认同的新载体，借此增强民族认同感和归属感。② 而团圆节则是大方白族集中展现白族文化的最佳平台之一，白族文化的个性和特点不断得到张扬和强化，不仅有利于白族文化的传承和民族情感的维系，也是大方地区维系社会和谐的强大精神动力，③ 成为民族认同的途径。湖南省桑植县白族在语言、宗教、信仰、民居、节俗、舞蹈、音乐所体现出来的高度认同感，是民族认同中的重要内容。④ 散居蒙古族运用文化和艺术符号表述民族认同的案例也同样典型。以1981年北京蒙古族那达慕为起点，各大城市陆续举办那达慕，并成为一年一度的都市蒙古族的节日和盛宴。云南通海县兴蒙蒙古族乡那

---

　　① 赵玉娇：《身份的建构——对贵州白族身份认同的研究》，《贵州大学学报》（社会科学版）2013年第4期。

　　② 岳蓉：《贵州世居白族的人文风景与民族认同——以毕节市梨树镇上小河村为例》，《贵州师范大学学报》2013年第3期。

　　③ 闫玉、周真刚：《文化人类学视域下的贵州大方白族团圆节》，《中央民族大学学报》（哲学社会科学版）2013年第5期。

　　④ 张剑丽：《散杂居背景下的族群认同——湖南桑植白族研究》，民族出版社2009年版。

达慕属于典型的移植性符号借用，以此来凸显蒙古族特色。经过 20 多年的发展，现已逐步演变为文艺、体育、地会三种活动形式。文化认同需要通过文化生产以及再生产来不断反复、强化，最终才能形成稳定的认同。①

以上案例说明，散居民族认同往往是客观条件和主观选择互动的结果。在与周边民族的交往过程中，散居民族基于原生情感和文化特征，考量与周边民族相对的，对本地区本民族发展最为有利的权力、资源竞争方式，最终形成民族认同实践的过程。族谱修订、社团机构建立、旅游模式开发、节日庆典举行等文化生产实践仍是散居民族认同中最为重要的方式。对于分布在不同地域、处于不同经济发展水平的散居民族，其"传统"的创造方式和所表现出来的机制、功能不一定相同，但是文化自觉在展示各自的文化特征方面都发挥着至关重要的作用。典型艺术符号的运用在达到与周边其他民族"美美与共"的同时，通过反复呈现，在多元文化的互动中，演变为表述民族认同的艺术符号，民族艺术也成为现代化情境下散居民族认同的有效表述方式。在"五个认同"的引领下散居民族认同的建构，在特定文化基础上，在特定的时空场景中发挥作用，叠合了多重利益博弈和话语，并在通过艺术载体进行表述的过程中，呈现出"原生性""场景性""工具性"等特点。

总之，随着城市化进程和人口流动的加快，民族散居化的趋势还将继续。在"五个认同"的引领下，通过更多具有延伸性和扩展性的研究个案，深入分析各民族通过艺术形式深化和扩展彼此之间交流交往交融的具体实践，探讨社会生活、时代话语背景下认同与艺术互动的机制、形式及变迁等理论问题，具有重要的理论价值和现实意义。

---

① 张曙光：《蒙古族那达慕的符号化发展与族群认同》，《内蒙古大学艺术学院学报》2015 年第 2 期。

参考文献

一 专著

安宁县民族宗教事务委员会、安宁县宗教局编：《安宁县民族宗教志》，云南民族出版社1995年版。

安宁县太平白族乡人民政府编：《太平白族乡志》，内部刊印本（准印证93云刊），1992年。

白志红：《从"他称"到"自称"：大理白族认同的建构》（英文版：*Making A Difference: Bai Identity Construction in Dali*），社会科学文献出版社2010年版。

白族简史编写组：《白族简史》，云南人民出版社1988年版。

白族简史编写组、修订本编写组：《白族简史》，民族出版社2008年版。

朝戈金：《中国西部的文化多样性与族群认同》，社会科学文献出版社2015年版。

陈荣昌：《昆明县》，清光绪二十七年（1901年）刊本。

大理州文化局：《白族民间舞蹈》，云南民族出版社1994年版。

大理州文化局、中国民族民间舞蹈集成云南卷编辑部编辑：《白族民间舞蹈》，云南民族出版社1994年版。

戴波：《转型与嬗变中的都市少数民族人口——以昆明为例》，民族出版社2012年版。

当代云南白族简史编辑委员会编、李缵绪主编：《当代云南白族简史》，云南人民出版社2014年版。

方李莉、李修建：《艺术人类学》，生活·读书·新知三联书店2013年版。

高长江：《艺术人类学》，中国社会科学出版社2010年版。

郭建斌、冯济海：《沙朗东村》，光明日报出版社 2012 年版。

何明：《走向市场的民族艺术/艺术人类学丛书》，社会科学文献出版社 2011 年版。

洪颖：《艺术人类学丛书：田野中的艺术》，社会科学文献出版社 2012 年版。

黄学光：《中国的民族识别》，民族出版社 1995 年版。

黄泽：《神圣的解构——民族文化研究的多维审视》，广西教育出版社 1998 年版。

昆明市西山区团结彝族白族乡政府、乡党委：《团结彝族白族乡志》，内部刊物（云南新闻出版局准印证 1993 年 1 号），1992 年。

李菲：《嘉绒跳锅庄：墨尔多神山下的舞蹈仪式与族群表述》，北京大学出版社 2014 年版。

（明）李元阳：《云南通志》，明万历元年（1573 年）云南按察司大理府刊本。

龙潭志初稿编写组：《龙潭志初稿》，内部刊印本，1986 年。

陆平辉：《散居少数民族权益保障研究》，中央民族大学出版社 2008 年版。

麻国庆：《文化生产与民族认同》，社会科学文献出版社 2012 年版。

马健雄：《再造的祖先——西南边疆的族群动员与拉祜族的历史建构》，中文大学出版社 2013 年版。

马曜：《大理文化论》，云南教育出版社 2001 年版。

毛艳：《中国少数民族艺术研究史（1900—1949）》，中国社会科学出版社 2009 年版。

纳日碧力戈：《现代背景下的族群建构》，云南教育出版社 2000 年版。

（清）倪蜕原著、李埏校点：《滇云历年传》，云南大学出版社 1992 年版。

萨仁娜：《社会互动中的民族认同建构——关于青海省河南蒙古族认同问题的调查报告》，中央民族大学出版社 2011 年版。

施惟达、段炳昌等：《云南民族文化概说》，云南大学出版社 2004 年版。

王锋：《昆明西山沙朗白语研究》，中国社会科学出版社 2012 年版。

王建民：《艺术人类学新论》，民族出版社 2008 年版。

王杰文：《仪式、歌舞与文化展演》，中国传媒大学出版社 2006 年版。

王明珂：《华夏边缘：历史记忆与族群认同》，社会科学文献出版社 2006 年版。

王铭铭：《漂泊的洞察》，生活·读书·新知三联书店 2003 年版。

西山区民族志编纂组：《西山区民族志》，云南人民出版社 1990 年版。

谢剑：《昆明东郊的撒梅族》，中文大学出版社 1987 年版。

徐杰舜：《族群与民族》，黑龙江人民出版社 2006 年版。

杨杰宏：《族群艺术的身份建构与表述》，民族出版社 2015 年版。

喻良其：《白族舞蹈论》，云南民族出版社 2007 年版。

张国启：《灵仪西鼟》，云南民族出版社 2014 年版。

张丽剑：《民家情：散杂居背景下的族群认同——湖南桑植白族研究》，民族出版社 2009 年版。

张丽剑：《散杂居背景下的族群认同——湖南桑植白族研究》，民族出版社 2009 年版。

张士闪：《乡民艺术的文化解读》，山东人民出版社 2006 年版。

张铣：《我的美丽家乡龙潭》，内部资料待出版，2014 年。

赵寅松：《白族研究百年》，民族出版社 2008 年版。

郑晓云：《文化认同论》，中国社会科学出版社 1992 年版。

郑晓云：《文化认同与文化变迁》，中国社会科学出版社 1992 年版。

中国少数民族社会历史调查资料丛刊修订编辑委员会、云南省编辑组：《白族社会历史调查（一）（二）（三）（四）》，民族出版社 2009 年版。

中国少数民族社会历史调查资料丛书云南省编辑组修订：《昆明民族民俗和宗教调查》，民族出版社 2009 年版。

中国艺术人类学学会：《艺术活态传承与文化共享》，学苑出版社 2013 年版。

朱惠荣：《徐霞客游记·滇游日记十二》，1985 年。

庄孔韶：《人类学通论》，山西教育出版社 2005 年版。

[英] 安东尼·史密斯：《民族主义：理论，意识形态，历史》，叶江

译，上海人民出版社 2006 年版。

［美］本尼迪克特·安德森：《想象的共同体——民族主义的起源与散布》，吴叡人译，上海人民出版社 2005 年版。

［美］克利福德·格尔兹：《地方性知识》，王海龙、张家瑄译，中央编译出版社 2000 年版。

［美］克利福德·格尔兹：《文化的解释》，纳日壁力戈等译、王铭铭校，上海人民出版社 1999 年版。

［英］拉德克利夫-布朗：《安达曼岛人》，梁粤译，广西师范大学出版社 2005 年版。

［英］罗伯特·莱顿：《艺术人类学学》，李东晔、王红译，广西师范大学出版社 2009 年版。

［法］罗兰·巴特：《流行体系——符号学与服饰符码》，敖军译，上海人民出版社 2000 年版。

［英］马林诺夫斯基：《文化论》，费孝通译，中国民间文艺出版社 1987 年版。

［美］麦克尔·赫兹菲尔德：《什么是人类常识社会和文化领域中的人类学理论与实践》，刘珩、石毅、李昌银译，华夏出版社 2006 年版。

［美］斯蒂文·郝瑞：《田野中的族群关系——中国西南彝族社区考察研究》，巴莫阿依、曲木铁西译，广西人民出版社 2000 年版。

［爱］斯托洛维奇：《艺术活动的功能》，凌继尧译，学林出版社 2008 年版。

［美］约翰·雷克斯：《种族与族类》，顾骏译，桂冠图书公司 1991 年版。

Drid Williams. *Anthropology and Human Movement: the study of dances*, London: the scarecrow press, 1999.

Robert Hymes. *Statesmen and Gentlemen: The Elite of Fu-chou, Chiang-his, in Northern and Southern Sung*, England: Cambridge University, 1986.

Rogers Brubaker. *Ethnicity without Groups*, Cambridge, Harvard University Press, 2004.

Smith Anthony. *National Identity*, London: University of Nevada Press. 1991.

Theresa J. Buck landed. *Dance in the Field: Theory, Methods and Issues in Dance Ethnography*, New York: Macmillan Press LTD., 1999.

二 期刊论文

敖俊德：《关于散居少数民族的概念》，《民族研究》1991年第6期。

白琦、段英梅、童申：《山西省榆社县"霸王鞭"特征与传承》，《搏击（体育论坛）》2015年第10期。

毕芳：《金沙江中下游傣族的民族认同研究》，《西南边疆民族研究》2010年第2期。

曹端波、王唯惟：《为何而舞：中国苗族舞蹈艺术的展演与族群认同》，《贵州大学学报》（艺术版）2015年第3期。

曹新富：《民族乡在民族区域自治中的地位》，《今日民族》2005年第1期。

车桂兰等：《新时期下的传播媒介与族群认同》，《文化学刊》2015年第5期。

车延芬：《揭秘"舞蹈人类学"——读〈人类学与人体运动：舞蹈的研究〉》，《北京舞蹈学院学报》2008年第4期。

车延芬：《书写、结构与仪式——舞蹈的人类学解读》，《解放军艺术学院学报》（季刊）2012年第4期。

陈东旭、唐莉：《民族旅游、民族认同与民族性的构建——基于人类学的视角》，《贵州民族研究》2014年第6期。

陈小燕：《贺州不同族群成员语言掌握情况的计量研究——贺州多族群语言与族群认同关系研究之一》，《百色学院学报》2010年第2期。

迟燕琼：《艺术传承：族群认同的建构路径——基于云南石屏县慕善村花腰彝艺术传承实践的反思》，《思想战线》2012年第5期。

邓瑶：《城市边缘白族乡村的语言生活调查——云南昆明沙朗白族个案研究》，《昆明学院学报》2011年第1期。

董秀团：《大理周城白族扎染工艺调查》，《民族艺术研究》2003年第1期。

董秀团：《论明清时期白族文化的转型》，《云南民族大学学报》2004年第4期。

董秀团：《学术史视界中的白族大本曲》，《思想战线》2004年第4期。

都永浩：《民族认同与公民、国家认同》，《黑龙江民族丛刊》2009

年第 6 期。

段炳昌：《简论民族审美文化交流融合的一般性原理》，《思想战线》2002 年第 1 期。

鄂崇荣：《多元历史记忆与族群认同变迁——从土族神话传说看土族认同的历史变迁》，《青海民族大学学报》2008 年第 2 期。

方李莉：《何为艺术人类学》，《中华艺术论丛》2008 年。

方李莉：《艺术人类学研究的当代价值》，《民族艺术》2005 年第 1 期。

冯小媛：《广场健身舞与社区文化建设浅论》，《宁夏师范学院学报》（社会科学版）2013 年第 5 期。

傅瑾：《民族艺术论》，《民族艺术》1996 年第 3 期。

高梅：《语言与民族认同》，《满族研究》2006 年第 4 期。

桂榕：《传统的继承与重构：巍山回族圣纪节的当代变迁》，《民族研究》2012 年第 2 期。

郭家骥：《文化多样性与云南的多民族和谐社会建设》，《云南社会科学》2006 年第 5 期。

郭家骥：《云南民族文化保护与发展》，《今日民族》2008 年第 7 期。

郭治谦、黄淑萍：《族群认同感的架构——少数族群文化保护初探》，《山西高等学校社会科学学报》2012 年第 6 期。

海路：《族群认同视野下的侗文教育》，《湖南师范大学教育科学学报》2009 年第 2 期。

何明：《艺术人类学的视野》，《广西民族大学学报》（哲学社会科学版）2009 年第 1 期。

何明、洪颖：《回到生活：关于艺术人类学学科发展问题的反思》，《文学评论》2006 年第 1 期。

何明、吴晓：《从实践出发：开启艺术人类学研究的新视域》，《文史哲》2007 年第 3 期。

何明、吴晓：《基督教音乐活动与艺术人类学阐释———以云南芭蕉箐苗族为个案》，《云南师范大学学报》2006 年第 3 期。

何明、吴晓：《艺术人类学的学科基础及其特质》，《学术探索》2005 年第 3 期。

何明、许沃伦：《白族支系那马人族群认同情境探析》，《广西民族大学学报》（哲学社会科学版）2015年第3期。

洪颖：《艺术人类学研究的对象及其田野实践》，《思想战线》2010年第6期。

洪颖：《艺术人类学研究的民族志方法讨论》，《清华大学学报》（哲学社会科学版）2007年第4期。

洪颖：《中国艺术人类学研究述评》，《学术界》2006年第6期。

胡文秀：《大理中小学体育课程引入霸王鞭项目初探》，《新西部》（理论版）2011年第3期。

奂平清：《全球化背景下的当代中国民族认同》，《北京工业大学报》2010年第1期。

黄淑萍：《建构多元文化认同：对少数民族散居地区民族文化保护的思考》，《福建广播电视大学学报》2015年第6期。

黄泽：《人类学艺术研究的历程与特质》，《广西民族学院学报》2006年第4期。

黄泽：《试论民族文化的生态环境》，《广西民族研究》1998年第2期。

黄泽：《文化叠压带多民族杂居区域的文化层积关系——以云南省为例广西民族研究》2000年第2期。

黄泽：《云南未识别群体研究的族群理论意义》，《广西民族学院学报》2001年第2期。

江杰英：《论历史记忆与族群认同》，《广州大学学报》（社会科学版）2012年第4期。

雷波：《骆驼泉传说：撒拉族的历史记忆与族群认同》，《山西大同大学学报》（社会科学版）2008年第4期。

李技文：《傈家人的社会记忆与族群认同》，《湖北民族学院学报》2010年第5期。

李蕾：《论艺术的族群性》，《艺术百家》2013年第2期。

李如海、高蕾：《中国艺术人类学近10年研究综述》，《思想战线之人文社会科学专辑第37辑》，2011年。

李少惠：《民族传统文化与公共文化建设的互动机理——基于甘南藏区的分析》，《西南民族大学学报》（人文社会科学版）2013年第9期。

李永祥：《舞蹈人类学与彝族民间烟盒舞》，《民族艺术研究》2012年第1期。

李永祥：《西方舞蹈人类学的理论和方法》，《国外社会科学》2009年第5期。

李云清、赵湘、寸若标：《高校开展白族传统体育"霸王鞭"的实验研究》，《大理学院学报》2011年第10期。

李云祥：《浅谈团结白族办事处白族史话》，打印稿。

李志农、李红春、李欣：《藏彝走廊"藏回"文化特征探析——以迪庆"藏回"为例》，《广西民族大学学报》2008年第10期。

廖德广：《沙朗白族及地名由来考》，《白族学研究》第三辑，云南民族出版社2017年第5期。

刘春艳：《"穆斯林的葬礼"中回族族群认同的高扬——兼论回族的发展与文化自觉》，《江西教育学院学报》2006年第6期。

刘姝曼：《从艺术人类学视角探讨地方性文化符号建构——以济南堤口庄四蟹灯为例》，《民族艺林》2015年第4期。

刘晓艳：《宗族文化中的历史记忆和族群认同——以桑植县白族为例》，《咸宁学院学报》2012年第4期。

刘咏莲：《音乐人类学研究中的舞蹈人类学视角——约翰·布莱金对舞蹈人类学的研究与贡献》，《中国音乐》（季刊）2012年第2期。

吕俊彪：《"他者"的自我维系：京族人的族群认同及其变迁》，《广西民族大学学报》（哲学社会科学版）2014年第9期。

罗彩娟：《空间记忆与族群认同——云南省马关县壮族的"侬智高"纪念实践》，《中南民族大学学报》2012年第2期。

罗越先：《略谈白族舞蹈的审美特征》，《大理师专学报》（社会科学版）1986年第6期。

罗正友：《金钱鼓子霸王鞭舞》，《今日民族》2004年第2期。

洛桑东知：《集体记忆与族群认同——一个边缘化藏族社区的山神体系对族群认同的功能》，《四川民族学院学报》2012年第3期。

马曜：《白族异源同流说》，《云南社会科学》2000年第3期。

明跃玲：《民族识别与族群认同》，《云南社会科学》2008年第2期。

纳日碧力戈：《全球场景下的"族群"对话》，《世界民族》2001年第1期。

纳日碧力戈:《问难"族群"》,《广西民族学院学报》(哲学社会科学版) 2003 年第 1 期。

聂迅:《云南蒙古族的民族认同与利益诉求探析》,《昆明学院学报》2015 年第 1 期。

欧建平:《舞蹈人类学引论》,《解放军艺术学院学报》2005 年第 4 期。

潘晓敏、山雨彤:《云南白族"霸王鞭舞"传承现状调查及保护建议》,《曲靖师范学院学报》2008 年第 2 期。

彭华:《族群记忆及认同建构——屯堡人清明"上大众坟"的人类学考察》,《安顺学院学报》2010 年第 3 期。

山雨彤:《论"霸王鞭舞"的文化内涵》,《曲靖师范学院学报》2008 年第 5 期。

申莉、邱舒:《民族艺术与民族认同的相关性研究——以鄂西南地区土家族艺术为例》,《湖北民族学院学报》(哲学社会科学版) 2016 年第 1 期。

沈海梅:《白族人的族性与白族研究学术史》,《学术探索》2010 年第 1 期。

石裕祖:《简论白族霸王鞭舞》,《民族艺术研究》1989 年第 6 期。

宋忠洋:《简析民间舞蹈的功能》,《大众文艺》2009 年第 13 期。

孙淼:《白族霸王鞭舞的文化透析》,《中华文化画报》2007 年第 3 期。

陶琳、杨洁:《大理剑川沙溪白族服饰变迁中的文化认同》,《西南边疆民族研究第八辑》,2010 年。

田雅梅:《浅谈"大课间"活动中民族舞蹈操的融入》,《学周刊》2014 年第 6 期。

王锋:《昆明西山白族的历史与现状》,《大理文化》2001 年第 2 期。

王建民:《民族认同浅议》,《中央民族学院学报》1991 年第 2 期。

王建民:《舞蹈人类学的概念辨析与讨论》,《民族艺术研究》2015 年第 5 期。

王丽娜、李佳:《刍论民俗体育—霸王鞭的流变与发展趋势》,《体育世界》(学术版) 2008 年第 10 期。

王文光、张曙晖:《利益、权利与民族认同——白族民族认同问题的民族学考察》,《思想战线》2009年第5期。

王希恩:《民族认同发生论》,《内蒙古社会科学》1995年第5期。

王希恩:《全球化与族性认同》,《西北师大学报》2002年第5期。

王希恩:《全球化与族性认同》,《西北师大学报》2002年第6期。

王霞:《艺术人类学视野下的舞体表征——探析大理白族"霸王鞭舞"》,《现代企业教育》2012年第11期。

魏美仙:《民族村寨旅游展演艺术的文本建构与解读——以云南新平县大沐浴村为例》,《思想战线》2008年第2期。

巫达:《舞蹈、象征与族群身份表述——以四川尔苏人为例》,《民族艺术研究》2015年第5期。

武艺漩:《昆明沙朗拟建设为云南省级白族特色旅游度假区》,《生活新报》2010年2月24日。

向玉圭:《论湘西霸王鞭的艺术特色》,《怀化学院学报》2011年第1期。

向玉圭:《湘西霸王鞭的发展走向》,《艺海》2011年第7期。

向玉圭:《湘西霸王鞭的社会功能探究》,《音乐创作》2010年第6期。

熊迅:《作为展演的认同——边缘场域与族群表征》,《人类学高级论坛族群迁徙与文化认同》,2011年。

徐杰舜、徐桂兰、韦树关:《贺州族群语言认同述论》,《广西右江民族师专学报》2002年第4期。

徐黎丽、孟永强:《多民族村落族群认同的原生特点与现代构建——以甘肃甘南夏河县桑曲塘村为例》,《广西民族大学学报》(哲学社会科学版)2011年第1期。

许雪莲:《人类学视野中的民间舞蹈要素研究》,《民族艺术研究》2012年第2期。

严庆、青觉:《"民族牌"背后的理论透析》,《广西民族研究》2009年第1期。

杨剑波:《当代中国民族区域自治制度的确立及其与民族乡的关系》,《今日民族》2006年第1期。

杨杰宏:《艺术人类学视野下的中国族群艺术研究述评》,《民族艺术》2010年第2期。

杨杰宏：《族群艺术的身份建构与表述——以丽江洞经音乐为例》，《思想战线》2010年第6期。

杨军、刘佳云（执笔）：《云南花灯、滇剧的发展与保护研究》，《民族艺术研究》2011年第2期。

杨玲：《广场舞对中老年人的健身娱乐作用以及存在的问题》，《大众文艺》2012年第9期。

杨明熙：《安宁县白族简介》，《昆明文史资料选辑》第16辑，1991年。

杨瑞燕：《榆社霸王鞭舞的表现与传承》，《山西财经大学学报》2014年第S1期。

杨绍勇、孙健：《霸王鞭走向竞技项目的初探》，《中华武术研究》2015年第4期。

杨晓勤：《石龙霸王鞭舞探源》，《民族艺术研究》2013年第5期。

杨雪：《浅谈大理白族霸王鞭的特色和传承保护》，《民族音乐》2013年第1期。

叶笛：《认同、审美与角色：性别因素影响下的羌民族舞蹈》，《贵州民族研究》2013年第2期。

叶江：《当代西方"族群"理论探析》，《华东师范大学学报》2005年第5期。

尹富兵：《霸王鞭舞元素融入大众健身操创编的研究》，硕士学位论文，吉首大学，2014年。

尹洪刚：《广场舞在农民群众中的健身作用及推广初探》，《当代体育科技》2013年第35期。

于鹏杰：《地方精英与族群认同：一个村庄族群记忆的研究》，《青海民族研究》2008年第1期。

袁东升：《艺术人类学研究路径探析》，《黑龙江民族丛刊》2011年第3期。

袁丽萍：《团结彝族白族乡——依托城市迈向协调发展之路》，《今日民族》2004年第8期。

曾豪杰、王清华：《多民族共聚地区多元文化认同规律及特点分析——以怒江州丙中洛地区为例》，《西南民族大学学报》（人文社会科学版）2013年第6期。

张海超:《微观层面上的族群认同及其现代化发展》,《云南社会科学》2004 年第 3 期。

张海超:《祖籍、记忆与群体认同的变迁——大理白族古代家谱的历史人类学释读》,《北方民族大学学报》(哲学社会科学版) 2011 年第 1 期。

张磊:《开展校本课程白族霸王鞭的开发和设计——以大理卫生学校为例》,《湖北体育科技》2013 年第 10 期。

张明曾:《霸王鞭舞是白族最大的民间舞种》,《大理文化》2005 年第 6 期。

张文:《白族曲艺霸王鞭曲》,《民族艺术研究》1993 年第 5 期。

张文:《诸葛亮与霸王鞭》,《山茶》1989 年第 3 期。

张曦:《文化概念与舞蹈人类学》,《民族艺术研究》2015 年第 4 期。

赵霖:《山西榆社民间舞蹈霸王鞭"的由来与审美价值》,《太原师范学院学报》(社会科学版) 2015 年第 3 期。

赵世林:《民族文化的传承场》,《云南民族大学学报》(哲学社会科学版) 1994 年第 1 期。

赵卫东:《族群服饰与族群认同——对"白回"族群的人类学分析》,《民族艺术研究》2004 年第 5 期。

赵玉娇:《身份的建构——对贵州白族身份认同的研究》,《贵州大学学报》(社会科学版) 2013 年第 4 期。

郑元者:《中国艺术人类学:历史、理念、事实和方法》,《杭州师范学院学报》(社会科学版) 2007 年第 6 期。

周大鸣:《从"客家"到"畲族"——以赣南畲族为例看畲客关系》,《西南边疆民族研究》,2009 年。

周大鸣:《论族群与族群关系》,《广西民族学院学报》(哲学社会科学版) 2005 年第 5 期。

周黔玲:《单一民族舞蹈中的细微特点剖析——以白族"霸王鞭"舞蹈为例》,《教师》2015 年第 36 期。

周莹:《㑇家服饰蜡染艺术的族群认同研究——贵州黄平重兴乡望坝村的研究案例》,《原生态民族丛刊》2011 年第 2 期。

周治勇:《旅游开发视野下的少数民族文化重构》,《安顺学院学报》2011 年第 4 期。

左宏愿：《原生论与建构论：当代西方的两种族群认同理论》，《国外社会科学》2012 年第 3 期。

［挪］弗里德里克·巴斯：《族群与边界（序言）》，商崇译，周大鸣校，《广西民族学院学报》（哲学社会科学版）1999 年第 1 期。

［美］乔治·马库斯：《十五年后的多点民族志研究》，满珂译，《西北民族研究》2011 年第 3 期。

Adrienne L. Kaeppler. American Approaches to the Study of Dance, Yearbook for Traditional Music, Vol. 23 1991：11-21.

Adrienne L. Kaeppler. Dance in Anthropology Perspective, Annual Review of Anthropology, Vol. 71978：31-49.

Adrienne L. Kaeppler. Method and Theory in Analyzing Dance Structure with an Analysis of Tongan Dance, Ethnomusicology, Vol. 16, No. 2 1972：173-217.

AncaGiurchescu. LisbetTorp. Theory and Methods in Dance Research：A EuropeanApproach to the Holistic Study of Dance, Yearbook for Traditional Music, Vol. 23 1991：1-10.

Charles E. Woodruff. Dances of the Hupa Indians, American Anthropologist, 5（1）, 1892.

E.M.Harner. The New Reality in Art and Science, Comparative Studies in Society and Histroy, Vol.11, No. 4, Special Issue on Culture Innovation, 1969.

Frank Russell, An Apache Medicine Dance, American Anthropologist, 11（12）, 1898.

Gilbert Thompson, An Indian Dance at Jemez, New Mexico, American Anthropologist, 2（4）, 1889.

Harry R. Silver. Ethno art, Annual Review of Anthropology, Vol. 8 1979.

Judith Lynne Hanna. Movements towards Understanding Humans through the Anthropological Study of Dance, Current Anthropology, Vol. 20. No. 2. 1979：313-339.

Kanchan Chandra. Cumulative Findings in the Study of Ethnic Politics, APSA-CP, Vol. 12, No. 1, 2001.

Susan A. Reed. The Politics and Poetics of Dance, Annual Review of Anthropology. 27, 1998.

Verner Z. Reed. The Ute Bear Dance, American Anthropologist, 9 (7), 1896.

三 博、硕士学位论文

晁玥：《陕北霸王鞭舞研究——以靖边、定边两地为例》，硕士学位论文，西北师范大学，2014年。

车延芬：《从舞谱到舞蹈——文化复兴中的文本、表演与身体记忆》，博士学位论文，中央民族大学，2010年。

邓淑娇：《四川省民族乡发展问题研究兼及民族乡问题分析》，硕士学位论文，西南民族大学，2012年。

董素云：《民族福利与民族认同的构建——以重庆市万州区恒合乡土家族人为例》，硕士学位论文，广西民族大学，2010年。

宏英：《历史记忆与民族认同研究——以云南蒙古人的历史记忆为中心》，博士学位论文，内蒙古大学，2009年。

黄龙光：《民间仪式、艺术展演与民俗传承——峨山彝族花鼓舞田野调查研究》，博士学位论文，中央民族大学，2009年。

黎涓铭：《散居白族的身份建构——以贵州省毕节地区"南龙人"为例》，硕士学位论文，中南民族大学，2012年。

朴永光：《都市村落中的传统舞蹈的传承——北京红寺地秧歌的主体实践研究》，博士学位论文，中央民族大学，2012年。

孙淼：《白族"霸王鞭舞"调查与研究》，硕士学位论文，中国艺术研究院，2008年。

田欢：《维吾尔族视觉艺术的族群性研究》，博士学位论文，复旦大学，2007年。

田素庆：《"原生态"的幻象——作为国家非物质文化遗产的剑川石宝山歌会研究》，博士学位论文，华东师范大学，2012年。

向玉圭：《怀化霸王鞭研究》，硕士学位论文，湖南师范大学，2005年。

徐佳晨：《散杂居少数民族族群认同的变迁——以江西抚州金竹畲族乡为例》，硕士学位论文，中南民族大学，2013年。

徐俪姗：《巫允明舞蹈人类学思想研究》，硕士学位论文，华东师范大学，2015年。

徐兴兴：《昆明市城市社区音乐教育考察研究》，硕士学位论文，云南艺术学院，2016年。

许锐：《传承与变异　互动与创新——中国当代民族民间舞蹈创作之审美流变与现时发展》，博士学位论文，中国艺术研究院，2006年。

杨瑞燕：《榆社"霸王鞭舞"调查与研究》，硕士学位论文，山西大学，2014年。

尤佳：《对农家乐引导下的文化变迁的思考——以沙朗白族乡为例》，硕士学位论文，云南大学，2009年。

张娟：《散杂居白族服饰文化的嬗变——以云南省丽江地区的白族乡为例》，硕士学位论文，中南民族大学，2012年。

赵德光：《现代化进程中石林阿诗玛文化的转型与重构研究》，博士学位论文，中央民族大学，2004年。

赵赛前：《电影〈五朵金花〉与电视剧〈五朵金花的儿女〉主要唱段的对比研究》，硕士学位论文，云南艺术学院，2015年。

支运波：《淮阳花鼓的景观与理解》，博士学位论文，复旦大学，2013年。

攻读博士学位期间完成的科研成果

一　论文

1.《论"民族村"对散居民族理论创新发展的意义》,《云南社会科学》2014年第4期。

2.《云南散居民族农村地区发展研究》,《贵州民族研究》2015年第1期。

3.《民族乡撤乡建镇、改办的思考——基于昆明市六个民族乡的案例研究》,《云南民族大学学报》(哲学社会科学版)2015年第4期。

4.《民族乡撤乡建镇、改办的思考——基于昆明市六个民族乡的案例研究》,《人大复印报刊资料(民族问题研究)》2015年第10期。

5.《城市化进程中散居民族文化的保护、传承的互动——以昆明市民族乡、村为例》,《云南民族文化交流与互动研究》,云南人民出版社2016年版,第63页。

6.《大理白族霸王鞭舞的艺术特征、文化内涵和保护应用初探》,《云南少数民族非物质文化遗产保护研究》,云南人民出版社2017年版,第64页。

二　专著

《"民族村"的实践与理论探索》,中国社会科学出版社2015年版。

三　主持和参与项目

1.作为主持人完成2009年立项的国家社科基金项目"以理论和政策创新推动云南散居民族地区经济社会发展研究",结项等级：良好；结项编号：20131599；

2.作为主持人获得2015年度国家社科基金项目"云南城市民族关系

调查研究"15XMZ008 立项（一般项目），在研；

3. 作为主持人完成 2014 年立项的云南省社科规划艺术学一般项目"城市化进程中散居民族艺术活态传承机制研究——以昆明市为例"，结项编号：2016289；

4. 作为主要参与人完成了 2011 年立项的国家社科基金项目"云南少数民族文化遗产保护与文化产业开发研究"，结项编号：20160135。

索　引

霸王鞭舞　2-5,8,10-15,26,27,
　　30,31,79,102-113,115-117,
　　119-121,123-129,131,133-
　　135,137-139,141,143,145,147
　　-149,151,153-177,179-215,
　　217,219-221
白族　1-15,23,25-27,30-43,45-
　　117,119-129,131,133-135,137
　　-139,141,143,145,147,149,
　　151,153-169,171-177,179-
　　203,205-209,211-215,217-221
标识符号　27
表述场合　3,4,158,160,187
表述符号　3,4,127,186
个案研究　5,6,61,99
交流交往交融　53,87,96,121,127,
　　191,199,220,221
客观条件　3,23,102,113,212,222
昆明西郊　1-5,7,26,27,30-33,35
　　-37,39-43,45,47-59,61-65,
　　67,69-71,73,75,77,79-83,85-
　　89,91,93,95-103,105,107-
　　109,111-117,119,121-123,125
　　-129,131,133,135,137-139,
　　141,143,145,147,149,151,153-

　　159,161,163-165,167,169,171
　　-173,175,177,179,181,183,185
　　-191,193-195,197-203,205,
　　207-209,211-213,215,217-221
历史记忆　3-5,24,25,27,31-33,
　　35,37,39,41-43,45,47,49,51,
　　53-55,57,58,213,217
民族认同　1,3-6,12,16,18,19,
　　21,22,25-30,32,42,48,49,51,
　　52,54-58,60,62,88,97-102,
　　113,121,123,154,183,186,189-
　　193,200,201,212-222
认同路径　58,59,61,63,65,67,69,
　　71,73,75,77,79,81,83,85,87,
　　89,91,93,95,97,99,101
认同缘起　32,33,35,37,39,41,43,
　　45,47,49,51,53,55,57
散居白族　1,25,27,31,58,98-
　　100,103,110,217,221
散居民族　1,3-6,27-29,34,97,
　　99,100,117,118,186,190,204,
　　208,210,214,219,221,222
少数民族艺术　3,6,192,220
田野调查　5,12,13,17,25,29,30,
　　42,55,108,127,128,138

文化变迁 3,4,26,53,54,58,59,
　　61,63,65,67,69,71,73,75,77,
　　79,81,83,85-87,89,91,93,95,
　　97,99-101,115,116,125,219
文化传承 9,45,90,96,193,194,
　　201,202,204,220
文化建构 3,4,53,58,59,61,63,
　　65,67,69,71,73,75,77,79,81,
　　83,85,87,89,91,93,95,97,99,
　　101,102,123,219
文化内涵 14,27,83,95,103,106,
　　107,213,221

舞蹈人类学 15-18,26
舞蹈艺术 8,18,27,103,122,125,
　　127,159,201,214,220
现实利益 3,4,24,27,32,33,35,
　　37,39,41-43,45,47,49,51-53,
　　55-58,217,218
艺术表述 1,3,5,6,12,29,113,
　　127,186,190,219,220,222
艺术人类学 4,15,16,26,27,154
主观选择 3,113,126,222
祖源记忆 32

后　记

　　此书是在我博士论文的基础上，历经两年修改出版的专著。

　　2003年，我作为云南大学中国民族史专业的硕士研究生，毕业后进入云南省社会科学院从事民族学研究工作。研究所里各位专家博学、审问、慎思、明辨、笃行的治学作风给我留下了极其深刻的印象，并对我影响至今。在他们的指导和帮助下，我将民族学理论和方法的学习作为工作中的第一要务，并在多次独立开展的田野调查中，将理论和实践相结合，完成了自己的田野工作的"成年礼"。

　　2009年，我的学术生涯迎来了第一次重要的转折，我申报的国家社科基金项目获得立项。在这一以云南散居民族地区农村经济社会发展为选题的项目研究过程中，课题组的调研范围涉及昆明、玉溪、曲靖和昭通散居民族地区农村的20多个县，19个民族乡和9个民族村。也是在这一过程中，我感到自己的理论水平和专业知识储备不足，于是2012年，在离开母校九年之后，我再次回到母校的怀抱攻读博士学位。

　　我在工作中发现学术界对云南散居民族的关注不多，特别是有关散居民族文化艺术的研究还较为薄弱。由于一直想在这个领域做一点研究，我就有意把这个想法带到博士论文的选题中。不过散居民族类型差异大、经济发展不平衡、民族文化多样性突出，这些都导致我在选题上面临较大难度。通过多次往返做田野调查，并和大量被采访人，也是后来成为我朋友的乡亲们深入交流，我渐渐理顺自己的研究思路，在得到导师杨福泉研究员的支持后，最后确定聚焦昆明西郊白族的霸王鞭舞的兴起、发展和传承与民族认同的互动关系，以此进行散居民族认同的艺术表述研究。

　　论文调查涉及的三个田野点，均是城市化进程中民族乡撤乡建镇（并镇）、改办事处后形成的多民族社区，是昆明白族集中连片分布的区域。它们既有同一性，又有差异性，可以代表昆明西郊白族的整体情况。将散居民族认同与艺术表述问题放置在多民族共居、城市化的背景下，放置在宏观经济社会发展背景中，可以通过"小社区"，思考"大社会"，从多角度、较为细致地观察特定场景中的民族认同问题，考察多民族和多元文化语境中，不断发展变化的民族认同因素。作为论文的初衷，我想表达的是，霸王鞭舞这一典型艺术符号的运用，通过反复呈现，在多元文化的互动中，不仅演变为强化民族认同的艺术符号，成为现代化情境下散居民族认同的有效表述方式，也达成了与周边其他民族"美美与共"的愿景，成为和谐民族关系构建的纽带之一。

随着城市化进程和人口流动的加快，民族散居化的趋势还将继续。"散居民族认同的艺术表述"这一研究，不仅具有较好的延伸性和扩展性，也把我的研究视角转向城市民族问题的研究之中。2015年，我再次申请国家社科基金项目，这一以云南城市民族研究为选题的项目立项后，让我继续在散居民族研究领域进行深入的研究。

我的学术研究大多是围绕云南散居民族领域进行的，但是两项国家社科基金项目和我的博士论文选题关联不大。在这个过程中，不仅压力大，任务重，难度也可想而知。但是，杨福泉研究员在接纳我成为博士研究生后，既悉心指导、倾心关怀，又充分尊重后学的研究兴趣，与导师的一次次讨论总是让我受益匪浅。田野调查中，李云芝、张国启、张立新等白族同胞，既是我的研究访谈人，又是给我帮助和信心的朋友。还有三个白族社区相关部门的工作人员、受访人员均无法一一列出姓名，但他们在论文调研、写作中给我提供了诚挚的帮助，助我攻坚克难，坚持完成了博士论文的写作。

博士阶段的求学时光转瞬即逝，当我捧着来之不易的毕业证书和学位证书的时候，感受到的不仅仅是沉甸甸的喜悦，更有满满的感激。我要向指导过我的老师、帮助过我的同学、鼓励过我的同事和一直支持我的家人，表达发自内心的谢意！

首先要感谢我的导师杨福泉研究员。杨老师为人谦和、治学严谨、学识渊博，对我的指导重在引导，尊重我的个人兴趣，提出了很多有建设性的意见和建议，是我学习的榜样。在论文的撰写过程中，我也得到了段炳昌教授、郭家骥研究员、黄泽教授、王卫东教授、董秀团教授、王清华研究员、郭净研究员、王锋研究员、李缵绪研究员（已故）、李永祥研究员和云南大学民族学与社会学学科学位评定分委员会的全体专家的指导和帮助。他们在学位论文开题、预答辩、答辩的各个环节给我指出不足，让我明确修改完善的方向；在平时的讨论中，指导我进行学术理论提升和田野能力增长。

师门中几位师兄师姐就我的学位论文提出了宝贵的修改建议，师弟师妹也常与我交流沟通碰撞思想的火花，而一起攻读博士的几个同事则互相鼓励、互相帮助，这一切让我紧张的学习也充满了温馨快乐。

我还要感谢工作单位的领导、同事和自己的家人，在我忙于撰写论文的时候关心我、鼓励我、陪伴我，给我提供了愉快、和谐的工作环境和学习氛围。

论文提交中国社会科学出版社后，责任编辑任明老师的精心编辑校对，对文稿出版质量的提升起到了重要作用，在此也一并致谢！

博士阶段的学习经历已成为了我人生历程中的一笔宝贵财富，而博士学习结束后的研究工作又将成为我学术生涯的一个新的起点。我想，选定治学道路和方向并持之以恒坚持，做到"守土有责"，秉持学者的责任，常问初心，又怀敬畏，"高山仰止，景行行止"，不断向优秀人才汲取力量，在学术研究中都至为重要。同时，随着党和国家对哲学社会科学事业的投入和重视不断提高，科研工作者只有脚踏实地，扎根基层，深入调研，不负韶华，把理论文章写在大地上，顺应时代的脚步，为党和人民述学立论、建言献策，才能担负起历史赋予的光荣使命。不忘来路，风雨兼程，我将在今后的研究工作中不断历练，继续前行！

王　俊

2020 年 7 月 15 日于昆明